W0182153

Richard Brüllmann · Treffende Bibelzitate

Richard Brüllmann

# Treffende Bibelzitate

zu aktuellen Themen von A–Z

Die Bibel zu Fragen
des Menschen von heute

Ott Verlag Thun

© 1981, Ott Verlag, Thun
ISBN 3-7225-6124-8
Alle Rechte, auch die des auszugsweisen Nachdrucks, der fotomechanischen Wiedergabe, der Übertragung in Bildstreifen und der Übersetzung, vorbehalten.

Printed in Switzerland
Satz und Druck: Ott Verlag, Thun

# Vorwort

Ein Lexikon mit Bibelzitaten?
– Auch das noch! werden die einen sagen,
– Warum nicht? sagten sich Herausgeber (ein Theologe) und Verlag.

Man mag nämlich religiös sein oder nicht: die Bibel befaßt sich mit den Fragen, die den Menschen zu allen Zeiten beschäftigt haben, mit der Frage nach dem Sinn allen Tuns, mit den Problemen des Zusammenlebens, mit dem Rätsel des Todes. Ihre eindrücklichen Aussagen haben unsere abendländische Kultur entscheidend geprägt.

Mit diesem Nachschlagewerk sollen Gedanken der Bibel auch für diejenigen leicht zugänglich gemacht werden, die nicht (mehr) zu ihren regelmäßigen Lesern gehören. Indem Gedankengut der Bibel nach Stichworten gegliedert wird, wird es keineswegs profaniert, im Gegenteil... Stichworte, die von «asozial» über «Emanzipation» bis zu «Zivilcourage» reichen, zeigen, wie hochaktuell die Bibel ist. Bei manchem wird die Lektüre von «Treffende Bibelzitate» daher Betroffenheit auslösen, auch wenn er ein Zitat zunächst zu einem praktischen Zweck gesucht hat, z. B. um einen eigenen Gedanken zu untermauern oder um einen Gegner zu erschüttern.

Über ihren Gebrauchszweck hinaus, der, wie bei allen «treffend-Büchern» im Vordergrund steht, weisen die «treffenden Bibelzitate» daher ins Allgemeingültige hinaus.

# Hinweise für den Benützer

Die Zitate halten sich an die Zürcher Bibel, an die Luther-Bibel (L), an die Gute Nachricht (GN) der Bibelanstalt Stuttgart. Freie Übersetzung ist mit (F) vermerkt.

## Verzeichnis der Bücher der Bibel und der verwendeten Abkürzungen

### Die Bücher des Alten Testaments

Das erste Buch Mose. Genesis. (1. Mos.)
Das zweite Buch Mose. Exodus. (2. Mos.)
Das dritte Buch Mose. Leviticus. (3. Mos.)
Das vierte Buch Mose. Numeri. (4. Mos.)
Das fünfte Buch Mose. Deuteronomium (5. Mos.)

Das Buch Josua (Jos.)
Das Buch der Richter (Richt.)
Das Buch Ruth (Ruth)
Das erste Buch Samuel (1. Sam.)
Das zweite Buch Samuel (2. Sam.)
Das erste Buch der Könige (1. Kön.)
Das zweite Buch der Könige (2. Kön.)
Das erste Buch der Chronik (1. Chr.)
Das zweite Buch der Chronik (2. Chr.)
Das Buch Esra (Esra)
Das Buch Nehemia (Neh.)
Das Buch Esther (Esth.)

Das Buch Hiob (Hiob)
Die Psalmen (Ps.)
Die Sprüche (Spr.)
Der Prediger (Pred.)
Das Hohelied (H. L.)

Jesaja (Jes.)
Jeremia (Jer.)
Die Klagelieder (Klag.)
Ezechiel (Ez.)
Daniel (Dan.)
Hosea (Hos.)
Joel (Joel)
Amos (Am.)
Obadja (Ob.)
Jona (Jon.)
Micha (Mi.)
Nahum (Nah.)
Habakuk (Hab.)
Zephanja (Zeph.)
Haggai (Hag.)
Sacharja (Sach.)
Maleachi (Mal.)

## Die apokryphen Bücher des Alten Testaments

Das erste Buch der Makkabäer (1. Makk.)
Das zweite Buch der Makkabäer (2. Makk.)
Das Buch Judith (Judith)
Das Buch Tobit (Tob.)
Das Buch Jesus Sirach (Sir.)
Das Buch der Weisheit (Sal.)

## Die Bücher des Neuen Testaments

Das Evangelium nach Matthäus (Mat.)
Das Evangelium nach Markus (Mark.)
Das Evangelium nach Lukas (Luk.)
Das Evangelium nach Johannes (Joh.)

Die Apostelgeschichte (Apg.)

Der Brief an die Römer (Röm.)
Der erste Brief an die Korinther (1. Kor.)
Der zweite Brief an die Korinther (2. Kor.)
Der Brief an die Galater (Gal.)
Der Brief an die Epheser (Eph.)
Der Brief an die Philipper (Phil.)
Der Brief an die Kolosser (Kol.)
Der erste Brief an die Thessalonicher (1. Thess.)
Der zweite Brief an die Thessalonicher (2. Thess.)
Der erste Brief an Timotheus (1.Tim.)
Der zweite Brief an Timotheus (2.Tim.)
Der Brief an Titus (Tit.)
Der Brief an Philemon (Philem.)

Der Brief an die Hebräer (Heb.)
Der Brief des Jakobus (Jak.)
Der erste Brief des Petrus (1. Pet.)
Der zweite Brief des Petrus (2. Pet.)
Der erste Brief des Johannes (1. Joh.)
Der zweite Brief des Johannes (2. Joh.)
Der dritte Brief des Johannes (3. Joh.)
Der Brief des Judas (Jud.)

Die Offenbarung des Johannes (Off.)

# A

**A und O**
Ich bin das A und das O, sagt Gott der Herr, der ist und der war und der kommt, der Allmächtige. *Off. 1, 8*
*(A und O stehen am Anfang und am Schluß des griechischen Alphabets.)*

Ich bin das A und das O, der Erste und der Letzte, der Anfang und das Ende. *Off. 22, 13*

**Aas**
Sie kommen wie der Adler, der zum Fraße eilt. *Hab. 1, 8*

Wo das Aas ist, da sammeln sich die Adler. *Mat. 24, 28*

**Abendmahl**
Als sie aber aßen, nahm Jesus Brot, sprach das Dankgebet darüber, brach es, gab es den Jüngern und sagte: Nehmet, esset! Das ist mein Leib. Und er nahm den Kelch, sprach das Dankgebet darüber, gab ihnen denselben und sagte: Trinket alle daraus! Denn das ist mein Blut des Bundes, das für viele vergossen wird zur Vergebung der Sünden.
*Mat. 26, 26–28*

Wer mein Fleisch ißt und mein Blut trinkt, bleibt in mir und ich in ihm.
*Joh. 6, 56*

Vom Herrn selbst stammt die Anweisung, die ich an euch weitergegeben habe: In der Nacht, in der Jesus, der Herr, ausgeliefert wurde, nahm er das Brot, dankte Gott dafür, brach es in Stücke und sagte: Das ist mein Leib, der für euch geopfert wird. Tut das zur Erinnerung an mich! Ebenso nahm er nach dem Essen den Becher und sagte: Dieser Becher ist der neue Bund Gottes, der mit meinem Blut besiegelt wird. Sooft ihr daraus trinkt, tut es zur Erinnerung an mich.
*1. Kor. 11, 23–25 (GN)*

Ich stehe vor der Tür und klopfe an. Wenn jemand meine Stimme hört und öffnet, werde ich bei ihm einkehren. Ich werde mit ihm essen und er mit mir. *Off. 3, 20 (GN)*

**Aberglaube**
Ungehorsam ist gerade so Sünde wie Wahrsagerei, und Widerspenstigkeit ist gerade so Frevel wie Abgötterei. *1. Sam. 15, 23*

Zuschanden werden alle, die den Bildern dienen, die der Götzen sich rühmen. *Ps. 97, 7*

Sie sind voll von Wahrsagerei des Morgenlandes und von Zeichendeutern wie die Philister. *Jes. 2, 6*

Wie kann ein Mensch sich Götter machen! – Die sind ja nicht Gott! *Jer. 16, 20*

Wie einer, der nach dem Schatten greift und dem Winde nachjagt, so ist der, der sich auf Träume verläßt. *Sir. 34, 2*

Sie beteten an, was Gott geschaffen hat, anstatt ihn selbst als Schöpfer zu ehren. *Röm. 1, 25 (GN)*

Denkt an die Zeit, als ihr Gott noch nicht gekannt habt: Wie Sklaven dientet ihr damals Göttern, die keine sind. Jetzt kennt ihr Gott – ich sollte besser sagen: Gott kennt euch. Wie könnt ihr dann zu diesen schwachen und armseligen Mächten zurückkehren? Wollt ihr von neuem ihre Sklaven sein? *Gal. 4, 8–9 (GN)*

Gebt acht, daß euch keiner durch die Vorspiegelung höherer Erkenntnisse betrügt. Das alles ist nur von Menschen erdacht. Was sie über die kosmischen Mächte sagen, hat mit Christus nichts zu tun. *Kol. 2, 8 (GN)*

Laßt euch nicht mit falschen Göttern ein! *1. Joh. 5, 21 (GN)*

**Abhängigkeit**
Viele liegen in den Banden des Goldes und sind ins Netz geraten wegen Perlen. *Sir. 31, 6*

Weder dem Sohn noch dem Weibe, weder dem Bruder noch dem Freund sollst du über dich Gewalt geben. *Sir. 33, 20*

Wo euer Schatz ist, da wird auch euer Herz sein. *Luk. 12, 34*

Jeder, der Sünde tut, ist der Sünde Knecht. *Joh. 8, 34*

Schenkt eurem Körper nicht zuviel Aufmerksamkeit, damit ihr nicht von seinen Bedürfnissen abhängig werdet. *Röm. 13, 14 (GN)*

**Ablehnung**
Des Hochmuts Anfang ist es, wenn ein Mensch sich auflehnt und sein Herz von seinem Schöpfer abfällt. *Sir. 10, 12*

Das Licht scheint in der Finsternis, und die Finsternis hat es nicht angenommen. *Joh. 1, 5*

Es gibt viele, die sich durch ihre Lebensführung als Feinde des Kreuzes Christi erweisen. *Phil. 3, 18 (GN)*

**Abraham**
Darum sollst du nicht mehr Abram heißen, sondern Abraham («Vater der Menge») soll dein Name sein; denn ich mache dich zum Vater vieler Völker. *1. Mos. 17, 5*

**Achtsamkeit**
Der Kluge achtet auf seine Schritte. *Spr. 14, 15*

Der Gerechte hat acht auf sein Haus. *Spr. 21, 12*

Habe auf dich acht in allen deinen Werken. *Tob. 4, 14*

Achte keinen nützlichen Ratschlag gering! *Tob. 4, 18*

Führe nicht jedermann in dein Haus ein, denn viele Wunden schlägt der Ränkeschmied. *Sir. 11, 29*

**Adam**
Da bildete Gott der Herr den Adam (= die Gattung Mensch). *1. Mos. 2, 7*

**Advent**
Das Volk, das in der Finsternis wandelt, sieht ein großes Licht; die im Lande des Dunkels wohnen, über ihnen strahlt ein Licht auf. *Jes. 9, 2*

Mache dich auf, werde licht! denn dein Licht kommt, und die Herrlichkeit des Herrn strahlt auf über dir. Denn siehe, Finsternis bedeckt die Erde und Dunkel die Völker; doch über dir strahlt auf der Herr, und seine Herrlichkeit erscheint über dir. *Jes. 60, 1–2*

O daß du den Himmel zerrissest und führest herab, daß vor dir die Berge erbebten, gleich wie Feuer Reisig entzündet! *Jes. 64, 1–2*

Als Jesus in den Tagen des Königs Herodes zu Bethlehem in Judäa geboren war, siehe, da kamen Weise aus dem Morgenland nach Jerusalem, die sagten: Wo ist der neugeborne König der Juden? Wir haben nämlich seinen Stern im Morgenland gesehen und sind gekommen, ihm zu huldigen. *Mat. 2, 1–2*

Es erschallt die Stimme eines Rufers in der Wüste: Bereitet den Weg des Herrn, machet seine Straßen gerade! *Mat. 3, 3*

**Agitation**
Ein Funken setzt viele Kohlen in Brand, und ein nichtswürdiger Mensch lauert auf Blut. *Sir. 11, 32*

**Alkohol**
Säufer und Prasser geraten in Armut. *Spr. 23, 21*

Ein trunksüchtiger Arbeiter wird nicht reich. *Sir. 19, 1*

Ein trunksüchtiges Weib ist ein großes Ärgernis. *Sir. 26, 8*

Beim Weintrinken spiel dich nicht als Held auf, denn der Rebensaft hat schon viele zu Fall gebracht.
*Sir. 31, 25*

Betrinkt euch nicht; denn der Wein macht haltlos. *Eph. 5, 18 (GN)*

**Alle**

Weise sterben, Tor und Narr kommen um zumal. *Ps. 49, 11*

Es müssen dich preisen, o Gott, die Völker, dich preisen die Völker alle! Es müssen sich freuen und jauchzen die Nationen, daß du die Völker gerecht richtest und leitest die Nationen auf Erden. *Ps. 67, 4–5*

Lobet den Herrn, alle Völker! Preiset ihn, ihr Nationen alle! Denn mächtig waltet über uns seine Güte und die Treue des Herrn bis in Ewigkeit.
*Ps. 117, 1–2*

Der Herr ist gütig gegen alle, und sein Erbarmen waltet über all seinen Werken. *Ps. 145, 9*

Sei nicht bange vor dem Tod, er ist deine Bestimmung; denke daran, daß die Ersten und die Letzten sie mit dir teilen. *Sir. 41, 3*

Gehet hin in alle Welt und prediget das Evangelium allen, die erschaffen sind. *Mark. 16, 15*

Gott nimmt alle an, die ihm vertrauen. *Röm. 10, 4 (GN)*

Gott will, daß alle Menschen gerettet werden und zur Erkenntnis der Wahrheit kommen. *1. Tim. 2, 4*

Es gibt für alle nur einen Gott, und es gibt nur einen, der Gott und die Menschen miteinander verbindet: den Menschen Jesus Christus, der für die ganze Menschheit sein Leben gab. Damit hat er bestätigt, daß Gott alle Menschen retten will.
*1. Tim. 2, 5–6 (GN)*

Wir haben unsere Hoffnung auf den lebendigen Gott gesetzt. Er ist der Retter aller Menschen.
*1. Tim. 4, 10 (GN)*

Gott hat gezeigt, daß er alle Menschen liebt und sie retten will.
*Tit. 2, 11 (GN)*

**Alltag**

Gelobt sei der Herr Tag für Tag!
*Ps. 68, 20*

Alles, was nicht aus Glauben geschieht, ist Sünde. *Röm. 14, 23*

Wenn ihr eßt oder trinkt oder sonst etwas tut, so tut alles zur Ehre Gottes! *1. Kor. 10, 31 (GN)*

Alles, was ihr tut mit Wort oder mit Werk, das tut alles im Namen des Herrn Jesus, indem ihr Gott, dem Vater, durch ihn dankt! *Kol. 3, 17*

**Allwissenheit Gottes**

Des Herrn Augen schweifen über die

ganze Erde, damit er sich stark erweise für die, deren Herz ihm ungeteilt gehört. *2. Chr. 16, 9*

Gott erschaut die Enden der Welt, was unter dem Himmel ist, sieht er alles. *Hiob 28, 24*

Gott kennt ja die Heimlichkeiten des Herzens. *Ps. 44, 22*

Seine Augen haben acht auf die Völker. *Ps. 66, 7*

Der Herr kennt das Sinnen der Menschen; sie sind ja ein Hauch. *Ps. 94, 11*

Eines jeden Weg ist dem Herrn offenbar, er hat acht auf alle seine Bahnen. *Spr. 5, 21*

Allüberall sind die Augen des Herrn, überwachen Böse und Gute. *Spr. 15, 3*

Unterwelt und Abgrund liegen offen vor dem Herrn, wieviel mehr die Herzen der Menschenkinder! *Spr. 15, 11*

Überströmend ist die Weisheit des Herrn; er ist groß an Macht und sieht alles. Seine Augen schauen auf die, die ihn fürchten, und er kennt alles Tun der Menschen. *Sir. 15, 18–19*

Das Tun alles Fleisches ist Gott gegenwärtig, und nichts ist vor seinen Augen verborgen. *Sir. 39, 19*

Deiner Hand zu entrinnen, ist unmöglich. *Sal. 16, 15*

Es gibt nichts, was Gott verborgen wäre. Alles liegt nackt und bloß vor den Augen dessen da, dem wir Rechenschaft schuldig sind. *Heb. 4, 13 (GN)*

**Alter**

Vor einem grauen Haupte sollst du aufstehen und das Alter ehren und sollst dich vor deinem Gott fürchten. *3. Mos. 19, 32*

Verwirf mich nicht in den Tagen des Alters; wenn meine Kraft schwindet, verlaß mich nicht. *Ps. 71, 9*

Graues Haar ist eine herrliche Krone; auf dem Weg der Gerechtigkeit wird sie gefunden. *Spr. 16, 31*

Wenn der Mensch viele Jahre lebt, so freue er sich an ihnen allen! *Pred. 11, 8*

Mein Sohn, nimm dich deines Vaters in seinem Alter an, und betrübe ihn nicht, solange er lebt. Auch wenn sein Geist abnimmt, habe Nachsicht mit ihm, und beschäme ihn nicht mit deiner Vollkraft. *Sir. 3, 12–13*

Mache keinen alten Mann zuschanden, denn auch manche von uns werden einst Greise sein. *Sir. 8, 6*

Wie schön steht den Grauhaarigen Urteilskraft an und den Betagten, daß sie Rat wissen! *Sir. 25, 4*

**Altruismus**

Wohltun errettet vom Tode.
*Spr. 10, 2*

Ihr sollt nicht an euch selbst denken, sondern an die andern.
*1. Kor. 10, 24 (GN)*

Verfolgt nicht eure eigenen Interessen, sondern seht auch auf das, was den andern nützt. *Phil. 2, 4 (GN)*

**Anbetung Gottes**

Der ganze Erdkreis bete dich an und lobsinge dir, lobsinge deinem Namen! *Ps. 66, 4*

Betet den an, der den Himmel und die Erde und das Meer und die Wasserquellen gemacht hat! *Off. 14, 7*

**Angst**

Was ich fürchte, das kommt über mich, wovor ich schaudere, das trifft mich. *Hiob 3, 25*

Ihr schaut das Schreckliche, und ihr schaudert. *Hiob 6, 21*

Sein Leben lang ängstigt sich der Gottlose. *Hiob 15, 20*

Sei mir gnädig, Herr, denn mir ist so bange. *Ps. 31, 10*

Verbirg dein Antlitz nicht vor deinem Knechte, denn mir ist bange.
*Ps. 69, 18*

Ich bin elend und arm, und mein Herz ängstet sich in der Brust. Ich schwinde dahin wie ein Schatten, wenn er sich neigt, bin wie eine Heuschrecke, die man von sich abschüttelt. Meine Knie wanken vom Fasten, mein Fleisch nimmt ab und wird mager. *Ps. 109, 22–24*

Krämpfe und Wehen befallen sie; sie winden sich wie eine Gebärende.
*Jes. 13, 8*

Ängste erlebt, wer Sünde auf Sünde häuft. *Sir. 3, 27*

Angstvolle Unruhe macht die Augen trübe. *Sir. 13, 26*

Wer den Herrn fürchtet, braucht nicht zu erschrecken. *Sir. 34, 16*

Furcht ist nichts anderes als die Verzweiflung an der Hilfe der Vernunft.
*Sal. 17, 12*

Warum habt ihr solche Angst? Ihr habt zuwenig Vertrauen. *Mat. 8, 26*

**Anrufung Gottes**

Du sollst den Herrn deinen Gott, anbeten und fröhlich sein ob all dem Guten, das er dir gegeben hat.
*5. Mos. 26, 10–11*

Herr, laß mich nicht zuschanden werden, denn ich rufe dich an.
*Ps. 31, 18*

Ich will zu Gott rufen, und der Herr wird mir helfen. *Ps. 55, 17*

Zu Gott allein sei stille, meine Seele; denn von ihm kommt mir Hoffnung. *Ps. 62, 6*

Darin besteht die Zuversicht, die wir zu Gott haben, daß er auf uns hört, wenn wir nach seinem Willen um etwas bitten. *1. Joh. 5, 14*

**Anstand**

Ein anmutiges Weib gewinnt Ehre, einen Thron der Schande jedoch die Feindin der Sitten. *Spr. 11, 16*

Zeige dich wohlerzogen in deinem ganzen Wandel. *Tob. 4, 14*

Was dir selbst zuwider ist, das tue niemandem an! *Tob. 4, 15*

Wie ein Fettschwanz vom Schaf ohne Salz ungenießbar ist, so ein Wort zur Unzeit; im Munde der Unerzogenen fehlt es nie. *Sir. 20, 19*

Ein Schandfleck am Menschen ist die Lüge; im Munde der Unerzogenen fehlt sie nie. *Sir. 20, 24*

Der Törichte späht bei der Tür ins Haus hinein; wer Lebensart hat, schlägt das Angesicht nieder. *Sir. 21, 22–23*

Von Unerzogenheit zeugt es, wenn ein Mensch an der Türe horcht, der Gesittete macht seine Ohren taub. *Sir. 21, 24*

Unbezahlbar ist ein wohlerzogenes Gemüt. *Sir. 26, 14*

Wohl dem Manne, der untadelig befunden wird. *Sir. 31, 8*

Den wohlanständigen Gast preisen die Lippen, der Ruf seines guten Benehmens steht fest. Der unanständige Gast wird im Tore gelästert, der Ruf seines schlechten Benehmens steht fest. *Sir. 31, 23–24*

Wo Gesang ertönt, laß nicht Worte fließen. *Sir. 32, 4*

Schäme dich, friedlichen Gruß zu überhören. *Sir. 41, 20*

Wer liebt, ist nicht taktlos. *1. Kor. 13, 5 (GN)*

**Anteilnahme**

Gunst ist besser als Silber und Gold. *Spr. 22, 1*

Der Fromme kümmert sich um das Recht der Geringen. *Spr. 29, 7*

Die darbende Seele enttäusche nicht, und verbirg dich nicht vor dem, der gebrochenen Herzens ist. *Sir. 4, 2*

Bleibe den Weinenden nicht fern, und traure mit den Trauernden. *Sir. 7, 34*

Freuen dürfen sich alle, die unter der Not der Welt leiden; denn Gott wird ihnen ihre Last abnehmen. *Mat. 5, 4 (GN)*

Freuet euch mit den Fröhlichen, weinet mit den Weinenden!
*Röm. 12, 14*

Wenn irgendwo einer schwach ist, bin ich es mit ihm. Wenn einer an Gott irre wird, trifft es mich tief.
*2. Kor. 11, 29 (GN)*

Denkt an die Gefangenen, als ob ihr selbst mit ihnen im Gefängnis wärt. Denkt an die Mißhandelten, als müßtet ihr ebenso leiden wie sie.
*Heb. 13, 3 (GN)*

**Arbeit**

Deiner Hände Arbeit darfst du genießen; wohl dir, du wirst es gut haben. *Ps. 128, 2*

Bei aller sauren Arbeit stellt sich Gewinn ein. *Spr. 14, 23*

Der Hunger hilft dem Arbeiter bei der Arbeit; denn sein Mund treibt ihn an. *Spr. 16, 26*

Wer sein Feld bebaut, der hat Brot die Fülle. *Spr. 28, 19*

Dünke dich nicht zu weise, um eine Arbeit zu verrichten. *Sir. 10, 26*

Sei getrost an deiner Arbeit bis ins Alter. *Sir. 11, 20*

Gute Arbeit gibt herrlichen Lohn.
*Sal. 3, 15 (L)*

Der Arbeiter ist seine Speise wert.
*Mat. 10, 10*

Der Arbeiter ist seines Lohnes wert.
*Luk. 10, 7*

Ein Arbeiter bekommt seinen Lohn nicht als Geschenk, sondern weil er einen Anspruch darauf hat.
*Röm. 4, 4 (GN)*

Wir arbeiten hart für unsern Unterhalt. *1. Kor. 4, 12 (GN)*

Wer pflanzt einen Weinberg, ohne von seinen Trauben zu essen? Wer hütet Schafe, ohne von ihrer Milch zu trinken? *1. Kor. 9, 7 (GN)*

Wer pflügt und erntet, soll damit rechnen können, selbst einen Teil vom Ertrag zu bekommen.
*1. Kor. 9, 10 (GN)*

Wer vom Diebstahl gelebt hat, muß damit aufhören. Er soll sich anstrengen und durch eigene Arbeit so viel verdienen, daß er auch noch etwas für die Armen übrig hat.
*Eph. 4, 28 (GN)*

Tut eure Arbeit fröhlich, weil ihr sie eigentlich nicht für Menschen tut, sondern für den Herrn.
*Eph. 6, 7 (GN)*

Wer nicht arbeiten will, soll auch nicht essen. *2. Thess. 3, 10*

Der Bauer muß hart arbeiten, bevor er als erster vom Ertrag des Feldes essen darf. *2. Tim. 2, 6 (GN)*

**Arche**
Da kam die Sintflut über die Erde, vierzig Tage lang, und die Wasser wuchsen und hoben die Arche, und sie schwamm hoch über der Erde.
*1. Mos. 7, 17*

**Arm und reich**
Reichtum verschafft viele neue Freunde; aber der Arme wird von seinem Freunde verlassen. *Spr. 19, 4*

Reich und arm begegnen einander, sie sind alle das Werk des Herrn.
*Spr. 22, 2*

Mancher Arme wird wegen seiner Einsicht geehrt, mancher Reiche aber bloß wegen seines Reichtums. Wer schon in seiner Armut geehrt wird – wieviel mehr, wenn er reich wäre! Wer aber trotz seinem Reichtum verachtet wird – wieviel mehr, wenn er arm wäre! *Sir. 10, 30–31*

Der Reiche tut Unrecht und prahlt noch dazu; dem Armen geschieht Unrecht, und er muß noch um Gnade flehen. *Sir. 13, 3*

Wie könnte Friede sein zwischen der Hyäne und dem Hund? Und wie zwischen dem Reichen und dem Armen? *Sir. 13, 18*

Wie die Wildesel der Wüste ein Fraß der Löwen sind, so sind die Armen die Weide der Reichen. *Sir. 13, 19*

Gut ist der Reichtum, wenn er ohne Sünde ist, und böse ist die Armut, wenn sie aus Frevel stammt.
*Sir. 13, 24*

**Armut**
Nie wird es an Armen fehlen im Lande. *5. Mos. 15, 11*

Ich weiß, der Herr führt der Elenden Sache, er schafft den Armen ihr Recht. *Ps. 140, 13*

Lässige Hand bringt Armut.
*Spr. 10, 4*

Wer des Armen spottet, der schmäht dessen Schöpfer. *Spr. 17, 5*

Säufer und Prasser geraten in Armut. *Spr. 23, 21*

Gleichgültigkeit bringt Verarmung und großen Mangel. *Tob. 4, 13*

Spotte nicht über das Leben der Armen, und laß die Augen des Verzweifelnden nicht verschmachten.
*Sir. 4, 1*

Neige dein Ohr dem Armen zu, und erwidere seinen Gruß in Bescheidenheit. *Sir. 4, 8*

Man soll den rechtschaffenen Armen nicht verachten. *Sir. 10, 23*

Sorge ums Brot vertreibt den Schlummer, mehr als schwere Krankheit verscheucht sie den Schlaf. *Sir. 31, 2*

Selig seid ihr Armen; denn euch gehört das Reich Gottes. *Luk. 6, 20*

Wenn einer von euch in ärmlichen Verhältnissen leben muß, soll er stolz darauf sein, daß er bei Gott angesehen ist. *Jak. 1, 9 (GN)*

**Arzt**
Halte den Arzt wert, weil du ihn nötig hast, denn auch ihn hat Gott geschaffen. *Sir. 38, 1*

Von Gott hat der Arzt seine Weisheit. *Sir. 38, 2*

Auch der Arzt läßt sein Gebet zu Gott aufsteigen, daß er ihm die Deutung der Krankheit gelingen lasse und daß die Arznei zur Erhaltung des Lebens diene. *Sir. 38, 14*

Wer sündigt gegen den, der ihn gemacht hat, der fällt in die Hände des Arztes. *Sir. 38, 15*

**Asozial**
Gott der Herr sprach: Es ist nicht gut, daß der Mensch allein sei. *1. Mos. 2, 18*

Wehe denen, die ungerechte Satzungen aufsetzen, und den Schreibern, die immerfort Qual schreiben, die Armen vom Gerichte zu verdrängen und den Elenden meines Volkes das Recht zu rauben, daß die Witwen ihre Beute werden und sie die Waisen plündern. *Jes. 10, 1–2*

Wer sich vom Nächsten abwendet, vernachlässigt sich selbst. *Sir. 14, 8*

**Atheismus**
Die Toren sprechen in ihrem Herzen: «Es ist kein Gott.» *Ps. 14, 1*

Es spricht der Frevler: «Gottlos zu sein bin ich gesonnen.» Er kennt kein Erschrecken vor Gott. Denn er schmeichelt sich selbst in seinem Wahn, daß seine Schuld nicht aufgefunden, nicht gehaßt werde. Die Worte seines Mundes sind Lug und Trug; er hat es aufgegeben, weise und gut zu handeln. Frevel sinnt er auf seinem Lager, tritt hin auf schlimmen Weg, das Arge scheut er nicht. *Ps. 36, 2–5*

Sie sagen bei sich selbst, in ihrem verkehrten Sinn:
«Kurz und kummervoll ist unser Leben.
Kein Heilmittel gibt es beim Sterben des Menschen,
noch hat man gehört von einem, der aus der Unterwelt erlöst.
Denn durch Zufall sind wir entstanden,
und nachher werden wir sein, als wären wir nie gewesen.
Ein Dunst nur ist der Atem in unserer Nase,
das Denken ein Funke [erzeugt] durch den Schlag unseres Herzens.
Ist er erloschen, so wird der Leib zu Asche,
und der Geist wird verweht wie dünne Luft.

Unser Name wird mit der Zeit
vergessen,
und niemand gedenkt mehr unsrer
Taten.
Unser Leben entschwindet wie die
Spur einer Wolke,
und wie ein Nebel sich zerteilt,
und die Strahlen der Sonne
verscheuchen
und ihre Wärme niederdrückt.
Denn ein vorüberziehender
Schatten ist unsre Lebenszeit,
und ist sie zu Ende, so gibt's keine
Wiederholung;
es ist besiegelt, und keiner kann's
wenden.

So kommt denn und laßt uns die
vorhandenen Güter genießen,
laßt uns emsig die Welt ausnützen,
dieweil wir noch jung sind.
Mit köstlichem Wein und Salben
wollen wir nicht kargen,
und keine Frühlingsblume soll uns
entgehen.
Mit Rosenknospen wollen wir uns
bekränzen, ehe sie verwelken,
alle Fluren voller Lust
durchstreifen!
Keiner von uns bleibe unsrer
Ausgelassenheit fern;
allenthalben wollen wir Sinnbilder
unsrer Fröhlichkeit zurücklassen;
denn dies ist unser Teil und dies
unser Los.

Vergewaltigen wir den armen
Gerechten, schonen wir die Witwe
nicht!
Scheuen wir nicht das Silberhaar
des hochbetagten Greises!
Unsre Stärke sei der Maßstab für
die Gerechtigkeit,
denn das Schwache erweist sich als
unbrauchbar.
Auflauern wollen wir dem
Gerechten,
denn er ist uns hinderlich, er tritt
unsrem Tun entgegen,
er wirft uns Übertretung des
Gesetzes vor
und schilt uns über unsren Mangel
an Zucht.
Er rühmt sich, die Erkenntnis
Gottes zu besitzen,
und nennt sich einen Knecht des
Herrn.
Er ward uns zum [beständigen]
Vorwurf gegen unsre Gesinnung,
sogar sein Anblick ist uns lästig.
Sein Leben gleicht nicht dem der
andern,
und absonderlich sind seine Pfade.
Als unecht gelten wir ihm,
er meidet unsre Wege wie Unrat.
Er preist das Ende der Gerechten
und prahlt mit Gott als seinem Vater.
Laßt uns doch sehen, ob sein
Gerede wahr ist,
und abwarten, was für ein Ende es
mit ihm nimmt.
Denn wenn der Gerechte ein Sohn
Gottes ist,
so wird er sich ja seiner annehmen
und ihn aus der Hand der
Widersacher erretten.
Durch Hohn und Qual wollen wir
ihn auf die Probe stellen,
damit wir seine Sanftmut
kennenlernen
und seine Standhaftigkeit im
Leiden prüfen.

Zu schmählichem Tod wollen wir ihn verurteilen;
denn nach seinen Worten wird ihm ja Schutz zuteil.»
So denken sie, aber sie gehen irre,
denn ihre Bosheit verblendet sie.
*Sal. 2, 1–21*

**Der Auferstandene**

Die elf Jünger gingen nach Galiläa und stiegen auf den Berg, den Jesus ihnen genannt hatte. Dort sahen sie ihn; sie warfen sich vor ihm nieder, obwohl einige zweifelten. Jesus trat auf sie zu und sagte: «Gott hat mir die Macht über Himmel und Erde gegeben. Geht nun zu allen Völkern der Welt und macht die Menschen zu meinen Jüngern. Tauft sie im Namen des Vaters und des Sohnes und des Heiligen Geistes. Lehrt sie, alles zu befolgen, was ich euch aufgetragen habe. Und denkt daran: Ich bin immer bei euch, jeden Tag, bis zum Ende der Welt.» *Mat. 28, 16–20 (GN)*

**Auferstehung**

Der Herr tötet und macht lebendig; er stößt in die Grube und führt herauf. *1. Sam. 2, 6*

Gott wird meine Seele erlösen aus der Gewalt der Unterwelt; denn er wird mich entrücken. *Ps. 49, 16*

Deine Toten werden leben, werden auferstehen; aufwachen und jubeln werden die Bewohner des Staubes.
*Jes. 26, 19*

Gott ist nicht ein Gott von Toten, sondern von Lebendigen.
*Mat. 22, 32*

Er ist nicht hier, denn er ist auferweckt worden, wie er gesagt hat. Kommet her, sehet den Ort, wo er gelegen hat; und gehet eilends hin und saget seinen Jüngern, daß er von den Toten auferweckt worden ist.
*Mat. 28, 6–7*

Euer Herz erschrecke nicht! Glaubet an Gott und glaubet an mich! In meines Vaters Hause sind viele Wohnungen. Wo nicht, würde ich euch dann gesagt haben, daß ich hingehe, um euch eine Stätte zu bereiten? Und wenn ich hingegangen bin und euch eine Stätte bereitet habe, komme ich wieder und werde euch zu mir nehmen, damit auch ihr seid, wo ich bin.
*Joh. 14, 1–3*

Dabei habe ich die Hoffnung zu Gott, daß es eine Auferstehung der Gerechten wie der Ungerechten geben wird. *Apg. 24, 15*

Wenn der Geist dessen in euch lebt, der Jesus vom Tod erweckt hat, dann wird Gott durch diesen Geist auch eure Körper, die dem Tod verfallen sind, lebendig machen.
*Röm. 8, 11 (GN)*

Wenn Christus nicht auferstanden wäre, dann hätte weder unsere Verkündigung noch euer Glaube einen Sinn. *1. Kor. 15, 14 (GN)*

Christus ist tatsächlich vom Tod erweckt werden, und das gibt uns die Gewähr dafür, daß auch die übrigen Toten auferstehen werden.
*1. Kor. 15, 20 (GN)*

Gott hat Jesus vom Tod erweckt, und ich weiß, daß er mich genauso wie Jesus lebendig machen und zusammen mit euch vor seinen Thron stellen wird. *2. Kor. 4, 14 (GN)*

Wir wollen euch nicht im unklaren lassen, Brüder, wie es mit denen steht, die gestorben sind. Dann braucht ihr nicht traurig zu sein wie die anderen, die keine Hoffnung haben. Wir glauben fest, daß Jesus nach seinem Tod auferstanden ist. Ebenso gewiß wird Gott auch denen, die im Vertrauen auf Jesus gestorben sind, mit Jesus das Leben schenken.
*1. Thess. 4, 13–14 (GN)*

**Aufmerksamkeit**

Hüte meine Weisung wie deinen Augapfel. *Spr. 7, 2*

Das Angesicht des Verständigen schaut auf die Weisheit, die Augen des Toren schweifen ans Ende der Welt. *Spr. 17, 24*

Der Weise hat seine Augen im Kopfe. *Pred. 2, 14*

Land, Land, Land, höre das Wort des Herrn! *Jer. 22, 29*

Antworte nicht, ehe du zugehört hast, und unterbrich die Rede des andern nicht. *Sir. 11, 8*

In allen Stücken nimmt sich ein weiser Mensch in acht. *Sir. 18, 27*

Wer Ohren hat, der höre! *Mat. 13, 9*

Seid wachsam! *1. Kor. 16, 13 (GN)*

Jeder soll stets bereit sein zu hören, aber sich Zeit lassen, bevor er redet, und noch mehr, bevor er zornig wird.
*Jak. 1, 19 (GN)*

**Aufrichtigkeit**

Ich weiß, mein Gott, daß du das Herz prüfst und daß du an Aufrichtigkeit Gefallen hast. *1. Chr. 29, 17*

Ins Angesicht lüge ich euch wahrlich nicht. *Hiob 6, 28*

Fürwahr, solange noch mein Odem in mir ist und Gottes Hauch in meiner Nase, wird kein Unrecht von meinen Lippen kommen, und meine Zunge wird nicht Trug reden.
*Hiob 27, 3–4*

Hätte ich auf Unrecht gedacht in meinem Herzen, so würde der Herr nicht hören. *Ps. 66, 18*

Lauter Güte ist Gott gegen den Frommen, der Herr gegen die, die reines Herzens sind. *Ps. 73, 1*

Dem Herrn sind ein Greuel, die falschen Herzens sind; die unsträflich wandeln gefallen ihm wohl.
*Spr. 11, 20*

Das Tun des Reinen ist gerade.
*Spr. 21, 8*

Wer reines Herzens ist, den liebt der Herr. *Spr. 22, 11*

Freuen dürfen sich alle, die ein reines Herz haben; denn sie werden Gott sehen. *Mat. 5, 8 (GN)*

Eure Liebe muß aufrichtig sein. Verabscheut das Schlechte und laßt nicht ab vom Guten.
*Röm. 12, 9 (GN)*

Mein Gewissen sagt mir, daß mein Handeln immer durch die Aufrichtigkeit bestimmt war, die Gott schenkt. Das ist mein Stolz.
*2. Kor. 1, 12 (GN)*

Gott ist mein Zeuge, daß ich euch gegenüber immer aufrichtig bin.
*2. Kor. 1, 18 (GN)*

Bemühe dich um Gerechtigkeit, Glauben, Liebe und um Frieden mit denen, die sich mit reinem Herzen zum Herrn bekennen.
*2. Tim. 2, 22 (GN)*

**Auftrag des Menschen**

Gott der Herr nahm den Menschen und setzte ihn in den Garten Eden, daß er ihn bebaue und bewahre.
*1. Mos. 2, 15*

Ich spreche: «Mein Teil ist es, o Herr, deine Worte zu halten.» *Ps. 119, 57*

Fürchte Gott und halte seine Gebote; denn das ist jedes Menschen Sache. *Pred. 12, 13*

Das ganze Gesetz ist erfüllt, wenn dieses eine Gebot befolgt wird: «Liebe deinen Mitmenschen wie dich selbst.» *Gal. 5, 14 (GN)*

**Ausdauer**

Zeige mir, Herr, den Weg deiner Satzungen, und ich will ihn bis ans Ende einhalten. *Ps. 119, 33*

Mit Langmut kann man den Fürsten bereden, und eine gelinde Zunge zerbricht Knochen. *Spr. 25, 15*

Hange Gott an und weiche nicht von ihm, damit du bei deinem Ende groß dastehest. *Sir. 2, 3*

Wer ausharrt bis ans Ende, der wird gerettet werden. *Mat. 10, 22*

Wir wollen nicht müde werden, das Gute zu tun. Wenn die Zeit da ist, werden wir auch die Ernte einbringen; wir dürfen nur nicht aufgeben.
*Gal. 6, 9 (GN)*

Gott gibt euch nicht nur den guten Willen, sondern auch die Kraft zum Durchhalten. Es ist ja seine Absicht, euch zu retten. *Phil. 2, 13 (GN)*

Werdet nicht müde, das Gute zu tun.
*2. Thess. 3, 13 (GN)*

Lasset uns das Bekenntnis der Hoffnung festhalten ohne Wanken, denn treu ist der, welcher die Verheissung gegeben hat! *Heb. 10, 23*

Siehe, wir preisen die selig, welche ausgeharrt haben. *Jak. 5, 11*

**Ausländer**
Einen Fremdling sollst du nicht bedrücken. Ihr wißt, wie dem Fremdling zumute ist; seid ihr doch auch Fremdlinge gewesen im Lande Ägypten. *2. Mos. 23, 9*

Wenn ein Fremdling bei dir wohnt in eurem Lande, so sollt ihr ihn nicht bedrücken. Wie ein Einheimischer aus eurer eigenen Mitte soll euch der Fremdling gelten, der bei euch wohnt, und du sollst ihn lieben wie dich selbst. *3. Mos. 19, 33–34*

Einerlei Recht soll unter euch gelten, für den Fremdling wie für den Einheimischen. *3. Mos. 24, 22*

Bist du ein Ausländer, so mußt du Schmach hinunterschlucken.
*Sir. 29, 25*

**Ausnützung**
Du sollst deinen Nächsten nicht bedrücken noch berauben.
*3. Mos. 19, 13*

Wer den Geringsten bedrückt, der schmäht dessen Schöpfer.
*Spr. 14, 31*

Beraube nicht den Geringen, weil er gering ist. *Spr. 22, 22*

Ein gottloser Mensch, der die Geringen bedrückt, ist wie ein Regen, der wegschwemmt, aber kein Brot bringt. *Spr. 28, 3*

Wehe dem, der sein Haus mit Unrecht baut und seine Söller mit Unbill, der seinen Nächsten umsonst arbeiten läßt und ihm den Lohn nicht bezahlt! *Jer. 22, 13*

Ein kärgliches Brot ist der Lebensunterhalt der Armen; wer ihm dies entzieht, ist ein Mörder. *Sir. 34, 25*

Ihr habt den Männern, die auf euren Feldern gearbeitet haben, keinen Lohn gegeben. Das schreit zum Himmel! Eure Erntearbeiter klagen, und ihre Klage dringt bis zu den Ohren des himmlischen Herrschers.
*Jak. 5, 4 (GN)*

**Ausreden**
Der Mensch sprach: Das Weib, das du mir zugesellt hast, das hat mir von dem Baume gegeben; da habe ich gegessen. *1. Mos. 3, 12*

Das Weib antwortete: Die Schlange hat mich verführt; da habe ich gegessen. *1. Mos. 3, 13*

Den Menschen führt seine eigene Torheit irre, und dann zürnt er im Herzen über den Herrn. *Spr. 19, 3*

Nur habe ich, siehe, das gefunden, daß Gott die Menschen recht geschaffen hat; sie aber suchen viele Künste. *Pred. 7, 30*

**Ausrichtung auf Gott**

Sie suchten Gott, und er ließ sich von ihnen finden. *2. Chr. 15, 4*

Wo ist Gott, mein Schöpfer, der uns verständiger macht als die Tiere des Feldes und weiser als die Vögel des Himmels? *Hiob 35, 10–11*

Deine Güte, o Herr, walte über uns, wie wir deiner harren! *Ps. 33, 22*

Ich suchte den Herrn, und er hat mich erhört, hat von all meiner Furcht mich errettet. *Ps. 34, 5*

Herr, sei nicht ferne von mir! *Ps. 35, 22*

Was bist du so gebeugt, meine Seele, und so unruhig in mir? Harre auf Gott; denn ich werde ihm noch danken, ihm, meinem Helfer und meinem Gott. *Ps. 42, 6*

Gott schaut vom Himmel herab auf die Menschenkinder, daß er sehe, ob ein Verständiger da sei, der nach Gott frage. *Ps. 53, 3*

Lehre mich, o Herr, deinen Weg, daß ich wandle in deiner Wahrheit; erhalte mein Herz bei dem einen, daß es deinen Namen fürchte. *Ps. 86, 11*

Fraget nach dem Herrn und seiner Macht, suchet sein Angesicht allezeit! *Ps. 105, 4*

Unterweise mich, nach deinen Befehlen zu wandeln, und ich will über deine Wunder sinnen. *Ps. 119, 27*

Meine Seele harrt auf den Herrn, mehr als die Wächter auf den Morgen. *Ps. 130, 6*

Lehre mich deinen Willen tun, denn du bist mein Gott; dein guter Geist führe mich auf ebener Bahn. *Ps. 143, 10*

Der Herr ist gütig gegen den, der auf ihn hofft, gegen die Seele, die ihn sucht. *Klag. 3, 25*

Siehe, es kommen Tage, spricht Gott der Herr, da sende ich einen Hunger ins Land, nicht Hunger nach Brot und nicht Durst nach Wasser, sondern das Wort des Herrn zu hören. *Am. 8, 11*

Wer Gott sucht, empfängt Belehrung, und wer nach ihm trachtet, erlangt Wohlgefallen. *Sir. 32, 14*

Denkt nach über den Herrn in Aufrichtigkeit, in Einfalt des Herzens suchet ihn! *Sal. 1, 1*

Wer sich der Liebe Gottes nicht wie ein Kind öffnet, wird sie nicht erfahren. *Mark. 10, 15 (GN)*

Euer Glaube sollte sich nicht auf Menschenweisheit gründen, sondern auf Gottes Macht. *1. Kor. 2, 5 (GN)*

Fragt immer, was dem Herrn gefällt. *Eph. 5, 10 (GN)*

**Ausschließlichkeit**
Du sollst den Herrn, deinen Gott, anbeten und ihm allein dienen.
*Mat. 4, 10*

**Aussichtslosigkeit**
Wenn ein Blinder einen Blinden führt, werden beide in eine Grube fallen. *Mat. 15, 14*

**Auswirkungen**
Wer mit den Augen hämisch zwinkert, verursacht Leid. *Spr. 10, 10*

Der Gütige tut sich selber Gutes, der Hartherzige schneidet ins eigne Fleisch. *Spr. 11, 17*

Der gute Mensch genießt die Frucht seiner Taten. *Spr. 14, 14*

Ein frohes Herz macht das Angesicht heiter. *Spr. 15, 13*

Wer stark zum Zorn neigt, muß Buße zahlen. *Spr. 19, 19*

Süß schmeckt dem Menschen erschlichenes Brot; hinterher aber hat er den Mund voll Kies. *Spr. 20, 17*

Wer Unrecht sät, der erntet Unheil.
*Spr. 22, 8*

Die Väter haben saure Trauben gegessen, und den Kindern werden davon die Zähne stumpf. *Ez. 18, 2*

Wer Gutes tut, dem begegnet es wieder auf seinen Wegen. *Sir. 3, 31*

Wer Pech anfaßt, dem klebt es an der Hand. *Sir. 13, 1*

Das Gewissen verändert des Menschen Angesicht, sei es zum Guten oder zum Schlimmen. *Sir. 13, 25*

Zeichen eines guten Gewissens ist ein heiteres Angesicht. *Sir. 13, 26*

Das Ende des lügnerischen Menschen ist Schmach, und seine Schande bleibt stets an ihm haften.
*Sir. 20, 26*

Die Bosheit einer Frau verdüstert ihr Aussehen und macht ihr Antlitz finser wie das einer Bärin. *Sir. 25, 17*

Wie der Baum gepflegt wird, das erweist seine Frucht. *Sir. 27, 6*

Harz und Pech lassen Feuer entflammen, und ein hitziger Streit läßt Blut fließen. *Sir. 28, 11*

Der Hieb der Geißel bringt Striemen hervor, der Hieb der Zunge aber zerbricht die Knochen. *Sir. 28, 17*

Die Schönheit der Frau macht das Antlitz leuchten. *Sir. 36, 24*

Wenn ihr einander wie wilde Tiere beißt und freßt, werdet ihr euch noch alle gegenseitig verschlingen.
*Gal. 5, 15 (GN)*

Jeder wird ernten, was er gesät hat.
*Gal. 6, 7 (GN)*

**Autorität**
Es gibt keine Autorität, die nicht von Gott verliehen wird. *Röm. 13, 1 (GN)*

# B

**Babel**
Sie ließen ab, die Stadt zu bauen. Daher heißt ihr Name Babel, weil der Herr daselbst die Sprache aller Welt verwirrt und sie von dort über die ganze Erde zerstreut hat.
*1. Mos. 11, 8–9*

**Barmherzigkeit**
Wer sich des Armen erbarmt, leiht dem Herrn; der wird ihm seine Wohltat vergelten. *Spr. 19, 17*

Wende dein Angesicht von keinem Armen ab, so wird sich auch Gottes Anlitz nicht von dir abkehren.
*Tob. 4, 7*

Sei mildtätig gegen jeden, der da lebt, aber auch dem Toten verweigere deine Barmherzigkeit nicht. *Sir. 7, 33*

Die Barmherzigkeit hat Bestand für immer. *Sir. 40, 17*

Freuen dürfen sich alle, die barmherzig sind; denn Gott wird auch mit ihnen barmherzig sein.
*Mat. 5, 7 (GN)*

Seid barmherzig wie euer Vater barmherzig ist! *Luk. 6, 36*

**Barmherzigkeit Gottes**
Du, o Herr, bist ein barmherziger, gnädiger Gott, langmütig und reich an Huld und Treue. *Ps. 86, 15*

Nicht im Vertrauen auf unsre Verdienste bringen wir unser Flehen vor dich, sondern im Vertrauen auf deine große Barmherzigkeit. *Dan. 9, 18*

**Baum der Erkenntnis**
Gott der Herr gebot dem Menschen und sprach: Von allen Bäumen im Garten darfst du essen; nur von dem Baume der Erkenntnis des Guten und des Bösen, von dem darfst du nicht essen; denn sobald du davon issest, mußt du sterben.
*1. Mos. 2, 16–17*

**Baum des Lebens**
Gott der Herr ließ allerlei Bäume aus der Erde wachsen, lieblich anzuse-

hen und gut zu essen, und den Baum des Lebens mitten im Garten.
*1. Mos. 2, 9*

**Begierde**
Der Ungerechte ist immer voll Gier.
*Spr. 21, 26*

Besser mit Augen schauen als schweifen mit der Begier; auch das ist nichtig und ein Haschen nach Wind. *Pred. 6, 9*

Wenn du dir erlaubst, was deiner Begierde gefällt, so tust du, was deine Feinde freut. *Sir. 18, 31*

Wer nach Gold jagt, bleibt nicht ohne Schuld. *Sir. 31, 5*

Bedenke, daß ein gieriges Auge vom Übel ist. *Sir. 31, 13*

**Behütung**
Ihr gedachtet mir Böses zu tun, aber Gott hat es zum Guten gewendet.
*1. Mos. 50, 20*

Der Herr wird mit dir sein und dich nicht verlassen; fürchte dich nicht und sei unverzagt. *5. Mos. 31, 8*

Gottes Augen schauen auf die Wege des Menschen, und alle seine Schritte sieht er. *Hiob 34, 21*

Vom Himmel herab schaut der Herr, sieht alle die Menschenkinder. Von der Stätte, da er thront, blickt er auf alle, die auf Erden wohnen, er, der alle Herzen gebildet, der acht hat auf alle ihre Werke. *Ps. 33, 13–15*

Junge Löwen mögen darben und hungern, wer aber den Herrn sucht, dem mangelt kein Gut. *Ps. 34, 11*

Du, o Herr, wirst dein Erbarmen nicht vor mir verschließen; deine Güte und Treue werden mich allewege behüten. *Ps. 40, 12*

Wer unter dem Schirm des Höchsten wohnt, wer im Schatten des Allmächtigen ruht, der darf sprechen zum Herrn: «Meine Zuflucht, meine Feste, mein Gott, auf den ich vertraue!» *Ps. 91, 1–2*

Sie werden dich auf Händen tragen, daß dein Fuß nicht an einen Stein stoße. *Ps. 91, 12*

Gott erfüllt der Gottesfürchtigen Begehr, er hört ihr Schreien und hilft ihnen. Der Herr behütet alle, die ihn lieben, alle Gottlosen aber wird er vertilgen. *Ps. 145, 19–20*

Alle Rede Gottes ist lauter. Er ist ein Schild denen, die bei ihm sich bergen. *Spr. 30, 5*

Das Verirrte werde ich suchen, das Versprengte zurückholen und das Gebrochene verbinden, das Schwache werde ich stärken und das Fette und Kräftige behüten; ich werde sie weiden, wie es recht ist.
*Ez. 34, 16*

Die Gnade des Herrn Jesus sei mit euch! *1. Kor. 16, 23*

**Beispiel**

Gott gab mir ein neues Lied in den Mund, einen Lobgesang auf unsern Gott. Viele werden es schauen, werden erschauern und Vertrauen fassen zum Herrn. *Ps. 40, 4*

Laß nicht in mir zuschanden werden, die auf dich hoffen, Herr der Heerscharen! Laß nicht in mir beschämt werden, die dich suchen, o Gott.
*Ps. 69, 7*

In der Furcht des Herrn liegt ein starker Verlaß; noch den Kindern ist er eine Zuflucht. *Spr. 14, 26*

Gib mir Gehör, mein Sohn, und laß deine Augen achten auf meine Wege! *Spr. 23, 26*

Wenn ein Herrscher auf Lügen hört, so werden alle seine Diener zu Schurken. *Spr. 29, 12*

Ihr seid das Licht für die Welt. Eine Stadt, die auf einem Berg liegt, kann nicht verborgen bleiben. Auch brennt keiner eine Lampe an, um sie dann unter eine Schüssel zu stellen. Im Gegenteil, man stellt sie auf einen erhöhten Platz, damit sie allen im Haus leuchtet. Genauso muß auch euer Licht vor den Menschen leuchten, damit sie eure guten Taten sehen und euren Vater im Himmel preisen.
*Mat. 5, 14–16 (GN)*

Ein Vorbild habe ich euch gegeben, damit auch ihr tut, wie ich euch getan habe. *Joh. 13, 15*

Ich bete zu Gott, der uns Mut und Ausdauer schenkt, daß er euch allen die gleiche Gesinnung gibt, so daß ihr dem Beispiel folgt, das Jesus Christus gegeben hat.
*Röm. 15, 5 (GN)*

Ich möchte nicht andere zum Wettkampf auffordern und selbst als untauglich ausscheiden.
*1. Kor. 9, 27 (GN)*

Ahmet mein Beispiel nach, wie auch ich das Beispiel Christi nachahme.
*1. Kor. 11, 1*

Nehmt Gott in allem zum Vorbild. Ihr seid doch seine geliebten Kinder! Euer Leben soll ganz von der Liebe bestimmt sein. Denkt an die Liebe, die Christus euch erwiesen hat. Er hat sein Leben für uns gegeben.
*Eph. 5, 1–2 (GN)*

Lehnt euch nicht gegen Gott auf und zweifelt nicht an seiner Liebe. Dann seid ihr rein und fehlerlos und erweist euch als Gottes vollkommene Kinder mitten unter verirrten und verdorbenen Menschen. Ihr müßt unter ihnen leuchten wie die Sterne am nächtlichen Himmel.
*Phil. 2, 14–15 (GN)*

Sei allen Christen ein Beispiel mit deinem Reden und Tun, deiner Liebe, deinem Glauben und deiner Reinheit. *1. Tim. 4, 12 (GN)*

Deine Liebe hat mir große Freude gemacht und mich ermutigt. Du hast damit das ganze Volk Gottes gestärkt. *Phil. 7 (GN)*

Nimm dir nicht das Schlechte zum Vorbild, sondern das Gute! *3. Joh. 11 (GN)*

**Bekenntnis**
Deine Gerechtigkeit verbarg ich nicht im Herzen, ich redete von deiner treuen Hilfe; ich verhehlte nicht deine Güte und Treue vor der großen Gemeinde. *Ps. 40, 11*

Was ich euch in der Dunkelheit anvertraue, das sagt am hellen Tag weiter, und was euch in die Ohren geflüstert wird, das macht aller Welt bekannt. *Mat. 10, 27 (GN)*

Wenn die Jünger schweigen, werden die Steine schreien. *Luk. 19, 40*

Ich schäme mich des Evangeliums nicht; denn es ist eine Kraft Gottes zum Heil einem jeden, der daran glaubt. *Röm. 1, 16*

Ehrt Christus in euren Herzen als euren Herrn. Seid immer bereit zu antworten, wenn euch jemand nach einer Erklärung für eure Hoffnung fragt. Aber tut es taktvoll und in Verantwortung vor Gott, als Leute, die ein gutes Gewissen haben. Damit stopft ihr allen den Mund, die schlecht über euer Leben als Christen sprechen. *1. Pet. 3, 15–16 (GN)*

**Belehrung**
Höret auf Mahnung, daß ihr weise werdet, und schlagt sie nicht in den Wind. *Spr. 8, 33*

Ein Gefäß der Erkenntnis sind verständige Lippen. *Spr. 14, 7*

Ein Ohr, das auf heilsame Rüge hört, weilt gern inmitten der Weisen. *Spr. 15, 31*

Höre auf deinen Vater, der dich gezeugt hat, und verachte nicht deine alte Mutter. *Spr. 23, 22*

Kenntnis der Gebote des Herrn ist eine Belehrung zum Leben. *Sir. 19, 19*

**Benachteiligte**
Ein Vater der Waisen, ein Richter der Witwen ist Gott in seiner heiligen Wohnstatt. *Ps. 68, 6*

Helfet der Waise zum Rechte, führet die Sache der Witwe! *Jes. 1, 17*

Sei den Waisen wie ein Vater, und an des Mannes Statt hilf den Witwen. *Sir. 4, 10*

Man dient Gott, dem Vater, auf reine und ehrliche Weise, wenn man sich um Waisen und Witwen kümmert, die in Not sind. *Jak. 1, 27 (GN)*

**Benjamin**
Sein Vater nannte ihn Ben-Jamin («Sohn des Glücks»). *1. Mos. 35, 18*

**Bescheidenheit**
Bei aller irdischen Größe bescheide dich, so findest du Gnade vor Gott.
*Sir. 3, 18*

Naht sich der Fürst, so halte dich zurück, und umso mehr wird er dich heranziehen. *Sir. 13, 9*

Ist nicht Weniges für den Verständigen genug? *Sir. 31, 19*

Dem Hagelwetter leuchtet der Blitz voraus und dem Bescheidenen die Beliebtheit. *Sir. 32, 10*

Wenn dich jemand zu einem Hochzeitsmahl einlädt, dann setz dich nicht gleich auf den besten Platz. Es könnte ja sein, daß eine noch vornehmere Person eingeladen ist. Der Gastgeber, der euch beide eingeladen hat, müßte dann kommen und dich bitten, den Ehrenplatz abzutreten. Dann müßtest du beschämt auf den untersten Platz sitzen. Setz dich lieber auf den letzten Platz, wenn du eingeladen bist. Dann wird der Gastgeber kommen und zu dir sagen: Lieber Freund, komm, setz dich auf einen bessern Platz! So wirst du vor allen, die mit dir eingeladen sind, geehrt. Wer sich hochstellt, den wird Gott demütigen; aber wer sich geringachtet, den wird er erhöhen.
*Luk. 14, 7–11 (GN)*

Jener muß wachsen, ich aber abnehmen. *Joh. 3, 30*

Bedenkt, wer wir sind! Wie können wir es uns herausnehmen, Gott zu kritisieren? Sagt vielleicht ein Werk zu seinem Schöpfer: Warum hast du mich gerade so gemacht?
*Röm. 9, 20 (GN)*

Kommt nicht alles, was ihr habt, von Gott? Wie könnt ihr dann damit auftrumpfen, als hättet ihr es von euch selbst? *1. Kor. 4, 7 (GN)*

Keiner soll sich vor Gott auf seine Leistungen berufen können. Denn wir selbst sind ganz und gar Gottes Werk. *Eph. 2, 9–10 (GN)*

**Besonnenheit**
Den Weisen behüten seine Lippen.
*Spr. 14, 3*

Der besonnene Mann bleibt ruhig.
*Spr. 14, 17*

Das Herz des Frommen bedenkt, was es antworte. *Spr. 15, 28*

Sei schnell bereit zum Hören, aber bedächtig im Antworten. *Sir. 5, 11*

Gold und Silber geben dem Fuße Halt, aber mehr als beide ein Rat voll Bedacht. *Sir. 40, 25*

**Besser**
Das Wenige, das der Gerechte hat, ist besser als der Überfluß vieler Gottlosen. *Ps. 37, 16*

Es ist besser, auf den Herrn zu vertrauen, als sich auf Menschen zu verlassen. *Ps. 118, 8*

Ein lebender Hund ist besser als ein toter Löwe. *Spr. 9, 4*

Besser ein Gericht Gemüse mit Liebe als ein gemästeter Ochse mit Haß. *Spr. 15, 17*

Besser wenig mit Gerechtigkeit als großes Einkommen mit Unrecht. *Spr. 16, 8*

Besser ist's, Weisheit zu erwerben als Gold und erwünschter, Einsicht zu erwerben als Silber. *Spr. 16, 16*

Besser demütig sein mit Gebeugten als Beute teilen mit Stolzen. *Spr. 16, 19*

Besser sich selbst beherrschen als Städte bezwingen. *Spr. 16, 32*

Besser ein Armer, der unsträflich wandelt, als ein Reicher, der krumme Wege geht. *Spr. 19, 1*

Ein Armer ist besser als ein Lügner. *Spr. 19, 22*

Recht und Gerechtigkeit üben gefällt dem Herrn besser als Opfer. *Spr. 21, 3*

Besser Tadel, der offen sich ausspricht, als Liebe, die schweigt. *Spr. 27, 5*

Besser ein Nachbar in der Nähe als ein Bruder in der Ferne. *Spr. 27, 10*

Besser eine Hand voll Ruhe als beide Hände voll Mühe und Haschen nach Wind. *Pred. 4, 6*

Besser ein Jüngling, der arm und weise, als ein König, der alt und ein Tor ist. *Pred. 4, 13*

Besser ein guter Ruf als Wohlgeruch. *Pred. 7, 2*

Besser auf das Schelten der Weisen hören als auf den Gesang der Toren. *Pred. 7, 6*

Besser der Ausgang einer Sache als der Anfang. Besser ein ausdauernder als ein hochfahrender Sinn. *Pred. 7, 9*

Lieber Weniges mit Recht besitzen als Vieles mit Unrecht. *Tob. 12, 8*

Laßt uns in die Hände des Herrn fallen und nicht in die Hände der Menschen; denn wie seine Größe ist auch sein Erbarmen, und wie sein Name sind auch seine Werke. *Sir. 2, 18*

Besser, wer arbeitet und sein reichliches Auskommen hat, als wer vornehm tut und des Brotes ermangelt. *Sir. 10, 27*

Besser arm an Verstand und gottesfürchtig als reich an Einsicht und ein Übertreter des Gesetzes. *Sir. 19, 24*

Besser ein Fehltritt auf dem Fußboden als einer mit der Zunge. *Sir. 20, 18*

Besser ein Dieb als einer, der immerfort lügt, beide aber werden das Verderben ernten. *Sir. 20, 25*

Besser ein Mann, der seine Torheit verbirgt, als ein Mann, der seine Weisheit verhüllt. *Sir. 20, 31*

Besser arm mit kräftigem Körper als reich, aber am Leibe geschlagen. *Sir. 30, 14*

Besser der Tod als Siechtum, und besser die ewige Ruhe als ständiges Leiden. *Sir. 30, 17*

Wein und Rauschtrank lassen das Herz frohlocken, aber mehr als beide ist die Liebe von Freunden. *Sir. 40, 20*

Es ist besser, für gute Taten zu leiden, wenn Gott es so will, als für schlechte. *1. Pet. 3, 17 (GN)*

**Besserung**

Auch ein Hohlkopf kann noch Verstand annehmen und ein junger Wildesel noch zum Menschen werden. *Hiob 11, 12*

**Besserwisserei**

Auch ich könnte wohl reden wie ihr, wäret ihr nur an meiner Stelle. *Hiob 16, 4*

**Beständigkeit**

Der Gerechte hält fest an seinem Wege, und wer reine Hände hat, nimmt zu an Kraft. *Hiob 17, 9*

Dies ist der Herr, unser Gott auf immer und ewig; er wird uns leiten. *Ps. 48, 15*

In all deinem Tun bleibe Herr der Lage. *Sir. 33, 23*

Selig sind die, welche das Wort Gottes hören und bewahren. *Luk. 11, 28*

Halte deinen Glauben und dein gutes Gewissen fest. *1. Tim. 1, 19 (GN)*

**Bestechlichkeit**

Bestechung macht die Augen der Weisen blind und verdreht die Sache dessen, der im Recht ist. *5. Mos. 16, 19*

Feuer frißt die Zelte der Bestechung. *Hiob 15, 34*

Wer sich bestechen läßt, zerrüttet sein Haus. *Spr. 15, 27*

Verstohlene Geschenke nimmt der Gottlose an, den Gang des Rechtes zu beugen. *Spr. 17, 23*

Geschenke und Gaben machen die Augen blind, und wie ein Maulkorb verwehren sie den Tadel. *Sir. 20, 29*

Bestechung und unrechtes Gut fahren gänzlich dahin, aber die Treue bleibt ewig bestehen. *Sir. 40, 12*

**Bestimmung**
Deine Augen sahen all meine Tage, in deinem Buche standen sie alle; sie wurden geschrieben, wurden gebildet, als noch keiner von ihnen da war. *Ps. 139, 16*

Alles hat der Herr zu bestimmtem Zweck geschaffen. *Spr. 16, 4*

Das Los wird im Gewandbausch geschüttelt, aber all sein Entscheid kommt vom Herrn. *Spr. 16, 33*

Viel sind der Pläne im Herzen des Mannes, aber der Ratschluß des Herrn kommt zustande. *Spr. 19, 21*

Was immer geschieht, das ist längst bestimmt, feststeht, was aus einem Menschen wird, und er kann nicht rechten mit dem, der mächtiger ist als er. *Pred. 6, 10*

Ich weiß, o Herr, daß es nicht in des Menschen Gewalt steht, seinen Weg zu bestimmen, nicht bei dem Wandersmann, seinen Schritt zu lenken. *Jer. 10, 23*

Wie der Ton in des Töpfers Hand ist, so daß er ihn gestaltet nach seinem Belieben, so ist der Mensch in der Hand dessen, der ihn schuf, und dieser teilt ihm die Geschicke zu nach seinem Ratschluß. *Sir. 33, 13*

Du darfst nicht fragen: «Was soll dies und wozu dies?» Denn alles wird zu seiner Zeit sich finden. *Sir. 39, 17*

Alles ist für seinen Zweck erlesen. Alles ist zu seiner Zeit vortrefflich. *Sir. 39, 21*

Du darfst nicht sagen: «Dies ist minder gut als das.» Denn alles ist zu seiner Zeit vortrefflich. *Sir. 39, 34*

Viele sind berufen, wenige aber auserwählt. *Mat. 22, 14*

Gott hat alle Dinge geschaffen. Sie bestehen durch ihn und haben in ihm ihr Ziel. *Röm. 11, 36 (GN)*

Jedem hat Gott seinen bestimmten Platz zugewiesen. *1. Kor. 12, 28 (GN)*

Jeder wird seine eigene Bürde zu tragen haben. *Gal. 6, 5*

**Bethel**
Jakob nannte die Stätte, wo Gott mit ihm geredet hatte, Bethel (= Haus Gottes). *1. Mos. 35, 15*

**Bethlehem**
Und du Bethlehem (= Haus des Brotes) im Lande Judas, bist keineswegs die kleinste unter den Fürstenstädten Judas; denn aus dir wird ein Herrscher hervorgehen, der mein Volk weiden wird. *Mat. 2, 6*

**Bettel**
Geh nicht in des Bruders Haus, wenn du in Not bist. *Spr. 27, 10*

Lieber umkommen als betteln gehen! *Sir. 40, 28*

## Betrug

Von betrügerischer Sache halte dich fern. *2. Mos. 23, 7*

Der Lohn des Taglöhners soll nicht bei dir bleiben bis zum andern Morgen. *3. Mos. 19, 13*

Du sollst einem Tauben nicht fluchen und einem Blinden nichts in den Weg legen, sondern du sollst deinen Gott fürchten. *3. Mos. 19, 14*

Ihr sollt nicht unrecht handeln mit dem Längenmaß, mit dem Gewicht oder mit dem Hohlmaß. *3. Mos. 19, 35*

Verflucht ist, wer die Grenze seines Nächsten verrückt. *5. Mos. 27, 17*

Wer unsträflich wandelt, der wandelt sicher, wer krumme Wege geht, wird ertappt. *Spr. 10, 9*

Falsche Waage ist dem Herrn ein Greuel, aber volles Gewicht gefällt ihm wohl. *Spr. 11, 1*

Besser wenig mit Gerechtigkeit als großes Einkommen mit Unrecht. *Spr. 16, 8*

Zweierlei Gewicht und zweierlei Maß, das ist beides dem Herrn ein Greuel. *Spr. 20, 10*

Süß schmeckt dem Menschen erschlichenes Brot; hinterher aber hat er den Mund voll Kies. *Spr. 20, 17*

Dem Rebhuhn, das Eier brütet, die es nicht gelegt hat, gleicht der Mensch, der Reichtum erwirbt durch Unrecht. *Jer. 17, 11*

Wehe dem, der bösen Gewinn einheimst in sein Haus, um in der Höhe sein Nest zu bauen. *Hab. 2, 9*

Schlechte Menschen und Schwindler werden immer tiefer sinken. Sie betrügen andere und werden selbst betrogen. *2. Tim. 3, 13 (GN)*

## Bewahrung

Wir sind durch Feuer und Wasser gegangen, aber du hast uns herausgeführt ins Weite. *Ps. 66, 12*

Schild und Schutz ist Gottes Treue. *Ps. 91, 7*

Deine Zuversicht ist der Herr, den Höchsten hast du zu deiner Zuflucht gemacht. Es wird dir kein Unheil begegnen. *Ps. 91, 9–10*

Bis in euer Alter bin ich derselbe, und bis ihr grau werdet, trage ich euch. Ich habe es getan, und ich werde es tun, ich will tragen und erretten. *Jes. 46, 4*

## Bewährung

Alles, was über dich kommt, nimm hin, und in Krankheit und Elend sei geduldig. Denn im Feuer wird Gold geprüft, und gottgefällige Menschen im Ofen des Elends. *Sir. 2, 4–5*

Gib dir Mühe, daß du vor Gott mit deinem Tun bestehen kannst. *2. Tim. 2, 15 (GN)*

Freut euch, wenn ihr auf die verschiedenste Weise auf die Probe gestellt werdet. Denn ihr wißt, wenn euer Glaube die Probe besteht, gibt er euch Standhaftigkeit. Achtet aber darauf, daß eure Standhaftigkeit durchhält und nicht nachläßt. Dann werdet ihr vollkommen und untadelig sein, und euch wird nichts mehr fehlen. *Jak. 1, 2–4 (GN)*

**Bibel**
Das Wort des Herrn ist lauter. *Ps. 18, 31*

Der Himmel und die Erde werden vergehen, meine Worte aber werden nicht vergehen. *Mat. 24, 35*

Im Anfang war das Wort, und das Wort war bei Gott, und das Wort war Gott. *Joh. 1, 1*

Die Worte, die ich zu euch geredet habe, sind Geist und sind Leben. *Joh. 6, 63*

Was in den heiligen Schriften steht, wurde geschrieben, damit wir daraus lernen. Es mahnt uns zur Ausdauer und gibt uns Mut, so daß unsere Hoffnung gestärkt wird. *Röm. 15, 4 (GN)*

Du kennst seit deiner Kindheit die heiligen Schriften. Sie können dir den Weg zur Rettung zeigen, der im Vertrauen auf Jesus Christus besteht. *2. Tim. 3, 15 (GN)*

**Bleibendes**
Der Herr kennt die Tage der Frommen, und ihr Gut wird ewiglich bleiben. *Ps. 37, 18*

Das Gedächtnis des Frommen bleibt gesegnet, der Name der Gottlosen aber vermodert. *Spr. 10, 7*

Das Gut des Lebens währt gezählte Tage, das Gut des Namens ungezählte Tage. *Sir. 41, 13*

Ruhmvoll ist die Frucht edlen Strebens und unvergänglich die Wurzel guter Gesinnung. *Sal. 3, 15*

Liebe behält ihren Wert. *1. Kor. 13, 8 (GN)*

Alles wird aufhören; nur Glaube, Hoffnung und Liebe nicht. Diese drei bleiben; aber die Liebe steht am höchsten. *1. Kor. 13, 13 (GN)*

**Bluff**
Durch unsre Zunge sind wir gewaltig; unser Mund ist für uns, wer will uns meistern? *Ps. 12, 5*

Es stoßen trotzige Reden aus, es brüsten sich alle Übeltäter. *Ps. 94, 4*

Besser gering sein und für sich arbeiten, als vornehm tun und des Brotes ermangeln. *Spr. 12, 9*

Wer seine Lippen aufreißt, dem ist es Verderben. *Spr. 13, 3*

Mancher stellt sich reich und hat doch nichts, mancher stellt sich arm und hat viel Gut. *Spr. 13, 7*

Wolken und Wind, und doch kein Regen – so ist ein Mann, der mit Gaben prahlt und nie gibt. *Spr. 25, 14*

Tu nicht groß mit Gottesfurcht vor den Leuten, und habe acht auf deine Lippen. *Sir. 1, 29*

Hütet euch davor, Gutes nur deshalb zu tun, um von den Menschen bewundert zu werden. *Mat. 6, 1 (GN)*

Wer liebt, prahlt nicht und spielt sich nicht auf. *1. Kor. 13, 4 (GN)*

Ich prahle nicht mit der Arbeit, die andere getan haben. *2. Kor. 10, 15 (GN)*

Sogar der Satan verstellt sich und gibt sich für einen Engel aus. *2. Kor. 11, 14 (GN)*

**Das Böse**

Was der Mensch Böses tut, lastet schwer auf ihm. *Pred. 8, 6*

Tue nichts Böses, so trifft dich nichts Böses; meide die Sünde, so bleibt Schuld dir fern. *Sir. 7, 1–2*

O Trieb zum Bösen! Warum bist du geschaffen, den Erdkreis mit Bosheit zu erfüllen? *Sir. 37, 3*

Mit dem Bösen sollt ihr überhaupt nichts zu tun haben. *1. Thess. 5, 22 (GN)*

**Bosheit**

Mitten unter Löwen muß ich mich lagern, unter Flammensprühenden, unter Menschen, deren Zähne Spieße und Pfeile sind und deren Zunge ein scharfes Schwert. *Ps. 57, 5*

Man stieß mich, daß ich fallen sollte; aber der Herr hat mir geholfen. *Ps. 118, 13*

Gehe nicht auf den Pfad der Gottlosen und beschreite nicht den Weg der Bösen. Meide ihn und betritt ihn nicht; weiche ihm aus und gehe fürbaß. *Spr. 4, 14–15*

Gehen nicht irre, die auf Böses sinnen? *Spr. 14, 22*

Der Mund der Gottlosen sprudelt Bosheit hervor. *Spr. 15, 28*

Ein Bösewicht gräbt Gruben des Unheils, und auf seinen Lippen ist's wie brennendes Feuer. *Spr. 16, 27*

Der Böse hat keine Zukunft. *Spr. 24, 20*

Sie wandeln krumme Pfade, wer darauf geht, weiß nichts von Frieden. *Jes. 59, 8*

Sei auf der Hut vor dem Bösen, denn Böses erzeugt er; warum willst du bleibenden Schaden davontragen? *Sir. 11, 33*

Laß dich vom Bösen nicht überwinden, sondern überwinde das Böse durch das Gute. *Röm. 12, 21*

**Brot des Lebens**

Ich bin das Brot des Lebens; wer zu mir kommt, wird nicht hungern, und wer an mich glaubt, wird nimmermehr dürsten. *Joh. 6, 35*

**Brüderlichkeit**

Unter euch Brüdern soll keiner dem andern ein harter Herr sein. *3. Mos. 25, 46*

Willig sollst du deine Hand auftun für deinen dürftigen und armen Bruder. *5. Mos. 15, 11*

Ein Bruder, dem der Bruder beisteht, ist wie eine feste, hohe Stadt; er ist stark wie ein wohlgegründetes Schloß. *Spr. 18, 19*

Weide dich nicht an deinem Bruder am Tage seines Unglücks. *Ob. 12*

Plane kein Unrecht wider deinen Bruder noch wider den Freund und Gefährten. *Sir. 7, 12*

Einer ist euer Meister, ihr alle aber seid Brüder. *Mat. 23, 8*

Einer soll den andern als Bruder herzlich lieben und ihn höher stellen als sich selbst. *Röm. 12, 10 (GN)*

**Büchermachen**

Mein Sohn, laß dich warnen! Des vielen Büchermachens ist kein Ende. *Pred. 12, 12*

**Bund Gottes**

Mit dir will ich einen Bund aufrichten. *1. Mos. 6, 18*

An jenem Tag schloß der Herr mit Abram einen Bund. *1. Mos. 15, 18*

Das ist das Blut des Bundes, den der Herr auf Grund all dieser Gebote mit euch geschlossen hat. *2. Mos. 24, 8*

Ich sage: Mein Volk sind sie! und sie werden sagen: Der Herr ist unser Gott. *Sach. 13, 9*

Darin bestand mein Bund mit ihm, daß ich ihm Leben und Heil gab und daß er in Ehrfurcht vor meinem Namen sich beugte. *Mal. 2, 5*

Das ist mein Blut des Bundes, das für viele vergossen wird. *Mark. 14, 24*

**Bürger**

Durch einen Gottesfürchtigen wird eine Stadt bevölkert, aber durch ein Volk von Abtrünnigen wird sie zur Wüste. *Sir. 16, 4*

Wenn ihr ohne Angst vor der Staatsgewalt leben wollt, dann tut, was recht ist, und ihr werdet ihre Zustimmung finden. *Röm. 13, 3 (GN)*

Erinnere deine Leute daran, sich der Regierung und den Behörden unterzuordnen. Sie sollen ihnen gehorchen und darüber hinaus bereit sein, bei allem Guten mitzuwirken.
*Tit. 3, 1 (GN)*

# C

**Chance**
Ein Mann hatte in seinem Weinberg einen Feigenbaum, aber wenn er Früchte suchte, fand er nie etwas daran. Schließlich sagte er zum Gärtner: Sieh her, drei Jahre warte ich nun schon darauf, daß dieser Feigenbaum Früchte trägt, aber ich finde keine. Hau ihn um, er steht nur im Weg. Aber der Gärtner meinte: Laß ihn doch noch ein Jahr stehen. Ich will den Boden rundherum gut auflockern und düngen. Vielleicht trägt er nächstes Jahr Früchte. Wenn nicht, dann laß ihn umhauen.
*Luk. 13, 6–9 (GN)*

Wer liebt, gibt niemals jemanden auf.
*1. Kor. 13, 7 (GN)*

**Charakter**
Schon an des Knaben Tun läßt sich erkennen, ob sein Charakter rein und gerade sei. *Spr. 20, 11*

Wie Angesicht neben Angesicht, so sind der Menschen Herzen verschieden. *Spr. 27, 19*

Ein gesunder Baum trägt gute Früchte und ein kranker Baum schlechte. Umgekehrt kann ein gesunder Baum keine schlechten Früchte tragen und ein kranker Baum keine guten.
*Mat. 7, 17–18 (GN)*

Wer im Kleinsten treu ist, der ist auch im Großen treu; und wer im Kleinsten ungerecht ist, der ist auch im Großen ungerecht. *Luk. 16, 10*

Schlechter Umgang verdirbt den Charakter. *1. Kor. 15, 33 (GN)*

**Charme**
Dein Plaudermund ist lieblich.
*H. L. 4, 3*

Ein anmutiges Weib ist mehr wert als Perlen. *Sir. 7, 19*

Auf den Lippen des Verständigen findet man Anmut. *Sir. 21, 16*

Die Anmut einer Frau ergötzt ihren

Mann, und ihre Klugheit erquickt sein Gebein. *Sir. 26, 13*

Wie die Leuchte auf dem heiligen Leuchter erstrahlt, so auch die Schönheit eines Antlitzes auf einer aufrechten Gestalt. *Sir. 26, 17*

**Christ sein**

Kommet her, folget mir nach, und ich will euch zu Menschenfischern machen. *Mat. 4, 19*

Selig ist, wer an mir keinen Anstoß nimmt. *Mat. 11, 6*

Wer den Willen meines Vaters in dem Himmel tut, der ist mir Bruder und Schwester und Mutter. *Mat. 12, 50*

Daran wird jedermann erkennen, daß ihr meine Jünger seid, wenn ihr Liebe untereinander habt. *Joh. 13, 35*

Wer meine Gebote hat und sie hält, der ist es, der mich liebt. *Joh. 14, 21*

Wir segnen, wenn man uns verflucht; wir ertragen es, wenn man uns verfolgt; wenn man uns beschimpft, antworten wir mit freundlichen Worten. *1. Kor. 4, 12 (GN)*

Wer zu Christus gehört, ist ein neuer Mensch geworden. Was er früher war, ist vorbei, und etwas ganz Neues hat begonnen. *2. Kor. 5, 17 (GN)*

Alle, die sich auf Jesus Christus verlassen, sollen den Geist erhalten, den Gott versprochen hat. *Gal. 3, 14 (GN)*

Erhebt euch nicht über die anderen, sondern seid immer freundlich und geduldig. Sucht in Liebe miteinander auszukommen. *Eph. 4, 2*

Wir wollen zu der Wahrheit stehen, die Gott uns bekannt gemacht hat, und in Liebe zusammenhalten. So werden wir in allem zu Christus emporwachsen, der unser Haupt ist. *Eph. 4, 15 (GN)*

Ihr habt Jesus Christus als Herrn angenommen. Bleibt in lebendiger Verbindung mit ihm! Seid in ihm verwurzelt und baut euer Leben ganz auf ihn. Haltet an dem fest, was ihr über ihn gelernt habt, und seid voll Dank gegen Gott. *Kol. 2, 6–7 (GN)*

Wenn ihr leidet, weil ihr Christen seid, braucht ihr euch nicht zu schämen. Dankt vielmehr Gott, daß ihr den Namen Christi tragt. *Pet. 4, 16*

**Christus**

Der Stein, den die Bauleute verworfen haben, der ist zum Eckstein geworden. *Ps. 118, 22*

Was ist das für ein Mensch, daß ihm sogar Wind und Wellen gehorchen! *Mat. 8, 27 (GN)*

Alles ist mir von meinem Vater übergeben worden, und niemand erkennt den Sohn als nur der Vater, und den Vater erkennt niemand als nur der Sohn und wem es der Sohn offenbaren will. *Mat. 11, 27*

Du bist der Christus, der Sohn des lebendigen Gottes. *Mat. 16, 16*

Dies ist mein geliebter Sohn, an dem ich Wohlgefallen gefunden habe; höret auf ihn! *Mat. 17, 5*

Wer mich aufnimmt, der nimmt nicht nur mich auf, sondern gleichzeitig den, der mich gesandt hat. *Mark. 9, 37 (GN)*

Das wahre Licht, das jeden Menschen erleuchtet, kam in die Welt. *Joh. 1, 9*

Er, der «Das Wort» heißt, wurde ein Mensch und lebte unter uns. Wir sahen seine göttliche Macht und Hoheit, eine Hoheit, wie sie dem einzigen Sohn des Vaters zusteht. In ihm hat uns Gott seine ganze Güte und Treue gezeigt. *Joh. 1, 14 (GN)*

Ich bin aus dem Himmel herabgekommen, nicht damit ich meinen Willen tue, sondern den Willen dessen, der mich gesandt hat. *Joh. 6, 38*

Ich bin der gute Hirt; der gute Hirt gibt sein Leben hin für die Schafe. *Joh. 10, 11*

Ich und der Vater sind eins. *Joh. 10, 30*

Wer an mich glaubt, der glaubt nicht an mich, sondern an den, der mich gesandt hat; und wer mich sieht, der sieht den, der mich gesandt hat. *Joh. 12, 44–45*

Ich bin der Weg und die Wahrheit und das Leben; niemand kommt zum Vater außer durch mich. *Joh. 14, 6*

Ich bin vom Vater ausgegangen und in die Welt gekommen; hinwiederum verlasse ich die Welt und gehe zum Vater. *Joh. 16, 28*

Wir wissen ganz sicher: Gott nimmt einen Menschen nur an, wenn er sich auf Jesus Christus verläßt. *Röm. 3, 28 (GN)*

Wer will uns scheiden von der Liebe Christi? Trübsal oder Angst oder Verfolgung oder Hunger oder Blöße oder Gefahr oder Schwert? *Röm. 8, 35*

Alle, die berufen sind, erfahren in Christus Gottes Macht und sehen in ihm Gottes Weisheit. *1. Kor. 1, 24 (GN)*

Jesus Christus, der Sohn Gottes, ist keiner, der Ja sagt und Nein meint. Im Gegenteil: er ist durch und durch Ja. Mit ihm sagt Gott Ja zu allen seinen Zusagen. *2. Kor. 1, 19–20 (GN)*

Christus war ohne Sünde. Ihm hat Gott unsere ganze Schuld aufgeladen, damit wir durch ihn so werden, wie es Gott gefällt. *2. Kor. 5, 21 (GN)*

Ihr wißt, was Jesus Christus, unser Herr, für euch getan hat. Er war reich und wurde für euch arm; denn er wollte euch durch seine Armut reich machen. *2. Kor. 8, 9 (GN)*

Vor Gott kann nur bestehen, wer auf Christus vertraut. *Gal. 2, 16 (GN)*

Christus erfüllt jetzt die ganze Welt mit seiner Gegenwart. *Eph. 4, 10 (GN)*

In Christus ist alles zusammengefaßt, was Menschen jemals über Gott wissen können. *Kol. 2, 3 (GN)*

Christus starb für uns, damit wir zusammen mit ihm leben. *1. Thess. 5, 10 (GN)*

Jesus Christus ist derselbe gestern und heute und für alle Zeiten. *Heb. 13, 8 (GN)*

Kommt zum Herrn! Er ist der lebendige Stein, den die Menschen als unbrauchbar weggeworfen haben. Aber für Gott ist er der wertvollste Stein. *1. Pet. 2, 4 (GN)*

# D

**Dankbarkeit**

Du sollst fröhlich sein ob all dem Guten, das der Herr, dein Gott, dir und deinem Hause gegeben hat.
*5. Mos. 26, 11*

Fürchtet den Herrn und dient ihm treulich mit ganzem Herzen; denn seht doch, wie große Dinge er an euch getan hat! *1. Sam. 12, 24*

Das Gute nehmen wir an von Gott, und das Böse sollten wir nicht annehmen? *Hiob 2, 10*

Der Herr ist meine Stärke und mein Schild, auf ihn vertraute mein Herz; da ward mir geholfen, und mein Herz frohlockte, mit meinem Liede will ich ihm danken. *Ps. 28, 7*

Wer Dank opfert, der ehrt mich.
*Ps. 50, 23*

Köstlich ist es, den Herrn zu preisen, deinem Namen, o Höchster, zu singen, des Morgens deine Gnade zu verkünden und deine Treue in den Nächten. *Ps. 92, 2–3*

Wie soll ich dem Herrn vergelten alles Gute, das er an mir getan?
*Ps. 116, 12*

Danket dem Herrn, denn er ist freundlich, und seine Güte währet ewig! *Ps. 118, 1*

Preise deinen Schöpfer, der dich mit seinen Gütern labt. *Sir. 32, 13*

Gib Gott so, wie er dir gab, mit frohem Auge und aus dem Erwerb deiner Hand. *Sir. 35, 12*

Zwei Männer hatten Schulden bei einem Geldverleiher, der eine schuldete ihm fünfhundert Silberstücke, der andere fünfzig. Weil keiner von ihnen zahlen konnte, erließ er beiden ihre Schulden. Welcher von ihnen wird wohl dankbarer gewesen sein? Simon antwortete: Ich nehme an, der Mann, der ihm mehr geschuldet hat. Du hast recht, sagte Jesus.
*Luk. 7, 41–43 (GN)*

Laßt uns Gott danken für sein Geschenk! Es ist so groß, daß man es gar nicht beschreiben kann. *2. Kor. 9, 15 (GN)*

Wir wollen Gott, dem Vater unseres Herrn Jesus Christus, danken! Denn er hat uns durch Christus Anteil an der himmlischen Welt gegeben und uns mit der ganzen Fülle seiner Gaben beschenkt. *Eph. 1, 3 (GN)*

Dankt Gott dem Vater zu jeder Zeit für alles im Namen unseres Herrn Jesus Christus. *Eph. 5, 20 (GN)*

Ich danke meinem Gott, so oft ich euer gedenke. *Phil. 1, 3*

Alles, was ihr tut oder sagt, soll im Namen des Herrn Jesus geschehen. Um seinetwillen soll euer ganzes Leben ein Dank an Gott den Vater sein. *Kol. 3, 17 (GN)*

Werdet nicht müde, Gott zu danken. *Kol. 4, 2 (GN)*

Seid immer fröhlich. Laßt im Beten nicht nach. Dankt Gott in jeder Lebenslage. *1. Thess. 5, 16–18 (GN)*

**Darlehen**

Wer für einen Fremden bürgt, dem geht es gar übel; wer das Bürgen meidet, der geht sicher. *Spr. 11, 15*

Nicht aus Bosheit wollen viele vom Darleihen nichts wissen, sondern weil sie fürchten, ohne Not um ihr Geld zu kommen. *Sir. 29, 7*

**David**

Der Geist des Herrn kam über David (= der Geliebte? oder die Niederlage) und blieb auf ihm von jenem Tage an. *1. Sam. 16, 13*

**Demokratie**

Einerlei Recht soll unter euch gelten, für den Fremdling wie für den Einheimischen. *3. Mos. 24, 22*

Das Rechte wollen wir uns erwählen, miteinander erkennen, was gut sei. *Hiob 34, 4*

Gar unfreundlich reden sie über die Stillen im Lande. *Ps. 35, 20*

Wo richtige Führung fehlt, kommt ein Volk zu Fall; doch wo viele sind, die Rat wissen, steht es wohl. *Spr. 11, 14*

Wo viele Rat wissen, da ist Erfolg. *Spr. 15, 22*

Versucht nicht, die, die euch anvertraut sind, zu beherrschen. *1. Pet. 5, 3 (GN)*

**Demut**

Ich bin zu gering aller Barmherzigkeit und Treue, die du an deinem Knechte getan hast. *1. Mos. 32, 10*

Nackt bin ich aus meiner Mutter Schoß gekommen, und nackt werde ich wieder dahingehen.
Der Herr hat's gegeben, der Herr hat's genommen; der Name des Herrn sei gelobt! *Hiob 1, 21*

Wenn du dich zum Allmächtigen bekehrst in Demut, dann wirst du dich am Allmächtigen erfreuen und dein Angesicht zu Gott erheben. *Hiob 22, 23 + 26*

Herr, mein Herz ist nicht hoffärtig, und meine Augen sind nicht stolz; ich gehe nicht mit Dingen um, die mir zu hoch und zu wunderbar sind. *Ps. 131, 1*

Bei den Demütigen ist Weisheit. *Spr. 11, 2*

Manch einer überhebt sich vor dem Sturz; doch der Ehre geht Demut voran. *Spr. 18, 12*

Der Lohn der Demut und Gottesfurcht ist Reichtum und Ehre und Leben. *Spr. 22, 4*

Gib mir weder Armut noch Reichtum; laß mir die Speise werden, die mir beschieden ist! *Spr. 30, 8*

Die den Herrn fürchten, machen ihr Herz fest und demütigen vor ihm ihre Seele. *Sir. 2, 17*

Groß ist Gottes Herrschermacht, und nur den Demütigen offenbart er sein Geheimnis. *Sir. 3, 19–20*

Demütige dich, ehe du zu Fall kommst. *Sir. 18, 21*

Freuen dürfen sich alle, die mit leeren Händen vor Gott stehen; denn sie werden Gottes Volk sein, wenn er sein Werk vollendet. *Mat. 5, 3 (GN)*

Wahrlich, ich sage euch: Wenn ihr nicht umkehrt und werdet wie die Kinder, so werdet ihr nicht ins Reich der Himmel kommen. *Mat. 18, 3*

In der Demut achte einer den andern höher als sich selbst. *Phil. 2, 3*

Manche sagen: «Heute oder morgen werden wir in eine bestimmte Stadt reisen. Dort werden wir für ein Jahr Geschäfte machen und viel Geld verdienen.» Wißt ihr überhaupt, was morgen sein wird? Sagt lieber: «Wenn der Herr es will, werden wir leben und dies oder jenes tun.» *Jak. 4, 13–15 (GN)*

Gürtet euch mit Demut gegeneinander, denn Gott widersteht den Hochmütigen, den Demütigen aber gibt er Gnade. *1. Pet. 5, 5*

**Denken**

Groß sind die Werke des Herrn, denkwürdig für alle, die daran Gefallen haben. *Ps. 111, 2*

Der Kluge tut alles mit Vorbedacht. *Spr. 13, 16*

Ohne Ratschlag mißlingen die Pläne. *Spr. 15, 22*

Der Mensch kann wohl bei sich überlegen, aber das rechte Wort gibt ihm der Herr ein. *Spr. 16, 1*

Juble nicht, wenn einer stirbt; bedenke, wir alle müssen dahin.
*Sir. 8, 7*

Der Anfang jedes Tuns ist das Wort, und jedem Werk geht das Denken voran. *Sir. 37, 16*

Richtet eure Gedanken auf das, was gut ist und Lob verdient, was wahr, edel, gerecht, sauber, liebenswert und schön ist. *Phil. 4, 8 (GN)*

Jeder soll stets bereit sein zu hören, aber sich Zeit lassen, bevor er redet.
*Jak. 1, 19 (GN)*

**Denunzierung**
Der Ohrenbläser entehrt sich selbst, und wo er auch weilt, wird er gehaßt.
*Sir. 21, 28*

**Depressionen**
Tränen sind meine Speise geworden bei Tag und Nacht. *Ps. 42, 4*

Ich bin versunken in tiefem Schlamm, wo kein Grund ist; ich bin in Wassertiefen geraten, und die Flut schwillt über mich her. *Ps. 69, 3*

Die Schmach bricht mir das Herz, unheilbar ist meine Schande und mein Schimpf. *Ps. 69, 21*

Bei Kummer im Herzen ist der Geist gedrückt. *Spr. 15, 13*

Ein gedrücktes Gemüt dörrt das Gebein aus. *Spr. 17, 22*

**Dialog**
Stelle den Freund zur Rede – denn oft ist's nur Verleumdung, und nicht jedem Gerede glaube dein Herz.
*Sir. 19, 15*

Stelle deinen Nächsten zur Rede, ehe du schiltst. *Sir. 19, 17*

**Diebstahl**
Du sollst nicht stehlen. *2. Mos. 20, 15*

Verachtet man nicht den Dieb, auch wenn er stiehlt, den Hunger zu stillen, und obschon er, ertappt, es siebenfältig ersetzen, alles Gut seines Hauses geben kann? *Spr. 6, 30–31*

Wer mit Dieben teilt, der haßt sich selbst. *Spr. 29, 24*

Wer sein Haus mit fremdem Gute baut, sammelt Steine zu einem Schutthaufen. *Sir. 21, 8*

**Dienstbereitschaft**
Wenn jemand der Erste sein will, sei er der Letzte von allen und der Diener von allen! *Mark. 9, 35*

Dienet einander durch die Liebe!
*Gal. 5, 13*

Jeder soll die Gabe, die Gott ihm geschenkt hat, zum Wohl der andern einsetzen. *1. Pet. 4, 10 (GN)*

**Dirnen**
Nähere dich nicht einem buhleri-

schen Weibe, damit du nicht in ihre Netze fallest. *Sir. 9, 3*

Gib dich nicht der Dirne hin, damit sie dir nicht dein Besitztum abliste. *Sir. 9, 6*

Wer sich an Dirnen hängt, wird frevelmütig. *Sir. 19, 2*

Einem Weibe mit dreisten Augen passe gut auf, und wundre dich nicht, wenn sie gegen dich sündigt. Wie ein durstiger Wanderer den Mund öffnet und vom ersten besten Wasser trinkt, so läßt sie sich vor jedem Pflocke nieder und öffnet ihren Köcher allen Pfeilen. *Sir. 26, 11–12*

**Dummheit**

Den Toren mordet sein Unmut, und den Albernen tötet sein Eifern. *Hiob 5, 2*

Weit ab von Glück sind des Toren Kinder. *Hiob 5, 4*

O Gott, du weist um meine Torheit, und was ich verschuldet, ist dir nicht verborgen. *Ps. 69, 6*

Die Toren verachten Weisheit und Zucht. *Spr. 1, 7*

Von dem Toren hält sich jedermann fern. *Spr. 14, 7*

Der Mund der Narren ist auf Torheit aus. *Spr. 15, 14*

Torheit ist des Unverständigen Freude. *Spr. 15, 21*

Der Mund des Toren wird ihm selbst zum Verderben, und seine Lippen sind seinem Leben ein Fallstrick. *Spr. 18, 7*

Der Kluge sieht das Unglück kommen und birgt sich; die Einfältigen gehen fürbaß und müssen es büßen. *Spr. 22, 3*

Antworte dem Toren nicht nach seiner Torheit, daß nicht auch du ihm gleich werdest. Antworte dem Toren nach seiner Torheit, daß er sich nicht weise dünke. *Spr. 26, 4–5*

Wie ein Hund, der zu seinem Gespei zurückkehrt, so ist der Tor, der seine Torheit wiederholt. *Spr. 26, 11*

Schwer ist der Stein, eine Last der Sand; doch Ärger wegen des Toren ist schwerer als beide. *Spr. 27, 3*

Für den Toren ist Weisheit voll Beschwer, und der Einsichtslose erträgt sie nicht. Wie ein lastender Stein liegt sie auf ihm, und er zögert nicht, sie abzuschütteln. *Sir. 6, 20–21*

Wie ein Pfeil, der im Schenkel eines Mannes steckt, so ist ein Wort im Innern eines Toren. *Sir. 19, 12*

Einem Toren zusprechen, heißt mit einem Schlaftrunkenen reden; schließlich sagt er bloß: «Was gibt's?» *Sir. 22, 8*

Um einen Toten klage, denn sein Licht ist erloschen, um einen Toren klage, denn seine Einsicht ist erloschen. *Sir. 22, 11*

Milder klage um einen Toten, er hat ja Ruhe gefunden; des Toren Leben aber ist schlimmer als der Tod. *Sir. 22, 11*

Die Trauer um den Toten währt sieben Tage, die Trauer um den Toren alle Tage seines Lebens. *Sir. 22, 12*

Was lastet schwerer als Blei? Und welches Wort paßt zu «lästig», wenn nicht «Tor»? *Sir. 22, 14*

Mit dem Verstand des Toren ist's wie mit einem Wagenrad, und sein Denken ist wie die Nabe, die sich um sich selber dreht. *Sir. 33, 5*

Wer meine Worte hört und sich nicht nach ihnen richtet, kommt mir vor wie ein Dummkopf, der sein Haus auf Sand baut. Wenn dann ein Wolkenbruch niedergeht, die Flüsse über die Ufer treten, der Sturm tobt und an dem Haus rüttelt, so stürzt es ein, und der Schaden ist groß. *Mat. 7, 26–27 (GN)*

**Durchtriebenheit**

Der Gute erlangt Wohlgefallen beim Herrn, den Ränkeschmied aber verdammt er. *Spr. 12, 2*

Es gibt eine Gescheitheit, die ein Greuel ist, und es gibt Einfältige, die wenig sündigen. *Sir. 19, 23*

Es gibt eine geriebene Gescheitheit, die ruchlos ist. *Sir. 19, 25*

Es gibt eine Klugheit, die viel Bitterkeit schafft. *Sir. 21, 12*

Gott fängt die Klugen im Netz ihrer eigenen Schlauheit. *1. Kor. 3, 19 (GN)*

# E

**Egoismus**

Wer sein Ohr verschließt vor dem Schreien der Armen, der wird auch nicht erhört, wenn er selber schreit.
*Spr. 21, 13*

Wer gegen sich selbst schlecht ist, wem sollte der wohltun? *Sir. 14, 5*

Die Gottlosen folgen nur der eigenen Willkür. *Röm. 1, 31 (GN)*

Wenn jemand nach seiner Natur lebt, wird er ganz von seinen eigensüchtigen Wünschen beherrscht. Wenn dagegen der Geist Gottes in ihm lebt, ist er ganz von diesem Geist bestimmt. Die eigenen Wünsche führen zum Tod. Der Geist Gottes dagegen schenkt Leben und Frieden.
*Röm. 8, 5–6*

Wer liebt, ist nicht selbstsüchtig.
*1. Kor. 13, 5 (GN)*

Lebt aus der Kraft, die der Geist Gottes gibt, dann müßt ihr nicht euren eigensüchtigen Wünschen folgen. *Gal. 5, 16 (GN)*

Legt den alten Menschen ab, der sich mit seinen eigensüchtigen Wünschen selbst betrügt. *Eph. 4, 22 (GN)*

Die andern kümmern sich alle nur um ihre eigenen Angelegenheiten und nicht um die Sache Jesu Christi.
*Phil. 2, 21 (GN)*

Ihr sollt die Welt und das, was zu ihr gehört, nicht lieben. Wer die Welt liebt, in dessen Herz ist kein Platz mehr für die Liebe zum Vater. Wie sieht es denn in der Welt aus? Die Menschen lassen sich von ihrer Selbstsucht treiben, sie sehen etwas, und wollen es dann haben, sie sind stolz auf Macht und Besitz. Das alles kommt nicht vom Vater, sondern gehört zur Welt.
*1. Joh. 2, 15–16 (GN)*

Sie denken nur an sich. Sie sind wie Wolken, die vom Wind vorbeigeweht werden und keinen Regen bringen. Sie sind wie entwurzelte Bäume, die abgestorben sind und keine einzige Frucht mehr tragen.
*Jud. 12 (GN)*

**Ehe**

Gott der Herr baute ein Weib aus der Rippe, die er vom Menschen genommen hatte, und führte sie dem Menschen zu. Da sprach der Mensch: «Diese ist nun endlich Gebein von meinem Gebein und Fleisch von meinem Fleische. Die soll Männin heißen; denn vom Mann ist sie genommen.» Darum verläßt der Mann Vater und Mutter und hängt seinem Weibe an, und sie werden ein Leib. *1. Mos. 2, 22–24*

Ein wackeres Weib ist des Gatten Krone, ein schandbares aber wie Fraß in seinen Gebeinen. *Spr. 12, 4*

Genieße des Lebens mit dem geliebten Weibe alle die Tage des flüchtigen Daseins, das dir verliehen ist unter der Sonne; denn das ist dein Teil am Leben und für die Mühe, womit du dich abmühst unter der Sonne. *Pred. 9, 9*

Hast du ein Weib, so werde ihm nicht gram; aber auf eine Ungeliebte verlaß dich nicht. *Sir. 7, 26*

Eine verständige Tochter wird für ihren Mann ein Schatz sein. *Sir. 22, 4*

Auf die Schönheit einer Frau falle nicht herein, und begehre sie auch nicht wegen ihres Vermögens; denn harte Knechtschaft und Schande ist's, wenn eine Frau ihren Mann erhalten muß. *Sir. 25, 21–22*

Einen bedrückten Sinn und ein mürrisches Gesicht und ein wundes Herz schafft ein böses Weib, schlaffe Hände und wankende Knie eine Frau, die ihren Mann nicht glücklich macht. *Sir. 25, 23*

Wohl dem Manne, der ein gutes Weib hat: die Zahl seiner Tage verdoppelt sich. *Sir. 26, 1*

Eine gute Frau ist eine gute Gabe: sie wird dem Gottesfürchtigen zuteil; sei er reich oder arm – sein Herz ist fröhlich und sein Angesicht heiter zu jeder Zeit. *Sir. 26, 3–4*

Wer eine Frau gewinnt, der macht den höchsten Gewinn: eine Hilfe, die zu ihm paßt, eine Säule, die ihn stützt. *Sir. 36, 26*

Gefährte und Freund stehen zur Seite, wenn's not tut, aber mehr als beide ist eine verständige Frau. *Sir. 40, 23*

Jeder von euch muß seine Frau so lieben wie sich selbst. Die Frau aber soll ihren Mann achten. *Eph. 5, 33 (GN)*

Die Ehe soll von allen geachtet werden. Mann und Frau sollen sich gegenseitig treu sein. *Heb. 13, 4 (GN)*

**Ehebruch**

Du sollst nicht ehebrechen. *2.Mos. 20, 14*

Von Honigseim triefen die Lippen der Fremden, und glätter als Öl ist ihr Gaumen. Zuletzt aber ist sie bitter wie Wermut, scharf wie ein zweischneidiges Schwert. *Spr. 5, 3–4*

Bei einer Dirne steht ein Stück Brot auf dem Spiel, ein Eheweib aber jagt nach dem kostbaren Leben.
*Spr. 6, 26*

Wer Ehebruch treibt, ist Verstandes bar; nur der tut's, der sich selber verderben will. *Spr. 6, 32*

Ihr wißt, daß es heißt: «Du sollst keinen Ehebruch begehen!» Ich aber sage euch: Wer eine Frau auch nur ansieht und sie haben will, hat mit ihr in Gedanken schon die Ehe gebrochen. *Mat. 5, 27–28 (GN)*

**Ehescheidung**

Bisher hieß es: «Wer seine Frau fortschicken will, muß ihr eine Scheidungsurkunde ausstellen.» Ich aber sage euch: Wer sich von seiner Frau trennt, obwohl sie ihm nicht untreu war, bringt sie dazu, die Ehe zu brechen, wenn sie wieder heiratet. Und wer eine Geschiedene heiratet, wird zum Ehebrecher. *Mat. 5, 31–32 (GN)*

Was Gott zusammengefügt hat, soll der Mensch nicht scheiden.
*Mat. 18, 6*

**Ehestreit**

Besser auf der Zinne des Daches wohnen als mit einem zänkischen Weib in gemeinsamem Hause.
*Spr. 21, 9*

Besser in der Einöde hausen als bei zänkischem, grämlichem Weibe.
*Spr. 21, 19*

Beständiges Tropfen am Regentage und zänkisches Weib sind einander gleich. *Spr. 27, 15*

Lieber will ich bei einem Löwen und Drachen hausen, als mit einem bösen Weibe zusammenwohnen.
*Sir. 25, 16*

Was ein sandiger Aufstieg für die Füße eines Alten, das ist ein keifendes Weib für einen stillen Mann.
*Sir. 25, 20*

Ein keifendes und kreischendes Weib erscheint wie eine Kriegstrompete, die zum Kampfe aufruft; jeder Mann aber, dessen Seele gleichgeartet ist, muß sein Leben in Kriegsnot verbringen. *Sir. 26, 27*

**Ehre**

Der Ehre geht Demut voran.
*Spr. 15, 33*

Wer sich der Frömmigkeit und Güte befleißt, der findet Leben und Ehre.
*Spr. 21, 21*

So wenig wie Schnee zum Sommer und Regen zur Ernte, so wenig paßt Ehre zum Toren. *Spr. 26, 1*

Wie ein Beutel mit Edelsteinen auf einem Steinhaufen, so ist's, wenn man einem Toren Ehre antut.
*Spr. 26, 8*

Wer seines Herrn wartet, der wird geehrt. *Spr. 27, 18*

In der Gottesfurcht bestehe dein Ruhm. *Sir. 9, 16*

Man soll keinen ruchlosen Mann ehren. *Sir. 10, 23*

Wenn du der Gerechtigkeit nachjagst, wirst du sie erlangen und wirst sie anziehen wie ein Ehrenkleid.
*Sir. 27, 8*

Laß keinen Makel auf deine Ehre kommen. *Sir. 33, 23*

Wenn einer von euch in ärmlichen Verhältnissen leben muß, soll er stolz darauf sein, daß er bei Gott angesehen ist. *Jak. 1, 9 (GN)*

**Ehrfurcht**

Sei nicht vorschnell mit deinem Munde, und dein Herz übereile sich nicht, etwas vor Gott zu reden; denn Gott ist im Himmel, und du bist auf Erden, darum mache nicht viele Worte. *Pred. 5, 1*

Was dir zu wunderbar ist, erforsche nicht, und was vor dir verhüllt ist, untersuche nicht. Worüber dir Macht gegeben ist, dem sinne nach; mit dem Verborgenen hast du nichts zu schaffen, Was über dich hinausgeht, darüber mache dir nicht viele Gedanken, denn Größeres als du fassen kannst, ist dir schon kundgetan. *Sir. 3, 21–23*

Die Sonne strahlt Wärme aus, schon wenn sie aufgeht – wie ehrfurchtgebietend ist doch das Werk des Herrn! *Sir. 43, 2*

**Ehrgeiz**

Handelt nicht aus Ehrgeiz oder Eitelkeit. Keiner soll sich über den anderen erheben, sondern ihn mehr achten als sich selbst. *Phil. 2, 3 (GN)*

**Ehrlichkeit**

Ihr sollt nicht stehlen und nicht ableugnen und nicht einer den andern betrügen. *3. Mos. 19, 11*

Wie wirksam sind doch aufrichtige Reden! *Hiob, 6, 25*

Der Verkehrte ist dem Herrn ein Greuel, aber mit den Aufrichtigen hält er Freundschaft. *Spr. 3, 32*

Besser wenig mit Gerechtigkeit als großes Einkommen mit Unrecht.
*Spr. 16, 8*

Treuer gemeint sind Schläge vom Freunde als freigebige Küsse des Feindes. *Spr. 27, 6*

Redet die Wahrheit untereinander und sprechet heilsames Recht in euren Toren! *Sach. 8, 16*

Ich meide alle dunklen Machenschaften. Ich arbeite nicht mit Kunstgriffen und verdrehe nicht das Wort Gottes. Vielmehr mache ich seine Wahrheit unverfälscht bekannt. *2. Kor. 4, 2*

Ich möchte nicht nur vor dem Herrn, sondern auch vor den Menschen unbescholten dastehen. *2. Kor. 8, 21 (GN)*

Hört auf zu lügen und seid ehrlich zueinander; denn wir alle gehören zusammen als Glieder am Leib Christi. *Eph. 4, 25 (GN)*

**Eifersucht**
Israel hatte Joseph lieber als alle seine andern Söhne, weil er ihm erst im Alter geboren war, und er ließ ihm einen Rock mit Ärmeln machen. Als nun seine Brüder sahen, daß ihr Vater ihn lieber hatte als alle seine andern Söhne, wurden sie ihm feind und mochten ihm kein freundliches Wort mehr gönnen. *1. Mos. 37, 3–4*

Grimmig mag die Wut sein, überwallen der Zorn – aber wer besteht vor der Eifersucht? *Spr. 27, 4*

Und ich sah, daß alles Mühen und alles Gelingen nur Eifersucht des einen gegen den andern ist. Auch das ist nichtig und ein Haschen nach Wind. *Pred. 4, 4*

Sei nicht eifersüchtig des Weibes wegen, das an deinem Busen ruht, sonst könnte sie dir zum Schaden Schlimmes lernen. *Sir. 9, 1*

Herzeleid und Weh schafft eine eifersüchtige Frau. *Sir. 26, 6*

Ihr seid eifersüchtig aufeinander und streitet euch. Beweist das nicht, daß ihr noch unter dem Einfluß dieser Welt steht und es macht wie alle andern Menschen auch? *1. Kor. 3, 3 (GN)*

**Eigensinn**
Den Toren dünkt sein Weg der rechte; wer aber auf guten Rat hört, der ist weise. *Spr. 12, 15*

Mit dem Verstand des Toren ist's wie mit einem Wagenrad, und sein Denken ist wie die Nabe, die sich um sich selber dreht. *Sir. 33, 5*

**Einbildung**
Was weißt du doch, das wir nicht wüßten? Was verstehst du, das uns verborgen wäre? *Hiob 15, 9*

Haltet euch nicht selbst für klug! *Röm. 12, 16*

Die Erkenntnis bläht auf, die Liebe aber baut auf. *1. Kor. 1, 8*

Wer meint, daß er sicher steht, soll aufpassen, daß er nicht fällt. *1. Kor. 10, 12 (GN)*

**Eindeutigkeit**
Keine Quelle läßt aus der gleichen

Öffnung süßes und bitteres Wasser fließen. *Jak. 3, 11 (GN)*

Auf einem Feigenbaum wachsen keine Oliven, an einem Weinstock hängen keine Feigen, und eine salzige Quelle kann kein Süßwasser hervorbringen. *Jak. 3, 12 (GN)*

**Einfalt**

Der Einfältige glaubt jedem Wort. *Spr. 14, 15*

Lieber einer Bärin begegnen, der man die Jungen geraubt, als einem Toren in seinem Unverstand. *Spr. 17, 12*

Er ist geworden wie eine Taube, eine einfältige, ohne Verstand. *Hos. 7, 11*

Einen Einfältigen ziehe nicht ins Vertrauen; denn er ist nicht imstande, dein Geheimnis zu wahren. *Sir. 8, 17*

Wie ein Zuchthaus erscheint dem Toren die Weisheit, und Erkenntnis dem Unverständigen wie dunkle Worte. *Sir. 21, 18*

**Eingebung**

Der Mensch kann wohl bei sich überlegen, aber das rechte Wort gibt ihm der Herr ein. *Spr. 16, 1*

Der Geist Gottes schenkt Leben und Frieden. *Röm. 8, 6 (GN)*

**Einheit**

Durch Jesus Christus sind wir miteinander verbunden. *1. Kor. 16, 24 (GN)*

Es soll dahin kommen, daß wir alle durch denselben Glauben und durch die gemeinsame Erkenntnis des Sohnes Gottes verbunden werden. *Eph. 4, 13 (GN)*

Tut alles in der Liebe. Sie verbindet euch und macht eure Einheit vollkommen. *Kol. 3, 14 (GN)*

**Einheit in der Vielfalt**

Es gibt verschiedene Gaben; doch sie werden alle von demselben Geist ausgeteilt. Es gibt verschiedene Dienste; doch der Auftrag kommt stets von demselben Herrn. Es gibt verschiedene Fähigkeiten; doch derselbe Gott schafft sie alle. *1. Kor. 12, 4–6*

Laßt die Botschaft von Christus ihren ganzen Reichtum bei euch entfalten. Helft einander, sie immer besser zu verstehen, und ermahnt euch gegenseitig mit aller Weisheit. *Kol. 3, 16 (GN)*

**Einigkeit**

Siehe, wie fein und lieblich ist es, wenn Brüder einträchtig beieinander wohnen! *Ps. 133, 1*

Haltet in Einigkeit zusammen. *Röm. 12, 16 (GN)*

Im Namen unseres Herrn Jesus Christus rufe ich euch auf: Seid einig! Bildet keine Gruppen, die sich gegenseitig bekämpfen! Haltet in gleicher Gesinnung und Überzeugung zusammen! *1. Kor. 1, 10 (GN)*

Seid einer Meinung und lebt in Frieden miteinander. Dann wird Gott, der uns seine Liebe und seinen Frieden schenkt, mit euch sein.
*2. Kor. 13, 11 (GN)*

Haltet in derselben Gesinnung zusammen und habt Mitgefühl füreinander. Seid freundlich und zuvorkommend zueinander.
*1. Pet. 3, 8 (GN)*

**Einmischung**
Die Lippen der Schwätzer reden, was sie nichts angeht. *Sir. 21, 25*

Pack bei den Ohren, wer sich in einen Streit mischt, der ihn nichts angeht.
*Spr. 26, 17*

**Einsamkeit**
Gott der Herr sprach: Es ist nicht gut, daß der Mensch allein sei.
*1. Mos. 2, 18*

Fremd bin ich geworden meinen Brüdern, ein Unbekannter den Söhnen meiner Mutter. *Ps. 69, 9*

Ich muß wachen und klagen wie ein einsamer Vogel auf dem Dache.
*Ps. 102, 8*

Ich blicke zur Rechten und schaue: niemand ist, der meiner achtet. Verloren ist für mich die Zuflucht; niemand fragt nach meinem Leben.
*Ps. 142, 5*

Herr, ich habe keinen Menschen.
*Joh. 5, 7*

**Einsicht**
Gib mir Einsicht, daß ich dein Gesetz bewahre und es halte von ganzem Herzen. *Ps. 119, 34*

Laßt fahren die Torheit, auf daß ihr lebet, und geht einher auf dem Wege der Einsicht. *Spr. 9, 6*

Nach seiner Einsicht wird der Mann gelobt. *Spr. 12, 8*

Dem Einsichtigen ist Erkenntnis ein Leichtes. *Spr. 14, 6*

Das Herz des Einsichtigen sucht Erkenntnis. *Spr. 15, 14*

Erwünschter ist Einsicht zu erwerben als Silber. *Spr. 16, 16*

Der Tor hat kein Gefallen an Einsicht. *Spr. 18, 2*

Wer Einsicht bewahrt, der findet Glück. *Spr. 19, 8*

Mit dem Einsichtigen sollst du dich beraten und alles erwägen nach des Höchsten Gesetz. *Sir. 9, 15*

Wir haben nicht den Geist dieser Welt erhalten, sondern den Geist, der von Gott kommt. Darum wissen wir, was Gott für uns getan hat. *1. Kor. 2, 12 (GN)*

Gott öffne euch die Augen, damit ihr das Ziel seht, zu dem ihr berufen seid. Dann werdet ihr erkennen, welch ein reiches und herrliches Geschenk Gott für sein Volk bereithält. *Eph. 1, 18 (GN)*

Seid nicht uneinsichtig, sondern begreift, was der Herr von euch haben will. *Eph. 5, 17 (GN)*

**Einzigartigkeit Gottes**
Du allein bist Gott, der du Wunder tust; du hast deine Macht an den Völkern erwiesen. *Ps. 77, 15*

Herr, Gott der Heerscharen, wer ist wie du? Stark bist du, Herr, und deine Treue ist rings um dich her. *Ps. 89, 9*

Vor mir ist kein Gott gewesen, und nach mir wird keiner sein. *Ich, ich* bin der Herr, und außer mir ist kein Helfer. *Jes. 43, 10–11*

Ich bin der Herr, und keiner sonst; außer mir ist kein Gott. *Jes. 45, 5*

Kein Ohr hat gehört, kein Auge gesehen einen Gott außer dir, der für die wirkte, die auf ihn harren. *Jes. 64, 4*

Wer ist ein Gott wie du, der die Schuld verzeiht und die Sünde vergibt, der seinen Zorn nicht ewig festhält, sondern Freude daran hat, gnädig zu sein. *Mi. 7, 18*

Der in Ewigkeit lebt, schuf alles zumal. Es ist kein andrer außer ihm; er steuert die Welt mit der Spanne seiner Hand, und alles gehorcht seinem Willen. *Sir. 18, 1 + 3*

Es gibt nur einen einzigen Gott. *Röm. 3, 30 (GN)*

Für uns gibt es nur einen Gott: den Vater, von dem alle Dinge kommen und zu dem wir unterwegs sind. Es gibt für uns auch nur einen Herrn, nämlich Jesus Christus. Durch ihn sind alle Dinge geschaffen worden, und auch das neue Leben bekommen wir durch ihn. *1. Kor. 8, 6 (GN)*

Es gibt nur einen einzigen Herrn, nur einen Glauben und nur eine Taufe. Es gibt nur einen Gott. Er ist der Vater für alle Menschen. Er steht über allen. Er wirkt durch alle und in allen. *Eph. 4, 5–6 (GN)*

Gott, der ewige König, soll immer und ewig geehrt und gepriesen werden; denn er ist unsterblich und unsichtbar, er ist der einzige Gott. Das ist gewiß! *1. Tim. 1, 17 (GN)*

**Eitelkeit**
Die Hoffart des Menschen wird gebeugt. *Jes. 2, 11*

Überhebe dich nicht, damit du nicht fallest. *Sir. 1, 30*

Hoffart der Augen gib mir nicht, und Übermut des Herzens halte von mir fern! *Sir. 23, 4–5*

**Eltern**

Verflucht ist, wer seinen Vater oder seine Mutter verunehrt. *5. Mos. 27, 16*

Keine Freude erlebt der Vater eines Toren. *Spr. 17, 21*

Höre auf deinen Vater, der dich gezeugt hat, und verachte nicht deine alte Mutter. *Spr. 23, 22*

Frohlocken kann der Vater eines Gerechten; wer einen weisen Sohn hat, darf seiner sich freuen. Möge dein Vater sich freuen und deine Mutter! Die dich geboren hat, möge frohlocken! *Spr. 23, 24–25*

Der Herr will, daß Kinder den Vater ehren, und das Recht der Mutter hat er für die Söhne festgesetzt. *Sir. 3, 2*

Des Vaters Segen gibt feste Wurzel, aber der Mutter Fluch reißt die junge Pflanze aus. *Sir. 3, 9*

Als Frevler steht da, wer den Vater verachtet, und seinen Schöpfer kränkt, wer seiner Mutter flucht. *Sir. 3, 16*

Von ganzem Herzen ehre deinen Vater, und vergiß nicht, wie deine Mutter dich mit Schmerzen gebar. *Sir. 7, 27*

Bedenke, daß du ohne deine Eltern nicht wärest, und wie könntest du ihnen vergelten, was sie dir taten! *Sir. 7, 28*

Ihr Eltern, behandelt eure Kinder nicht so, daß sie widerspenstig werden! Vielmehr sollt ihr sie in christlicher Ordnung erziehen und zum Guten anhalten. *Eph. 6, 4 (GN)*

**Emanzipation**

Vor dem Herrn ist die Frau nichts ohne den Mann und der Mann nichts ohne die Frau. Zwar wurde die Frau aus dem Mann gemacht; aber der Mann wird von der Frau geboren. Und beide kommen von Gott, der alles geschaffen hat. *1. Kor. 11, 11–12 (GN)*

**Engel**

Siehe, ich sende einen Engel vor dir her, dich zu behüten auf dem Wege und dich an die Stätte zu bringen, die ich bestimmt habe. *2. Mos. 23, 20*

Der Engel des Herrn lagert sich rings um die, die ihn fürchten, und errettet sie. *Ps. 34, 8*

Seine Engel wird er für dich entbieten, dich zu behüten auf allen deinen Wegen. *Ps. 91, 11*

Er wird seinen Engeln deinethalben Befehl geben, und sie werden dich auf den Händen tragen, damit du deinen Fuß nicht etwa an einen Stein stoßest. *Mat. 4, 6*

Sie sahen sein Angesicht verklärt wie das Angesicht eines Engels.
*Apg. 6, 15*

**Engstirnigkeit**
Die winzigste Mücke fischt ihr aus dem Becher, aber Kamele schluckt ihr unbesehen hinunter.
*Mat. 23, 24 (GN)*

**Entlarvung**
Der Gaumen kostet die Leckerbissen des Spenders, der verständige Sinn die Leckerbissen des Lügners.
*Sir. 36, 21*

**Entscheidung**
Gott hat im Anbeginn den Menschen erschaffen und überließ ihn seinem eignen Willen. Wenn du willst, kannst du das Gebot halten und getreulich nach Gottes Wohlgefallen handeln. Feuer und Wasser hat man vor dich hingesetzt: strecke deine Hand aus, wonach du begehrst. Vor dem Menschen liegen Leben und Tod: was ihm beliebt, wird ihm gegeben. *Sir. 15, 14–17*

Tut Buße, denn das Reich der Himmel ist genaht. *Mat. 4, 17*

Gehet durch die enge Tür! Denn das Tor, das ins Verderben führt, ist breit und die Straße dorthin bequem. Viele sind auf ihr unterwegs. Aber die Tür, die zum Leben führt, ist eng und der Weg dorthin anstrengend. Nur wenige gehen ihn.
*Mat. 7, 13–14 (GN)*

Folge mir nach und laß die Toten ihre Toten begraben! *Mat. 8, 21*

Was ist euch lieber? Soll ich mit dem Stock zu euch kommen oder mit Liebe und Nachsicht?
*1. Kor. 4, 21 (GN)*

Wer sich auf seine eigenen Fähigkeiten verläßt, wird den Tod ernten. Wer sich von Gottes Geist leiten läßt, wird unvergängliches Leben ernten.
*Gal. 6, 8 (GN)*

**Entschiedenheit**
Ferne sei es von mir, daß ich euch Recht gebe; bis ich verscheide, beharre ich auf meiner Unschuld.
*Hiob 27, 5*

Ich und mein Haus, wir wollen dem Herrn dienen. *Jos. 24, 15*

Wer Vater oder Mutter mehr liebt als mich, ist meiner nicht wert; und wer Sohn oder Tochter mehr liebt als mich, ist meiner nicht wert; und wer nicht sein Kreuz nimmt und mir nachfolgt, ist meiner nicht wert.
*Mat. 10, 37–38*

Die neue Welt, in die Gott euch ruft, ist wie ein Schatz, der in einem Feld vergraben war. Ein Mann findet ihn und deckt ihn schnell wieder zu. In seiner Freude verkauft er alles, was er hat, und kauft das Feld.
Wer Gottes Einladung versteht, der handelt wie ein Kaufmann, der schöne Perlen sucht. Wenn er eine entdeckt, die besonders wertvoll ist,

verkauft er alles, was er hat, und kauft sie. *Mat. 13, 44–45 (GN)*

Wenn deine Hand oder dein Fuß dich zum Bösen verführen, dann hau sie ab und wirf sie weg. Es ist besser für dich, mit nur einer Hand oder einem Fuß bei Gott zu leben, als mit beiden Händen und Füßen ins ewige Feuer geworfen zu werden. Und wenn dich dein Auge zum Bösen verführt, dann reiß es aus und wirf es weg. Es ist besser für dich, mit nur einem Auge ewig zu leben, als mit beiden Augen in die Hölle zu kommen. *Mat. 18, 8–9 (GN)*

**Enttäuschung**

Gutes erhoffte ich, und Böses kam; ich harrte auf Licht, und es kam Finsternis. *Hiob 30, 26*

Die Freude kann enden in Leid. *Spr. 14, 13*

Wir harren auf Glück, doch es kommt nichts Gutes, auf eine Zeit der Heilung, aber siehe da, Schrekken! *Jer. 14, 19*

Ein Schlag aufs Auge preßt Tränen hervor, ein Schlag aufs Herz treibt die Liebe aus. *Sir. 22, 19*

Ein Prophet ist nirgends verachtet außer in seiner Vaterstadt und in seinem Hause. *Mat. 13, 57*

**Entwicklungshilfe**

Der Fromme kümmert sich um das Recht der Geringen. *Spr. 29, 7*

Man soll es eurem Beitrag anmerken, daß er ein Geschenk ist und keine erzwungene Abgabe. *2. Kor. 9, 5 (GN)*

Wenn ein reicher Mann seinen Bruder Not leiden sieht und sein Herz vor ihm verschließt, wie kann er dann behaupten, er liebe Gott? *1. Joh. 3, 17 (GN)*

Auch unsere Gemeinden müssen lernen zu helfen, wo es nötig ist, sonst hat ihr Glaube keinen Wert. *Tit. 3, 14 (GN)*

**Erbarmen Gottes**

Der Herr ist nahe denen, die zerbrochenen Herzens sind, hilft denen, die ein zerschlagenes Gemüt haben. *Ps. 34, 19*

Wird auch ein Weib ihres Kindleins vergessen, daß sie sich nicht erbarmte über den Sohn ihres Leibes? Und ob sie gleich seiner vergäße, so will ich doch dein nicht vergessen. *Jes. 49, 15*

Die ihr den Herrn fürchtet, harret auf sein Erbarmen; weicht nicht zur Seite, damit ihr nicht fallet. *Sir. 2, 7*

Der Sohn des Menschen ist gekommen, um das Verlorne zu suchen und zu erretten. *Luk. 19, 10*

Gott ist reich an Erbarmen. Er hat uns die ganze Fülle seiner Liebe geschenkt. *Eph. 2, 4 (GN)*

Der Herr ist reich an innigem Erbarmen und voll Mitleid. *Jak. 5, 11*

**Erbschleicherei**
Ein Erbe, das anfänglich erhastet worden, wird hinterher ohne Segen sein. *Spr. 20, 21*

**Erde**
Solange die Erde steht, soll nicht aufhören Saat und Ernte, Frost und Hitze, Sommer und Winter, Tag und Nacht. *1. Mos. 8, 22*

Mein ist die ganze Erde. *2. Mos. 19, 5*

Die Erde ist voll der Güte des Herrn. *Ps. 33, 5*

**Erfahrung**
Vom Hörensagen hatte ich von dir gehört; nun aber hat dich mein Auge gesehen. *Hiob 42, 5*

Ich bin jung gewesen und bin alt geworden, und nie sah ich den Gerechten verlassen. *Ps. 37, 25*

Laß deine Knechte dein Walten schauen und ihre Kinder deine Herrlichkeit. *Ps. 90, 16*

Es ist mir gut, daß ich gebeugt ward, auf daß ich deine Satzungen lerne. *Ps. 119, 71*

Euch geschehe nach eurem Glauben! *Mat. 9, 29*

Meine Lehre ist nicht mein, sondern dessen, der mich gesandt hat; wenn jemand seinen Willen tun will, wird er erkennen, ob die Lehre aus Gott ist oder ob ich von mir aus rede. *Joh. 7, 16–17*

Haben wir in diesem Leben auf Christus nur gehofft, so sind wir bejammernswerter als alle andern Menschen. *1. Kor. 15, 19*

**Erfolg**
Ach, Herr, hilf doch! Ach, Herr, laß wohl gelingen! *Ps. 118, 25*

Bei aller sauren Arbeit stellt sich Gewinn ein. *Spr. 14, 23*

Ohne Ratschlag mißlingen die Pläne; wo viele Rat wissen, da ist Erfolg. *Spr. 15, 22*

Befiehl dem Herrn deine Werke, so werden deine Pläne gelingen. *Spr. 16, 3*

Wenn man Rat einholt, haben Pläne Erfolg. *Spr. 20, 18*

Dein Herz ereifere sich nicht um die Sünder, sondern um die Furcht des Herrn allezeit; denn wenn du sie bewahrst, hast du eine Zukunft, und deine Hoffnung wird nicht zunichte. *Spr. 23, 17–18*

Durch Weisheit wird ein Haus gebaut, und durch Klugheit gewinnt es Bestand, und durch Einsicht werden die Kammern gefüllt mit allerlei kostbarer, lieblicher Habe.
*Spr. 24, 3–4*

Gar unscheinbar unter dem Flügelvolk ist die Biene, und doch schafft sie köstlichen Ertrag. *Sir. 11, 3*

Jedem, der hat, wird gegeben werden, und er wird Überfluß haben; dem aber, der nicht hat, wird auch das genommen werden, was er hat.
*Mat. 25, 29*

Wir wissen, daß denen, die Gott lieben, alle Dinge zum Guten mitwirken. *Röm. 8, 28*

**Erfüllung**

Hiob starb als alt und lebenssatt.
*Hiob 42, 17*

Hoffe auf den Herrn und tue, was gut ist; und er gibt dir, was dein Herz begehrt. *Ps. 37, 3–4*

Du, o Gott, erfüllst den Wunsch derer, die deinen Namen fürchten.
*Ps. 61, 6*

Du hast deinem Knechte Gutes getan, o Herr, nach deinem Worte.
*Ps. 119, 65*

Wer andre erquickt, wird auch selber erquickt. *Spr. 11, 25*

Siehe da, unser Gott, auf den wir hofften, daß er uns helfe! Das ist der Herr, auf den wir hofften. Laßt uns frohlocken und fröhlich sein ob seiner Hilfe! *Jes. 25, 9*

Der Herr wird dich immerdar leiten und in der Dürre deine Seele sättigen, und deine Gebeine wird er stärken. *Jes. 58, 11*

Selig sind, die hungern und dürsten nach der Gerechtigkeit; denn sie werden gesättigt werden. *Mat. 5, 6*

Wer von dem Wasser trinkt, das ich ihm geben werde, wird in Ewigkeit nicht dürsten, sondern das Wasser, das ich ihm geben werde, wird in ihm zu einer Quelle von Wasser werden, das sprudelt, um ewiges Leben zu spenden. *Joh. 4, 14*

Ich bin der Weinstock, ihr seid die Schosse. Wer in mir bleibt und ich in ihm, der trägt viel Frucht. *Joh. 15, 5*

Wer Gott vertraut, kann vor ihm bestehen und wird leben.
*Röm. 1, 17 (GN)*

Gott kann euch so reich beschenken, daß ihr nicht nur jederzeit genug für euch selbst habt, sondern auch noch anderen reichlich Gutes tun könnt.
*2. Kor. 9, 8 (GN)*

Laßt euch einen neuen Geist schenken. Zieht den neuen Menschen an, den Gott nach seinem Bild geschaffen hat. Dann könnt ihr recht und heilig leben, wie Gott es will. *Eph. 4, 23–24 (GN)*

**Ergebung**

Das Gute nehmen wir an von Gott, und das Böse sollten wir nicht annehmen? *Hiob 2, 10*

Ich bin verstummt, will meinen Mund nicht auftun; denn du hast es gefügt. *Ps. 39, 10*

Mein Vater, ist es möglich, so gehe dieser Kelch an mir vorüber; doch nicht wie ich will, sondern wie du willst. *Mat. 26, 39*

Beugt euch unter Gottes starke Hand, damit er euch zur rechten Zeit wieder aufrichten kann. *1. Pet. 5, 6 (GN)*

**Erhabenheit Gottes**

Gott ist erhaben, wir begreifen es nicht. *Hiob 36, 26*

Du, o Herr, bist der Höchste in Ewigkeit! *Ps. 92, 9*

Alles, was er will, vollbringt der Herr im Himmel und auf Erden. *Ps. 135, 6*

Ich habe erkannt, daß du alles vermagst; nichts, was du sinnst, ist dir verwehrt. *Hiob 42, 2*

Betrachte das Walten Gottes! Wer kann gerade machen, was er gekrümmt hat? *Pred. 7, 14*

Rühmt sich auch die Axt gegen den, der damit haut? Oder brüstet sich die Säge gegen den, der sie zieht? Wie wenn der Stock den, der ihn aufhebt, schwänge, wie wenn der Stecken den aufhöbe, der nicht Holz ist (d. h. den Mann). *Jes. 10, 15*

Siehe, ich bin der Herr, der Gott alles Fleisches; sollte für mich etwas unmöglich sein? *Jer. 32, 27*

Wer kann so befehlen, daß etwas geschieht, ohne daß der Herr es geboten? *Klag. 3, 37*

Bei Gott sind alle Dinge möglich. *Mat. 19, 26*

**Erhörung**

Nur Nichtiges erhört Gott nicht. *Hiob 35, 13*

Der Herr hört, wenn ich zu ihm rufe. *Ps. 4, 4*

Der Herr hat mein Flehen gehört, der Herr nimmt an mein Gebet. *Ps. 6, 10*

Vernimm, o Herr, mein lautes Rufen, sei mir gnädig und erhöre mich! *Ps. 27, 7*

Gelobt sei der Herr, denn er hat erhört mein lautes Flehen. *Ps. 28, 6*

Es rief da ein Unglücklicher, und der Herr hat's gehört, hat aus all seinen Nöten ihm geholfen. *Ps. 34, 7*

Deiner harre ich, Herr: du wirst mich erhören, o Herr, mein Gott.
*Ps. 38, 16*

Wahrlich, Gott hat gehört, er hat auf mein Flehen geachtet. *Ps. 66, 19*

Erhöre mich, o Herr, nach der Güte deiner Huld; nach deiner großen Barmherzigkeit wende dich zu mir!
*Ps. 69, 17*

Aus der Bedrängnis rief ich den Herrn an; der Herr hat mich erhört und befreit. *Ps. 118, 5*

Ich danke dir, daß du mich erhört hast und mir zum Retter geworden bist. *Ps. 118, 21*

Am Tage, da ich rief, erhörtest du mich; du gabst meiner Seele große Kraft. *Ps. 138, 3*

Ehe sie rufen, werde ich antworten; während sie noch reden, werde ich erhören. *Jes. 65, 24*

Wenn ihr mich ruft, so will ich euch antworten; wenn ihr zu mir betet, will ich auf euch hören. Wenn ihr mich sucht, so sollt ihr mich finden; wenn ihr nach mir fragt von ganzem Herzen, so werde ich mich von euch finden lassen, spricht der Herr.
*Jer. 29, 12–14*

Aus meiner Not rief ich zu dem Herrn, und er erhörte mich. *Jon. 2, 3*

Schreit der Verzweifelnde in seinem Herzeleid, so hört der, der ihn erschuf, auf sein Rufen. *Sir. 4, 6*

Bittet, und ihr werdet bekommen! Sucht, und ihr werdet finden! Klopft an, und man wird euch öffnen! Denn wer bittet, wird bekommen; wer sucht, wird finden; und wer anklopft, dem wird geöffnet. Wer von euch würde seinem Kind einen Stein geben, wenn es um Brot bittet? Oder eine Schlange, wenn es um Fisch bittet? So schlecht wie ihr seid, wißt ihr doch, was euren Kindern gut tut, und gebt es ihnen. Wieviel mehr wird euer Vater im Himmel denen Gutes geben, die ihn darum bitten.
*Mat. 7, 7–11 (GN)*

Wenn zwei von euch auf Erden darin übereinstimmen werden, irgendeine Sache zu erbitten, so wird sie ihnen zuteil werden von meinem Vater in den Himmeln. *Mat. 18, 19*

Alles, was ihr im Gebet gläubig erbittet, werdet ihr empfangen.
*Mat. 21, 22*

Wenn ihr Gott um etwas bittet und darauf vertraut, daß die Bitte erfüllt wird, dann wird sie auch erfüllt.
*Mark. 11, 24 (GN)*

Wenn ihr in mir bleibt und meine Worte in euch bleiben, so bittet, um was ihr wollt, und es wird euch zuteil werden. *Joh. 15, 7*

Wir vertrauen ganz fest darauf, daß

Gott uns hört, wenn wir um etwas bitten, das seinem Willen entspricht. *1. Joh. 5, 14 (GN)*

**Erkenntnis**

Siehe, die Furcht des Herrn, das ist Weisheit, und Böses meiden, das ist Erkenntnis. *Hiob 28, 28*

Öffne mir die Augen, daß ich schaue die Wunder an deinem Gesetze. *Ps. 119, 18*

Die Furcht des Herrn ist der Anfang der Erkenntnis. *Spr. 1, 7*

Die Lippen der Weisen bewahren Erkenntnis, das Herz des Toren aber ist verkehrt. *Spr. 15, 7*

Ich nahm mir vor, zu erkennen und zu erforschen, Weisheit zu suchen und ein Ergebnis, zu erkennen, daß Frevel Torheit sei und Torheit Wahnsinn. *Pred. 7, 26*

Wenn ihr in meinem Worte bleibt, werdet ihr die Wahrheit erkennen, und die Wahrheit wird euch frei machen. *Joh. 8, 31*

Unser Erkennen ist Stückwerk. *1. Kor. 13, 9*

Wir sehen jetzt nur ein Bild wie in einem Spiegel und können es nicht deutlich erkennen. Dann aber stehen wir Gott selbst gegenüber. Dann werden wir ihn so kennen, wie er uns jetzt schon kennt. *1. Kor. 13, 12 (GN)*

Gott will, daß alle Menschen gerettet werden und zur Erkenntnis der Wahrheit kommen. *1. Tim. 2, 4*

**Erleichterung**

Siehe, mein Leib ist wie Wein, der keine Luft hat, und wie neue Schläuche will er bersten. Drum muß ich reden, daß mir leichter werde. *Hiob 32, 19–20*

**Erlösung**

Es werden essen die Gebeugten und gesättigt werden, den Herrn werden preisen, die ihn suchen. *Ps. 22, 27*

Wende dich zu mir und sei mir gnädig; denn ich bin einsam und elend. Erlöse mich von den Ängsten meines Herzens, führe mich heraus aus meinen Nöten. Nimm hinweg meinen Jammer und mein Elend, und vergib mir alle meine Sünden. *Ps. 25, 17–18*

Bei dem Herrn ist die Gnade, bei ihm ist reichlich Erlösung. *Ps. 130, 7*

Fürchte dich nicht, denn ich erlöse dich; ich rufe dich bei deinem Namen, mein bist du! *Jes. 43, 1*

Ich bin nicht gekommen, Gerechte zu berufen, sondern Sünder. *Mat. 9, 13*

Gott hat seinen Sohn nicht in die Welt gesandt, damit er die Welt richte, sondern damit die Welt durch ihn gerettet werde. *Joh. 3, 17*

Gott will uns die endgültige Befreiung schenken, damit wir seine Herrlichkeit preisen. *Eph. 1, 14 (GN)*

Es ist ein wahres Wort, dem alle zustimmen sollten: Jesus Christus kam in diese Welt, um die Sünder zu retten. *1. Tim. 1, 15 (GN)*

**Ermahnung**
Ihr wißt, was Gott will. Darum könnt ihr euch selbst gegenseitig ermahnen. *Röm. 15, 14 (GN)*

**Ermutigung**
Sprich deinem Gemüte zu und ermuntre dein Herz, aber den Ärger halte fern von dir. *Sir. 30, 23*

Gott ermutigt die, die am Boden liegen. *2. Kor. 7, 6 (GN)*

**Erneuerung**
Meinen Geist werde ich in euer Inneres legen und machen, daß ihr in meinen Satzungen wandelt und meine Gesetze getreulich erfüllt. *Ez. 36, 27*

**Ernte**
Das Land hat seinen Ertrag gegeben, es segnet uns Gott, unser Gott. *Ps. 67, 7*

**Erpressung**
Lösegeld für das Leben ist manchem sein Reichtum, der Arme aber hört keine Drohung. *Spr. 13, 8*

Erpressung macht den Weisen zum Toren, und Bestechung verderbt das Herz. *Pred. 7, 8*

**Erprobung**
Wie der Schmelztiegel das Silber und der Ofen das Gold, so prüft der Herr die Herzen. *Spr. 17, 3*

Den Menschen dünkt sein Weg stets recht; aber der Herr prüft die Herzen. *Spr. 21, 2*

**Erwartung**
Das Volk, das in der Finsternis wandelt, sieht ein großes Licht; die im Lande des Dunkels wohnen, über ihnen strahlt ein Licht auf. *Jes. 9, 2*

Die ihr den Herrn fürchtet, hoffet auf Gutes und auf ewige Freude und Rettung. *Sir. 2, 9*

Wer hofft auf etwas, das schon da ist? Also hoffen wir auf das, was wir noch nicht sehen, und warten geduldig darauf. *Röm. 8, 24–25 (GN)*

**Erziehung**
Wer die Rute spart, der haßt seinen Sohn; wer ihn liebhat, der züchtigt ihn beizeiten. *Spr. 13, 24*

Beim Verständigen wirkt der Tadel tiefer als hundert Stockschläge beim Toren. *Spr. 17, 10*

Gewöhne den Knaben nach dem,

was sein Weg erheischt, so geht er auch im Alter nicht davon ab.
*Spr. 22, 6*

Der Vater gibt den Söhnen Kunde von deiner Treue. *Jes. 38, 19*

Wer seinen Sohn liebhat, spart an ihm die Rute nicht, auf daß er zuletzt Freude an ihm erlebe. *Sir. 30, 1*

Wer seinen Sohn in Zucht hält, wird Nutzen an ihm haben, und inmitten der Bekannten darf er sich seiner rühmen. *Sir. 30, 2*

Ein Pferd, das man nicht bändigt, wird störrisch; und ein Sohn, dem man die Zügel schießen läßt, wird frech. *Sir. 30, 8*

**Erziehung durch Gott**

Wohl dem Manne, den du erziehst, o Herr, den du unterweisest aus deinem Gesetz. *Ps. 94, 12*

Verwirf nicht die Züchtigung des Herrn und sei nicht unmutig ob seiner Strafe; denn wen der Herr liebhat, den züchtigt er wie ein Vater den Sohn, dem er wohlwill. *Spr. 3, 11–12*

Ich will sie schmelzen, wie man Silber schmelzt, will sie läutern, wie man das Gold läutert. *Sach. 13, 9*

**Essen**

Alle warten auf dich, daß du ihnen Speise gebest zu seiner Zeit. Wenn du ihnen gibst, so sammeln sie; tust du deine Hand auf, so werden sie mit Gutem gesättigt. Wenn du dein Angesicht verbirgst, erschrecken sie.
*Ps. 104, 27–29*

Aller Augen warten auf dich, und du gibst ihnen ihre Speise zu seiner Zeit. Du tust deine Hand auf und sättigst alles, was lebt, mit Wohlgefallen.
*Ps. 145, 15–16*

Wer sein Feld bebaut, der hat Brot genug. *Spr. 12, 11*

Gib mir weder Armut noch Reichtum; laß mir die Speise werden, die mir beschieden ist! *Spr. 30, 8*

Es gibt nichts Besseres für den Menschen, als daß er esse und trinke und sich gütlich tue bei seiner Mühsal. Doch auch das, sah ich, kommt aus der Hand Gottes. Denn wer kann essen und wer genießen ohne ihn?
*Pred. 2, 24–25*

Wer im Essen maßhält, hat gedeihlichen Schlaf, steht er in Frühe auf, so fühlt er sich frisch. *Sir. 31, 20*

Gib uns heute unser tägliches Brot.
*Mat. 6, 11*

Der Arbeiter ist seiner Speise wert.
*Mat. 10, 10*

Es ist schlimm für den Menschen, wenn er etwas mit schlechtem Gewissen ißt. *Röm. 14, 20 (GN)*

Wer nicht arbeiten will, soll auch nicht essen. *2. Thess. 3, 10 (GN)*

**Eva**
Der Mensch nannte sein Weib Eva (= die Lebendige); denn sie wurde die Mutter aller Lebenden.
*1. Mos. 3, 20*

**Evangelium**
Jesus predigte das Evangelium vom Reich und heilte jede Krankheit und jedes Gebrechen im Volke.
*Mat. 4, 23*

Dieses Evangelium vom Reiche wird auf dem ganzen Erdkreis gepredigt werden allen Völkern zum Zeugnis.
*Mat. 24, 14*

Jesus predigte das Evangelium (= frohe Botschaft) Gottes.
*Mark. 1, 14*

Wer sein Leben retten will, der wird es verlieren; wer aber sein Leben verliert um meinetwillen und um des Evangeliums willen, der wird es retten. *Mark. 8, 35*

Gehet hin in alle Welt und prediget das Evangelium allen, die erschaffen sind. *Mark. 16, 15*

Zu dieser Guten Nachricht bekenne ich mich ohne jede Furcht; denn in ihr wirkt Gottes Macht. Sie bringt allen Menschen Rettung, die ihr glauben. *Röm. 1, 16 (GN)*

Alles tue ich um des Evangeliums willen, damit ich seiner mitteilhaftig werde. *1. Kor. 9, 23*

**Ewigkeit**
Sterben müssen wir zwar und sind wie Wasser, das auf die Erde geschüttet wird und das man nicht wieder fassen kann. Aber Gott wird das Leben nicht hinwegraffen.
*2. Sam. 14, 14*

Du gibst mein Leben nicht dem Tode preis und lässest deinen Frommen nicht die Grube schauen. Du weisest mir den Pfad des Lebens: Fülle der Freuden vor deinem Angesicht und Wonnen in deiner Rechten ewiglich.
*Ps. 16, 10–11*

Der Herr kennt die Tage der Frommen, und ihr Gut wird ewiglich bleiben. *Ps. 37, 18*

Den Sand am Meer und die Tropfen des Regens und die Tage der Ewigkeit – wer kann sie zählen? *Sir. 1, 2*

Gott hat den Menschen zur Unvergänglichkeit geschaffen und ihn zum Abbild seines eigensten Wesens gemacht. *Sal. 2, 23*

Wer an den Sohn glaubt, hat ewiges Leben. *Joh. 3, 36*

Das ist der Wille meines Vaters, daß jeder, der den Sohn sieht und an ihn glaubt, ewiges Leben habe.
*Joh. 6, 40*

Ich bin die Auferstehung und das Leben. Wer an mich glaubt, wird leben, auch wenn er stirbt; und jeder, der lebt und an mich glaubt. wird in Ewigkeit nicht sterben.
*Joh. 11, 25–26*

So wie Gott unsern Herrn vom Tod erweckt hat, so wird seine Macht auch uns zum neuen Leben erwekken. *1. Kor. 6, 14 (GN)*

Wir wissen: Wenn das Zelt, in dem wir jetzt leben, nämlich unser Körper, abgebrochen wird, hat Gott eine andere Wohnung im Himmel für uns bereit. Er selbst hat dafür gesorgt, und sie wird für immer Bestand haben. *2. Kor. 5, 1 (GN)*

Die Welt und alles, was Menschen in ihr haben wollen, ist vergänglich. Wer aber tut, was Gott will, wird ewig leben. *1. Joh. 2, 17 (GN)*

**Ewigkeit Gottes**

Vor Zeiten hast du die Erde gegründet, und die Himmel sind deiner Hände Werk. Sie werden vergehen, du aber bleibst; wie ein Gewand zerfallen sie alle, wie ein Kleid wechselst du sie, und sie gehen dahin. Du aber bleibest derselbe, und deine Jahre nehmen kein Ende.
*Ps. 102, 26–28*

Herr, dein Name währt ewig, dein Gedächtnis, o Herr, von Geschlecht zu Geschlecht. *Ps. 135, 13*

Ich erkannte, daß alles, was Gott tut, ewig gilt, man kann nichts dazutun und nichts davontun; und Gott hat es so gemacht, daß man sich vor ihm fürchte. *Pred. 3, 14*

Er ist der lebendige Gott, und er bleibt in Ewigkeit; sein Reich ist unzerstörbar, und seine Herrschaft nimmt kein Ende. *Dan. 6, 26*

Alle kommenden Zeiten sollen die Liebe sehen, die Gott uns durch Jesus Christus erweist.
*Eph. 2, 7 (GN)*

# F

**Fallstricke**

Der Mund des Toren wird ihm selbst zum Verderben, und seine Lippen sind seinem Leben ein Fallstrick.
*Spr. 18, 7*

Mache nicht Freundschaft mit dem Zornmütigen, mit dem Jähzornigen gehe nicht um, daß du dich nicht an seine Pfade gewöhnest und dir einen Fallstrick für dein Leben holest.
*Spr. 22, 24–25*

Wer seinem Nächsten schmeichelt, der breitet ihm ein Netz vor die Füße. *Spr. 29, 5*

Wer eine Grube gräbt, der kann hineinfallen, und wer eine Mauer einreißt, den kann eine Schlange beißen; wer Steine ausbricht, der kann sich daran wehe tun, und wer Holz spaltet, der kann dabei in Gefahr kommen. *Pred. 10, 8–9*

Wer einen Stein emporwirft, auf den fällt er zurück, und ein hinterlistiger Hieb verwundet den, der ihn führt.
*Sir. 27, 25*

Wer eine Grube gräbt, fällt selbst hinein, und wer eine Schlinge legt, wird in ihr gefangen. *Sir. 27, 26*

Wer Böses tut, auf den wälzt es sich zurück, und er weiß nicht, woher es ihm kommt. *Sir. 27, 27*

Dem Toren stellt der Wein manche Falle. *Sir. 31, 30*

**Falschheit**

Verschwunden ist die Treue unter den Menschenkindern. Lügen reden sie einer zum andern; mit glatter Zunge, mit doppeltem Herzen reden sie. *Ps. 12, 2–3*

Glatt wie Butter ist seine Rede, doch Streit ist sein Sinnen; seine Worte sind linder als Öl und sind doch gezückte Schwerter. *Ps. 55, 22*

Mit ihrem Munde segnen sie, aber im Herzen fluchen sie. *Ps. 62, 5*

Sinne nicht Böses wider den Nächsten, während er arglos neben dir wohnt. *Spr. 3, 29*

Halte fern von dir Falschheit des Mundes und meide Trug der Lippen. *Spr. 4, 24*

Dem Herrn sind ein Greuel, die falschen Herzens sind. *Spr. 11, 20*

Wer falschen Herzens ist, findet kein Glück. *Spr. 17, 20*

Wer Schätze erwirbt mit falscher Zunge, jagt Nichtigem nach hinein in Fallstricke des Todes. *Spr. 21, 6*

Angeln und Schlingen sind auf dem Wege des Falschen; wer sein Leben erhalten will, bleibt ihnen fern. *Spr. 22, 5*

Wie einer, der sich wahnsinnig stellt und Brandpfeile und tödliche Geschosse schleudert, so ist, wer falsch handelt gegen den Nächsten und dann spricht: «Ich scherze doch nur.» *Spr. 26, 18–19*

Wie eine Scherbe mit Silberschaum überzogen, so sind glatte Lippen und ein böses Herz. *Spr. 26, 23*

Wehe denen, die das Böse gut und das Gute böse nennen, die Finsternis zu Licht und Licht zu Finsternis machen, die bitter zu süß und süß zu bitter machen. *Jes. 5, 20*

Friedsam redet man mit dem Nächsten, aber im Herzen hegt man gegen ihn Arglist. *Jer. 9, 8*

Sinnet nicht auf Arges widereinander in eurem Herzen und liebet nicht falschen Eid! *Sach. 8, 17*

Wehe dem Menschen, der auf zweierlei Wegen wandelt! *Sir. 2, 12*

Laß dich nicht doppelzüngig nennen und verleumde niemanden mit deiner Zunge; denn wie für den Dieb Schmach bestimmt ist, so für den Doppelzüngigen böser Schimpf. *Sir. 5, 14*

Mancher geht gebeugt und traurig einher, aber inwendig ist er voller Tücke; er neigt das Antlitz und stellt sich taub, und unversehens überfällt er dich. *Sir. 19, 26–27*

In deiner Gegenwart ist seine Rede gar lieblich, und er bewundert deine Worte; nachher aber ändert er seine Rede, und in deine Worte legt er einen anstößigen Sinn. *Sir. 27, 23*

Jeglicher Ratgeber weist mit der Hand, doch mancher rät zu einem Weg, der ihm selber frommt. *Sir. 37, 7*

Hütet euch vor falschen Propheten! Sie sehen wie harmlose Schafe aus, in Wirklichkeit aber sind sie wilde Wölfe. Ihr erkennt sie an dem, was sie tun. *Mat. 7, 15–16 (GN)*

Weh euch, wenn euch alle Menschen

loben. Früher hat man die falschen Propheten genauso gelobt.
*Luk. 6, 26 (GN)*

**Familie**
Dein Weib im Innern deines Hauses ist wie ein fruchtbarer Weinstock, deine Kinder rings um deinen Tisch wie junge Ölbäumchen. *Ps. 128, 3*

Wer sein Haus zerrüttet, wird Wind erben. *Spr. 11, 29*

In der Furcht des Herrn liegt ein starker Verlaß; noch den Kindern ist er eine Zuflucht. *Spr. 14, 26*

Die Krone der Alten sind Kindeskinder, und der Stolz der Kinder sind ihre Väter. *Spr. 17, 6*

Kümmert sich jemand nicht um seine Angehörigen, besonders wenn sie mit ihm zusammenwohnen, dann verleugnet er Christus und ist schlimmer als ein Ungläubiger.
*1. Tim. 5, 8 (GN)*

**Faschismus**
Der Zornhauch der Tyrannen ist wie ein Unwetter im Winter, wie die Hitze im dürren Land. *Jes. 25, 4*

**Fasten**
Ich peinigte durch Fasten meine Seele, und es ward mir zur Schmach.
*Ps. 69, 11*

Ist nicht das ein Fasten wie ich es liebe: daß du ungerechte Fesseln öffnest, die Stricke des Joches lösest? daß du Mißhandelte ledig lässest und jedes Joch zerbrichst? daß du dem Hungrigen dein Brot brichst und Arme, Obdachlose in dein Haus führst? wenn du einen Nackten siehst, daß du ihn kleidest und dich den Brüdern nicht entziehst?
*Jes. 58, 6–7*

Wenn ihr fastet, dann setzt keine Leidensmiene auf wie die Heuchler. Sie machen ein saures Gesicht, damit jeder merkt, daß sie fasten. Ich sage euch: sie haben ihren Lohn bereits kassiert. Wenn du fasten willst, dann wasche dein Gesicht und kämme dich, damit niemand es merkt außer deinem Vater, der im Verborgenen ist. Dein Vater, der auch das Verborgenste sieht, wird dich dafür belohnen. *Mat. 6, 16–18 (GN)*

Wenn der Menschensohn mit Macht und Herrlichkeit kommt, von allen Engeln begleitet, dann wird er sich auf den königlichen Thron setzen. Alle Völker der Erde werden vor ihm versammelt werden, und er wird die Menschen in zwei Gruppen teilen, so wie ein Hirt die Schafe von den Böcken trennt. Die Schafe wird er auf die rechte Seite stellen und die Böcke auf die linke. Dann wird der Richter zu denen auf der rechten Seite sagen: «Kommt her! Euch hat mein Vater gesegnet. Nehmt Gottes neue Welt in Besitz, die er euch von Anfang an zugedacht hat. Denn ich war hungrig, und ihr habt mir zu essen gege-

ben; ich war durstig, und ihr habt mir zu trinken gegeben; ich war fremd, und ihr habt mich bei euch aufgenommen; ich war nackt, und ihr habt mir Kleidung gegeben; ich war krank, und ihr habt für mich gesorgt; ich war im Gefängnis, und ihr habt mich besucht.»
Dann werden die, die Gottes Willen getan haben, fragen: «Herr, wann sahen wir dich jemals hungrig und gaben dir zu essen? Oder durstig und gaben dir zu trinken? Wann kamst du als Fremder zu uns und wir nahmen dich auf, oder nackt und wir gaben dir Kleider? Wann warst du krank, und wir sorgten für dich, oder im Gefängnis, und wir besuchten dich?» Dann wird der auf dem Thron antworten: «Ich will es euch sagen: Was ihr für einen meiner geringsten Brüder getan habt, das habt ihr für mich getan.»
Dann wird er zu denen auf der linken Seite sagen: «Geht mir aus den Augen, Gott hat euch verflucht! Fort mit euch in das ewige Feuer, das für den Satan und seine Helfer vorbereitet ist! Denn ich war hungrig, aber ihr habt mir nichts zu essen gegeben; ich war durstig, aber ihr habt mir nichts zu trinken gegeben; ich war fremd, aber ihr habt mich nicht aufgenommen; ich war nackt, aber ihr habt mir keine Kleider gegeben; ich war krank und im Gefängnis, aber ihr habt euch nicht um mich gekümmert.»
Dann werden sie ihn fragen: «Herr, wann sahen wir dich jemals hungrig oder durstig, wann kamst du als Fremder, wann warst du nackt oder krank oder im Gefängnis – und wir hätten uns nicht um dich gekümmert?» Aber der Richter wird ihnen antworten: «Ich will es euch sagen: Was ihr an einem von meinen geringsten Brüdern versäumt habt, das habt ihr an mir versäumt.»
*Mat. 25, 31–46 (GN)*

**Faulheit**

«Noch ein bißchen schlafen, ein bißchen schlummern, ein bißchen die Hände ineinanderlegen im Bett» – da kommt über dich wie ein Räuber die Armut, der Mangel wie ein gewappneter Mann. *Spr. 6, 10–11*

Lässige Hand bringt Armut.
*Spr. 10, 4*

Was Essig für die Zähne und Rauch für die Augen, das ist der Faule für den, der ihn ausschickt. *Spr. 10, 26*

Der Faule ist voller Gier und hat doch nichts, das Verlangen der Fleißigen wird reichlich gestillt.
*Spr. 13, 4*

Der Weg des Faulen ist wie eine Dornhecke, der Pfad der Fleißigen ist gebahnt. *Spr. 15, 9*

Ein lässiger Mensch muß Hunger leiden. *Spr. 19, 15*

Der Träge steckt seine Hand in die Schüssel und bringt sie nicht einmal zum Munde zurück. *Spr. 19, 24*

Dem Faulen bringt sein Wünschen den Tod; denn seine Hände wollen nicht arbeiten. *Spr. 21, 25*

Der Faule spricht: «Ein Löwe ist draußen, ich könnte mitten auf der Straße erwürgt werden.» *Spr. 22, 13*

Schläfrigkeit kleidet in Lumpen. *Spr. 23, 21*

Wie die Tür in der Angel sich dreht, so der Faulenzer auf seinem Lager. *Spr. 26, 14*

Der Tor legt seine Hände ineinander und verzehrt sein eignes Fleisch. *Pred. 4, 5*

Wo Trägheit wohnt, senkt sich das Gebälk; wo die Hände lässig sind, tropft es ins Haus. *Pred. 10, 18*

Sei nicht lässig und schlaff in deiner Arbeit. *Sir. 4, 29*

Der Faulenzer gleicht einem verschmutzten Stein: jedermann zischt ob seiner Abscheulichkeit. *Sir. 22, 1*

Dem Mistklumpen gleicht der Faule: jeder, der ihn aufhebt, schüttelt die Hand. *Sir. 22, 2*

Wer nicht arbeiten will, soll auch nicht essen. *2. Thess. 3, 10 (GN)*

**Feind**

Sei nicht Feind, wo du Freund sein solltest. *Sir. 6, 1*

Trau dem Feinde nie und nimmer, denn wie das Erz rostet, so frißt auch seine Bosheit um sich. *Sir. 12, 10*

**Feindesliebe**

Wenn deinen Feind hungert, so speise ihn, dürstet ihn, so gib ihm zu trinken; so wirst du feurige Kohlen auf sein Haupt sammeln, und der Herr wird es dir vergelten. *Spr. 25, 21–22*

Ihr wißt auch, daß es heißt: «Liebe deine Freunde, hasse deine Feinde!» Ich aber sage euch: Liebt eure Feinde und betet für die, die euch verfolgen. So erweist ihr euch als Kinder eures Vaters im Himmel. Denn er läßt die Sonne scheinen auf böse wie auf gute Menschen, und er läßt es regnen auf alle, ob sie ihn ehren oder verachten. Wie könnt ihr von Gott eine Belohnung erwarten, wenn ihr nur die liebt, die euch auch lieben? Das bringen sogar die gewissenlosesten Menschen fertig. Was ist denn schon Besonderes daran, wenn ihr nur zu euren Brüdern freundlich seid? Das tun auch die, die Gott nicht kennen. Nein, ihr sollt vollkommen sein, weil euer Vater im Himmel vollkommen ist! *Mat. 5, 43–48 (GN)*

Liebet eure Feinde; tut Gutes denen, die euch hassen; segnet die, welche euch fluchen; bittet für die, welche euch beleidigen! *Luk. 6, 27–28*

Vergeltet nicht Böses mit Bösem oder Scheltwort mit Scheltwort, sondern

im Gegenteil segnet, weil ihr dazu berufen seid, daß ihr Segen ererbt!
*1. Pet. 3, 9*

## Festigkeit

Wirf dein Anliegen auf den Herrn, er wird dich versorgen; er läßt den Gerechten nimmer wanken. *Ps. 55, 23*

O daß mein Wandel doch fest wäre, deine Satzungen zu halten! Dann werde ich nicht zuschanden, wenn ich auf all deine Gebote schaue.
*Ps. 119, 5–6*

Die den Herrn fürchten, machen ihr Herz fest. *Sir. 2, 17*

Wie Holzgebälk in die Hausmauer eingelassen, durch keine Erschütterung ins Wanken gerät – so ein Herz in klarem Entschluß gefestigt: kein Schrecken setzt es in Furcht.
*Sir. 22, 16*

Ich bitte Gott, daß er euch durch seinen Geist innerlich stark macht.
*Eph. 3, 16 (GN)*

Gottes Gnade wird euch innerlich fest machen. *Heb. 13, 9 (GN)*

## Fleiß

Seid tapfer und lasset eure Hände nicht schlaff werden! denn euer Tun wird schon seinen Lohn finden.
*2. Chr. 15, 7*

Gehe hin zur Ameise, du Fauler, betrachte ihre Weise, daß du klug werdest. *Spr. 6, 6*

Fleißige Hand schafft Reichtum.
*Spr. 10, 4*

Wer sein Feld bebaut, der hat Brot genug; wer nichtigen Dingen nachjagt, der leidet Mangel. *Spr. 12, 11*

Der Lässige holt sein Wild nicht ein, aber kostbares Gut wird dem fleißigen Mann. *Spr. 12, 27*

Das Verlangen der Fleißigen wird reichlich gestillt. *Spr. 13, 4*

Liebe den Schlaf nicht, daß du nicht verarmest; tue die Augen auf, so hast du genug zu essen. *Spr. 20, 13*

Die Pläne des Fleißigen bringen lauter Gewinn. *Spr. 21, 5*

Wer sein Feld bebaut, der hat Brot die Fülle. *Spr. 28, 19*

Früh am Morgen säe deinen Samen, und bis zum Abend laß deine Hand nicht ruhen! denn du weißt nicht, was glückt, ob dies oder jenes, oder ob beides zugleich gelingt.
*Pred. 11, 6*

Ruhmvoll ist die Frucht edlen Strebens. *Sal. 3, 15*

Im Eifer seid nicht lässig.
*Röm. 12, 11*

**Flickwerk**
Niemand flickt ein altes Kleid mit einem neuen Stück Stoff, sonst reißt das neue Stück wieder aus und macht das Loch nur noch größer. Es füllt auch niemand neuen Wein, der noch gärt, in alte Schläuche; sonst werden die Schläuche platzen, der Wein fließt aus, und die Schläuche sind hin. Nein, neuer Wein gehört in neue Schläuche! So bleibt beides erhalten. *Mat. 9, 16–17 (GN)*

**Frauen**
Wer ein Weib gefunden, der hat etwas Gutes gefunden und Wohlgefallen beim Herrn erlangt. *Spr. 18, 22*

Haus und Habe kann man von den Vätern ererben, aber ein verständiges Weib ist eine Gabe des Herrn. *Spr. 19, 14*

Ein verständiges Weib schätze nicht gering, und ein anmutiges ist mehr wert als Perlen. *Sir. 7, 19*

Herzeleid und Weh schafft eine eifersüchtige Frau. *Sir. 26, 6*

Ein schweigsames Weib ist eine Gabe des Herrn. *Sir. 26, 14*

Anmut über Anmut birgt ein schamhaftes Weib, und einen züchtigen Sinn wiegt kein Preis auf. *Sir. 26, 15*

Ein Sohn oder eine Stadt geben dem Namen Bestand, aber mehr als beide ist eine Frau, die man liebt. *Sir. 40, 19*

**Frauenlos**
Ich will dir viel Beschwerden machen in deiner Schwangerschaft; mit Schmerzen sollst du Kinder gebären! Nach deinem Manne wirst du verlangen; er aber soll dein Herr sein! *1. Mos. 3, 16*

**Freigebigkeit**
Willig sollst du deine Hand auftun für deinen dürftigen und armen Bruder. *5. Mos. 15, 11*

Wohltun errettet vom Tode. *Spr. 10, 2*

Mancher gibt viel und wird doch noch reicher. *Spr. 11, 24*

Viele umschmeicheln den Freigebigen, und jedermann ist des Schenkenden Freund. *Spr. 19, 6*

Der Ungerechte ist immer voll Gier, der Gerechte gibt und hält nicht zurück. *Spr. 21, 26*

Schicke dein Brot übers Wasser, so kannst du es wieder finden, sei's auch nach vielen Tagen. *Pred. 11, 1*

Wohltun errettet vom Tode und läßt nicht in die Finsternis kommen. *Tob. 4, 10*

Verweigere dem Dürftigen die Gabe nicht. *Sir. 4, 3*

Einmal saß Jesus im Tempel in der Nähe des Opferkastens und beobachtete, wie die Besucher des Tem-

·pels Geld hineinwarfen. Viele wohlhabende Leute gaben großzügig. Dann kam eine arme Witwe und steckte nur zwei kleine Kupfermünzen hinein. Da rief Jesus seine Jünger herbei und sagte zu ihnen: «Hört gut zu! Diese Witwe hat mehr gegeben als alle anderen. Sie haben lediglich von ihrem Überfluß etwas abgegeben. Aber diese arme Witwe hat tatsächlich alles geopfert, was sie zum Leben hatte.»
*Mark. 12, 41–44 (GN)*

Jedem, der dich bittet, gib.
*Luk. 6, 30*

Wer Gutes tut, soll es fröhlich tun.
*Röm. 12, 8 (GN)*

Jeder gebe, wie er es sich im Herzen vorgenommen hat, nicht aus Mißmut heraus oder aus Zwang; denn einen fröhlichen Geber hat Gott lieb.
*2. Kor. 9, 7*

**Freiheit**

Wenn der Sohn euch frei macht, werdet ihr wirklich frei sein.
*Joh. 8, 36*

Seht zu, daß eure Freiheit nicht in Verruf gerät. *Röm. 14, 16 (GN)*

Euch gehört die ganze Welt, das Leben und der Tod, die Gegenwart und die Zukunft. Alles gehört euch, ihr aber gehört Christus, und Christus gehört Gott.
*1. Kor. 3, 22–23 (GN)*

Alles ist mir erlaubt; aber nicht alles ist heilsam. Alles ist mir erlaubt; aber ich darf mich von nichts beherrschen lassen. *1. Kor. 6, 12*

Wo der Geist des Herrn ist, da ist Freiheit. *2. Kor. 3, 17*

Für die Freiheit hat uns Christus frei gemacht; darum stehet fest und lasset euch nicht wieder unter ein Joch der Knechtschaft bringen! *Gal. 5, 1*

Gott hat euch zur Freiheit berufen, Brüder! Aber mißbraucht sie nicht als Freibrief für Selbstsucht und Lieblosigkeit. *Gal. 5, 13 (GN)*

**Freiwilligkeit**

Obwohl ich frei und von keinem abhängig bin, habe ich mich zum Sklaven aller gemacht, um möglichst viele für Christus zu gewinnen.
*1. Kor. 9, 19 (GN)*

Du sollst das Gute nicht gezwungen tun, sondern freiwillig.
*Philem. 14 (GN)*

**Freude**

Du sollst fröhlich sein ob all dem Guten, das der Herr, dein Gott, dir und deinem Hause gegeben hat.
*5. Mos. 26, 11*

Freuen wollen wir uns seiner, der ewig herrscht durch seine Macht.
*Ps. 66, 6–7*

Schaut her, ihr Gebeugten, und freuet euch! Die ihr Gott suchet, euer

Herz lebe auf! Denn der Herr erhört die Armen, und seine Gefangenen verachtet er nicht. *Ps. 69, 33–34*

Wohl dem Volke, das den Jubelruf kennt, das im Licht deines Angesichts wandelt, o Herr, das deinen Namen allezeit frohlockt und ob deiner Gerechtigkeit jauchzt!
*Ps. 89, 16–17*

Es freue sich innig, wer den Herrn sucht! *Ps. 105, 3*

Du (Gott) machst des Jubels viel, machst groß die Freude; sie freuen sich vor dir, wie man sich freut in der Ernte, wie man jubelt, wenn man die Beute teilt. *Jes. 9, 3*

Zur Freude meines Herzens ward es mir, daß ich deinen Namen trage, Herr, Gott der Heerscharen.
*Jer. 15, 16*

Freude im Herzen ist des Mannes Leben, und ein fröhlicher Mensch verlängert seine Tage. *Sir. 30, 22*

Können die Hochzeitsleute trauern, solange der Bräutigam bei ihnen ist?
*Mat. 9, 15*

Dies habe ich zu euch geredet, damit meine Freude in euch sei und eure Freude vollkommen werde.
*Joh. 15, 11*

Ich (Christus) werde euch wiedersehen, und euer Herz wird sich freuen, und eure Freude nimmt niemand von euch. *Joh. 16, 22*

Nun sind wir voll Freude, weil wir fest damit rechnen, daß Gott uns an seiner Herrlichkeit teilnehmen läßt.
*Röm. 5, 2 (GN)*

Der Gott der Hoffnung erfülle euch mit aller Freude und allem Frieden durch den Glauben. *Röm. 15, 13*

Ich bin froh und freue mich zusammen mit euch allen. Freut auch ihr euch und teilt meine Freude!
*Phil. 2, 17–18 (GN)*

Freut euch immerzu, weil ihr mit dem Herrn verbunden seid. Ich sage es noch einmal: Freut euch!
*Phil. 4, 4 (GN)*

**Freude und Leid**

Der Herr macht arm und macht reich, er erniedrigt und er erhöht.
*1. Sam. 2, 7*

Erfreue uns so viele Tage, wie du uns beugtest, so viele Jahre, wie wir Unglück litten. *Ps. 90, 15*

Süß ist dem Auge das Licht, und köstlich ist es, die Sonne zu schauen. Ja, wenn der Mensch viele Jahre lebt, so freue er sich an ihnen allen, und er gedenke der Tage des Dunkels! Auch ihrer sind viele! *Pred. 11, 7–8*

Kommt nicht vom Munde des Höchsten so Glück wie Unglück?
*Klag. 3, 38*

**Freundlichkeit**

Gram im Herzen eines Mannes

beugt ihn nieder, ein freundliches Wort macht ihn wieder froh.
*Spr. 12, 25*

Wer ein weises Herz hat, den nennt man verständig, und liebliche Rede mehrt die Belehrung. *Spr. 16, 21*

Liebliche Reden sind Honigwaben, süß für die Seele und eine Arznei dem Gebein. *Spr. 16, 24*

Wer gütig blickt, wird gesegnet werden. *Spr. 22, 9*

Liebliche Rede gewinnt viele Freunde, und gütige Worte finden frohen Gruß. *Sir. 6, 5*

Gib deinem Nächsten Bescheid, so gut du kannst, aber Zwiesprache pflege mit den Weisen. *Sir. 9, 14*

Wenn man uns beschimpft, antworten wir mit freundlichen Worten.
*1. Kor. 4, 12 (GN)*

Seid immer freundlich und geduldig. Sucht in Liebe miteinander auszukommen. *Eph. 4, 2*

Ein Diener des Herrn soll nicht streiten, sondern zu allen freundlich sein.
*2. Tim. 2, 24 (GN)*

**Freundschaft**

Die Freundschaft, die ich dir erwiesen habe, sollst du auch mir erweisen.
*1. Mos. 21, 23*

Ein Verleumder vertreibt den Freund. *Spr. 16, 28*

Zu jeder Zeit liebt der wahre Freund; in der Not wird er als Bruder geboren. *Spr. 17, 17*

Mancher Freund ist anhänglicher als ein Bruder. *Spr. 18, 24*

Treuer gemeint sind Schläge vom Freunde als freigebige Küsse des Feindes. *Spr. 27, 6*

Gib deinen und deines Vaters Freund nicht auf. *Spr. 27, 10*

Willst du einen Freund erwerben, so prüfe ihn zuvor und schenke ihm dein Vertrauen nicht zu schnell. Denn manch ein Freund richtet sich nach der Zeit und harrt nicht aus am Tage der Not. *Sir. 6, 7–8*

Manch ein Freund wandelt sich in einen Feind und deckt – dir zum Schimpf – euren Streit auf. *Sir. 6, 9*

Manch ein Freund ist gern dein Tischgenosse, aber am Tage des Unglücks ist er nicht zu finden.
*Sir. 6, 10*

Ein treuer Freund ist ein starker Hort, wer ihn findet, findet einen Schatz. *Sir. 6, 14*

Für einen treuen Freund gibt es keinen Kaufpreis, und unbezahlbar ist sein Wert. *Sir. 6, 15*

Ein treuer Freund ist Lebensbalsam; der Gottesfürchtige erlangt ihn. *Sir. 6, 16*

Plane kein Unrecht wider deinen Bruder noch wider deinen Freund und Gefährten. *Sir. 7, 12*

Vertausche den Freund um kein Geld, einen wackeren Gefährten nicht um Ophirgold. *Sir. 7, 18*

Laß einen alten Freund nicht fahren, denn ein neuer kommt ihm nicht gleich. Ein neuer Freund ist wie neuer Wein: erst wenn er alt geworden, wirst du dich an ihm laben. *Sir. 9, 10*

Tue dem Freunde Gutes, ehe du stirbst, und gib ihm nach deinen Kräften. *Sir. 14, 13*

Wer mit Steinen nach Vögeln wirft, verscheucht sie; und wer einen Freund schmäht, sprengt die Freundschaft. *Sir. 22, 20*

Unterstütze deinen Freund in seiner Armut, damit du auch sein Glück mitgenießest. In der Zeit der Not harre bei ihm aus, damit du auch an seinem Erbe teilhabest. *Sir. 22, 23*

Jeder Freund sagt: «Ich bin ein Freund!» Aber mancher Freund heißt nur Freund. *Sir. 37, 1*

Größere Liebe hat niemand als die, daß einer sein Leben hingibt für seine Freunde. *Joh. 15, 13*

**Frevler**

Wie Rauch vor dem Winde verweht, wie Wachs vor dem Feuer zerschmilzt, vergehen die Frevler vor Gottes Antlitz. *Ps. 68, 3*

Ein zweischneidiges Schwert ist aller Frevel, unheilbar ist sein Hieb. *Sir. 21, 3*

**Frieden**

Jage den Spötter hinaus, so geht auch der Zank, und Hadern und Schmähen hört auf. *Spr. 22, 10*

Sie werden ihre Schwerter zu Pflugscharen schmieden und ihre Spieße zu Rebmessern. Kein Volk wird wider das andre das Schwert erheben, und sie werden den Krieg nicht mehr lernen. *Jes. 2, 4*

Herr! du wirst uns Frieden schaffen; denn auch alle unsre Taten hast du für uns vollbracht. *Jes. 26, 12*

Liebet die Wahrheit und den Frieden! *Sach. 8, 19*

Der Gott der Hoffnung erfülle euch mit aller Freude und allem Frieden durch den Glauben. *Röm. 15, 13*

Gott schenke euch allen seinen Frieden! Amen. *Röm. 15, 33 (GN)*

Gott hat euch zu einem Leben in Frieden berufen. *1. Kor. 7, 15 (GN)*

Der Friede, den Christus schenkt, soll euer Leben bestimmen. *Kol. 3, 15 (GN)*

Der Herr des Friedens selbst gebe euch den Frieden allezeit auf alle Weise! *2. Thess. 3, 16*

**Friedenstaube**

Dann ließ Noah die Taube abermals aus der Arche fliegen. Die kam um die Abendzeit zu ihm zurück, und siehe da! sie trug ein frisches Ölblatt in ihrem Schnabel. Da merkte Noah, daß sich die Wasser von der Erde verlaufen hatten. *1. Mos. 7, 10–11*

**Friedfertigkeit**

Da sprach Abram zu Lot: Laß doch nicht Zank sein zwischen mir und dir. Willst du zur Linken, so gehe ich zur Rechten; oder willst du zur Rechten, so gehe ich zur Linken. *1. Mos. 13, 8–9*

Bleibe fromm und halte dich recht; denn eine Zukunft hat der Mann des Friedens. *Ps. 37, 37*

Wer Streit anfängt, ist wie einer, der Wasser ausbrechen läßt; drum, ehe der Streit losbricht, laß ab! *Spr. 17, 14*

Dem Streite fernzubleiben, ist dem Mann eine Ehre; ein jeder Tor aber bricht los. *Spr. 20, 3*

Stifte kein Unheil, weder im Kleinen noch im Großen, und sei nicht Feind, wo du Freund sein solltest. *Sir. 5, 15–6, 1*

Halte dich fern von Streit, so wirst du weniger sündigen. *Sir. 28, 8*

Freuen dürfen sich alle, die Frieden schaffen; denn sie werden Gottes Kinder sein. *Mat. 5, 9 (GN)*

Habet Salz in euch und haltet Frieden untereinander! *Mark. 9, 50*

Soweit es an euch liegt, sollt ihr mit jedermann in Frieden leben. *Röm. 12, 18 (GN)*

Wir wollen alles daran setzen, daß wir in Frieden miteinander leben und einander weiterhelfen. *Röm. 14, 19 (GN)*

Hat unter euch keiner so viel Verstand, daß er einen Streit zwischen Brüdern schlichten kann? *1. Kor. 6, 5 (GN)*

Erhebt euch nicht über die anderen, sondern seid immer freundlich und geduldig. Sucht in Liebe miteinander auszukommen. Bemüht euch darum, die Einheit zu bewahren, die der Geist Gottes euch schenkt. Der Friede, der von Gott kommt, soll euch verbinden! *Eph. 4, 2–3 (GN)*

Lebt in Frieden miteinander! *1. Thess. 5, 13 (GN)*

Ermahne sie, über niemand schlecht zu reden und nicht zu streiten, sondern friedfertig zu sein und allen Menschen freundlich zu begegnen. *Tit. 3, 2 (GN)*

**Fröhlichkeit**

Mein Herz ist fröhlich in dem Herrn. *1. Sam. 2, 1*

Es werden noch frohlocken und deiner sich freuen alle, die dich suchen, und die dein Heil lieben, werden allzeit sagen: Gott ist groß. *Ps. 70, 5*

Du hast mich fröhlich gemacht, o Herr, durch dein Walten, ich frohlocke über das Werk deiner Hände. *Ps. 92, 5*

Ja, der Herr hat Großes an uns getan; des waren wir fröhlich. *Ps. 126, 3*

Ein frohes Herz macht das Angesicht heiter. *Spr. 15, 13*

Der Wohlgemute hat allezeit Fest. *Spr. 15, 15*

Fröhlicher Blick erfreut das Herz, gute Botschaft erquickt das Gebein. *Spr. 15, 30*

Es gibt nichts Besseres, als daß der Mensch fröhlich sei bei seinem Tun; das ist sein Teil. *Pred. 3, 22*

Banne den Unmut von deinem Herzen und halte das Übel deinem Leibe fern! *Pred. 11, 10*

Ich will mich freuen des Herrn und fröhlich sein in Gott, meinem Heil. *Hab. 3, 18 (L)*

Einen frohen Sinn will ich lieber als Perlen. *Sir. 30, 15*

Kein Reichtum geht über den Reichtum der Gesundheit und keine Freude über ein frohes Herz. *Sir. 30, 16*

Ein fröhlicher Mensch verlängert seine Tage. *Sir. 30, 22*

Der Schlaf des Fröhlichen ist wie ein Leckerbissen, und was er ißt, schlägt bei ihm an. *Sir. 30, 25*

Seid immer fröhlich. Laßt im Beten nicht nach. Dankt Gott in jeder Lebenslage. *1. Thess. 5, 16–18 (GN)*

**Frömmigkeit**

Der Fromme wird nimmermehr wanken. *Spr. 10, 30*

Dem Frommen ebnet seine Gerechtigkeit den Weg. *Spr. 11, 5*

Wer sich der Frömmigkeit und Güte befleißt, der findet Leben und Ehre. *Spr. 21, 21*

Es gibt keinen Frommen auf Erden, der nur Gutes täte und niemals fehlte. *Pred. 7, 21*

Frömmigkeit beweist, wer seinem Nächsten darleiht, und wer ihm hilfreiche Hand bietet, hält die Gebote. *Sir. 29, 1*

Bruder und Helfer unterstützen zur Zeit der Bedrängnis, aber mehr als beide hilft Frömmigkeit. *Sir. 40, 24*

## Fruchtbarkeit

Gott gebe dir vom Tau des Himmels und vom Fett der Erde und Korn und Wein die Fülle! *1. Mos. 27, 28*

Du schaust auf das Land und schenkst ihm Überfluß, du machst es gar reich. Mit dem Gottesquell, der Wasser die Fülle hat, bereitest du ihr Korn; ja, du bereitest es zu: du wässerst seine Furchen und ebnest seine Schollen; du machst es weich durch Regenschauer und segnest sein Gewächs. Du krönst das Jahr mit deiner Güte. *Ps. 65, 10–12*

Die Wiesen in der Steppe sind saftig und grün, die Hügel hallen wider von Freudenrufen. Die Weiden schmükken sich mit Herden, die Täler hüllen sich in wogendes Korn – alles ist voll Jubel und Gesang. *Ps. 65, 13–14*

Der Herr spendet den Segen, und unser Land gibt seinen Ertrag. *Ps. 85, 13*

Er wird deiner Saat, die du auf den Acker säest, Regen geben, und das Korn, das der Acker trägt, wird reich und üppig stehen. Weiden wird dein Vieh auf weiter Aue. *Jes. 30, 23*

## Frustration

Wenn ich denke: Trösten soll mich mein Bette, mein Lager soll meine Klage erleichtern, so erschreckest du mich mit Träumen, und durch Nachtgesichte störst du mich auf, daß meine Seele lieber ersticken möchte und den Tod vorzöge meinen Qualen. Ich mag nicht, will nicht ewiglich leben! *Hiob 7, 13–16*

Warum mühe ich mich umsonst? *Hiob 9, 29*

Da wird durch sein Leben ihm das Brot verleidet, durch seine Unlust die Lieblingsspeise. *Hiob 33, 20*

Niemand fragt nach meinem Leben. *Ps. 142, 5*

Von seinem Wandel bekommt genug, wer abtrünnigen Herzens ist. *Spr. 14, 14*

Wie ist alles so nichtig! es ist alles umsonst! Was hat der Mensch für Gewinn von all seiner Mühe, womit er sich abmüht unter der Sonne? *Pred. 1, 2–3*

Es gibt nichts Neues unter der Sonne. *Pred. 1, 9*

Ich betrachtete alles Geschehen, alles, was unter der Sonne geschieht: siehe, alles ist nichtig und ein Haschen nach Wind. *Pred. 1, 14*

Ich sprach zu mir selbst: Wohlan, versuch's einmal mit der Freude und genieße! Doch siehe, auch das war nichtig. *Pred. 2, 1*

Was hat der Mensch von all dem Mühen und Streben, womit er sich abmüht unter der Sonne? Sein Leben lang hat er nur Schmerzen und

Verdruß, auch bei Nacht hat sein Herz keine Ruhe. *Pred. 2, 22–23*

Welchen Gewinn hat, wer etwas tut, von dem, worum er sich abmüht? Ich sah die Plage, die Gott verhängt hat, daß die Menschenkinder sich damit plagen. *Pred. 3, 9–10*

Ich sah, daß alles Mühen und alles Gelingen nur Eifersucht des einen gegen den andern ist. Auch das ist nichtig und ein Haschen nach Wind. *Pred. 4, 4*

Wir harren auf das Licht, und siehe da Finsternis, auf hellen Tag, und wir wandeln im Dunkeln. Wir tappen wie die Blinden an der Wand, wie ohne Augen tasten wir; wir straucheln am Mittag wie in der Dämmerung, sitzen im Finstern wie die Toten. *Jes. 59, 9–10*

Willst du, o Herr, bei all dem zurückhalten, schweigen und uns beugen über die Massen? *Jes. 64, 12*

Sie haben Weizen gesät und Dornen geerntet, haben sich abgemüht, fruchtlos. *Jer. 12, 13*

Verflucht der Tag, an dem ich geboren! der Tag, da mich meine Mutter gebar, er sei nicht gesegnet! *Jer. 20, 14*

Völker arbeiten fürs Feuer, und Nationen mühen sich ab für nichts. *Hab. 2, 13*

Sage nicht: «Wozu tat ich mein Werk? was kann mir jetzt noch werden?» Sage auch nicht: «Ich habe genug, was kann mir fürderhin Übles widerfahren?» Das Glück des letzten Tages läßt das Unglück vergessen, und das Unglück des letzten Tages läßt das Glück vergessen. *Sir. 11, 23–25*

Ohne mich könnt ihr nichts tun. *Joh. 15, 5*

Ihr dürft nicht mehr wie die Menschen leben, die den Willen Gottes nicht kennen. Ihr Denken führt sie irre, und in ihren Herzen ist es dunkel. Weil sie von Gott nichts wissen wollen, haben sie das wahre Leben, das von Gott kommt, verloren. *Eph. 4, 17–18 (GN)*

**Führung Gottes**

Siehe, ich sende einen Engel vor dir her, dich zu behüten auf dem Wege und dich an die Stätte zu bringen, die ich bestimmt habe. *2. Mos. 23, 20*

Der Herr kennt den Weg der Gerechten; aber der Gottlosen Weg führt ins Verderben. *Ps. 1, 6*

Alle Pfade des Herrn sind Huld und Treue denen, die seinen Bund und seine Gesetze halten. *Ps. 25, 10*

Der Herr leitet die Schritte des Mannes, er hält den, dessen Weg ihm gefällt. Wenn er schon strauchelt, er stürzt nicht hin; denn der Herr stützt seine Hand. *Ps. 37, 23–24*

Ich rufe zu Gott, dem Allerhöchsten, zu Gott, der meine Sache hinausführt. *Ps. 57, 3*

Deine Augen sahen all meine Tage, in deinem Buche standen sie alle; sie wurden geschrieben, wurden gebildet, als noch keiner von ihnen da war. *Ps. 139, 16*

Um deines Namens willen, o Herr, erhalte mich! In deiner Treue führe meine Seele aus der Not. *Ps. 143, 11*

Des Menschen Herz denkt sich einen Weg aus, aber der Herr lenkt seinen Schritt. *Spr. 16, 9*

All das hat mein Herz gesehen: daß die Frommen und Weisen und ihre Werke in der Hand Gottes sind. *Pred. 9, 1*

Du hast, o Herr, meine Sache geführt, hast mein Leben errettet. *Klag. 3, 58*

Gott weist zurecht, erzieht und belehrt und führt heim wie ein Hirt seine Herde. Wohl denen, die auf sein Erbarmen hoffen und seine Rechte annehmen. *Sir. 18, 13–14*

Bei allem bete zu Gott, daß er getreulich deine Schritte lenke. *Sir. 37, 15*

**Fürbitte**
Wünscht denen, die euch verfolgen, Gutes. Bittet Gott für sie, statt seine Strafe auf sie herabzurufen. *Röm. 12, 14 (GN)*

Ich bete zu Gott, der uns Mut und Ausdauer schenkt, daß er euch allen die gleiche Gesinnung gibt, so daß ihr dem Beispiel folgt, das Jesus Christus gegeben hat. *Röm. 15, 5 (GN)*

Brüder, im Namen unseres Herrn Jesus Christus und bei der Liebe, die der heilige Geist gibt, bitte ich euch inständig: Betet für mich zu Gott! *Röm. 15, 30 (GN)*

Genau darum bete ich zu Gott: Ich bitte ihn, daß er euch auf den rechten Weg bringt. *2. Kor. 13, 9 (GN)*

Ich denke immer an euch in meinen Gebeten. *Eph. 1, 16 (GN)*

Hört nicht auf, für das ganze Volk zu beten. *Eph. 6, 18 (GN)*

Ich bete darum, daß Gott der Vater und Jesus Christus, der Herr, allen Brüdern den Frieden und die Liebe geben, die der Glaube schenkt. *Eph. 6, 23 (GN)*

Immer, wenn ich für euch bete, danke ich Gott, dem Vater unseres Herrn Jesus Christus. *Kol. 1, 3 (GN)*

Vor allem liegt mir daran, daß ihr als Gemeinde Bitten und Gebete, Fürbitte und Dank vor Gott bringt. Betet für alle Menschen, für die Regierenden und für alle, die Gewalt haben, damit wir ein Leben in Ruhe und Frieden führen können, fromm und

anständig in jeder Hinsicht. Das ist gut und gefällt Gott, unserm Retter.
*1. Tim. 2, 1–3 (GN)*

**Furchtlosigkeit**

Laß dir nicht grauen und fürchte dich nicht; denn der Herr, dein Gott, ist mit dir auf allen deinen Wegen.
*Jos. 1, 9*

Der Herr ist mein Licht und mein Heil, vor wem sollte ich mich fürchten? Der Herr ist meines Lebens Zuflucht, vor wem sollte ich erschrecken? *Ps. 27, 1*

Auf Gott vertraue ich, fürchte mich nicht; was können Menschen mir antun? *Ps. 56, 5*

Du brauchst dich nicht zu fürchten vor dem Schrecken der Nacht, noch vor dem Pfeil, der am Tage fliegt, nicht vor der Pest, die im Finstern einhergeht, noch vor der Seuche, die am Mittag verwüstet. *Ps. 91, 5–6*

Der Gerechte ist unerschrocken wie ein Löwe. *Spr. 28, 1*

Fürchte dich nicht, denn ich bin mit dir! Blicke nicht ängstlich, denn ich bin dein Gott! Ich mache dich stark, ja ich helfe dir. *Jes. 41, 10*

Verkauft man nicht zwei Sperlinge für fünf Rappen? und nicht einer von ihnen wird ohne Zutun eures Vaters auf die Erde fallen. Aber auch die Haare eures Hauptes sind alle gezählt. Darum fürchtet euch nicht! Ihr seid mehr wert als viele Sperlinge.
*Mat. 10, 29–31*

Dies habe ich zu euch geredet, damit ihr in mir Frieden habt. In der Welt habt ihr Angst; aber seid getrost, ich habe die Welt überwunden.
*Joh. 16, 33*

Die Liebe kennt keine Angst. Wahre Liebe vertreibt die Angst.
*1. Joh. 4, 18 (GN)*

# G

**Gaben Gottes**

Der Herr gab Glück zu allem, was er tat. *1. Mos. 39, 23*

Reichtum und Ehre kommen von dir. Du bist Herrscher über alles, in deiner Hand stehen Kraft und Macht; in deiner Hand steht es, einen jeglichen groß und stark zu machen. *1. Chr. 29, 12*

Du lässest Gras sprossen für die Tiere und Gewächse für den Bedarf der Menschen, daß Brot aus der Erde hervorgehe und Wein, der des Menschen Herz erfreue. *Ps. 104, 14–15*

Siehe, Söhne sind eine Gabe des Herrn, ein Lohn ist die Frucht des Leibes. *Ps. 127, 3*

Das hörende Ohr und das sehende Auge, alle beide hat sie der Herr gemacht. *Spr. 20, 12*

Es gibt nichts Besseres für den Menschen, als daß er esse und trinke und sich gütlich tue bei seiner Mühsal. Doch auch das, sah ich, kommt aus der Hand Gottes. *Pred. 2, 24*

Dem, der ihm wohlgefällt, gibt Gott Weisheit und Einsicht und Freude. *Pred. 2, 26*

Auch wenn Gott einem Reichtum und Schätze gibt und ihm gestattet, davon zu genießen, sein Teil hinzunehmen und sich zu freuen bei seiner Mühsal – das ist eine Gabe Gottes. *Pred. 5, 18*

Gutes und Schlimmes, Leben und Tod, Armut und Reichtum – vom Herrn kommen sie. Weisheit und Einsicht und Erkenntnis des Gesetzes – vom Herrn kommen sie. Liebe und rechtschaffener Wandel – vom Herrn kommen sie. *Sir. 11, 14–15*

In Gottes Hand sind wir und unsre Worte, jegliche Einsicht und Kenntnis von Fertigkeiten. *Sal. 7, 16*

Mit der neuen Welt Gottes ist es wie mit der Saat, die ein Bauer aussät. Er geht nach Hause, legt sich jede Nacht schlafen und steht jeden Morgen wieder auf. Inzwischen geht die Saat auf und wächst, ohne daß er sich darum kümmert. Ganz von selbst läßt der Boden die Pflanzen wachsen und Frucht bringen. Zuerst kommen die Halme, dann bilden sich die Ähren, und schließlich füllen sie sich mit Körnern. Sobald das Korn reif ist, fängt der Bauer an zu mähen; dann ist Erntezeit. *Mark. 4, 26–29*

Alles, was ich kann, kommt von Gott. *2. Kor. 3, 5 (GN)*

**Galgenhumor**

Auch beim Lachen kann das Herz voll Gram sein. *Spr. 14, 13*

**Gastlichkeit**

Zur Stunde des Aufbruchs sei nicht der Letzte, eile heim und tue da, was dich gelüstet. *Sir. 32, 11*

Pfleget die Gastfreundschaft! *Röm. 12, 13*

Seid gastfrei zueinander, ohne euch zu beklagen. *1. Pet. 4, 9 (GN)*

**Gebet**

Zum Allmächtigen möchte ich reden, und mich gelüstet, mit Gott zu rechten. *Hiob 13, 3*

Zu dir, o Herr, erhebe ich meine Seele, deiner harre ich allezeit, mein Gott. Auf dich vertraue ich, laß mich nicht zuschanden werden. *Ps. 25, 1–2*

Herr, all mein Verlangen liegt offen vor dir. *Ps. 38, 10*

Ich flehe zum lebendigen Gott. *Ps. 42, 9*

O Gott, erhöre mein Gebet, vernimm die Rede meines Mundes. *Ps. 54, 4*

Gelobt sei Gott, der mein Gebet nicht verworfen, noch seine Gnade von mir gewendet hat! *Ps. 66, 20*

Ich bin müde von meinem Rufen, vertrocknet ist meine Kehle. Meine Augen verzehren sich im Harren auf meinen Gott. *Ps. 69, 4*

Vernimm, o Herr, mein Gebet und achte auf mein lautes Flehen. Am Tage der Not rufe ich dich an; denn du erhörst mich. *Ps. 86, 6–7*

O Herr, mein Gott, ich rufe um Hilfe bei Tage und schreie des Nachts vor dir. Laß mein Gebet vor dich kommen, neige dein Ohr zu meiner Klage! *Ps. 88, 2–3*

O merke auf mein Flehen; denn ich bin gar schwach. *Ps. 142, 7*

Das Opfer der Gottlosen ist dem Herrn ein Greuel; das Gebet der Redlichen gefällt ihm wohl. *Spr. 15, 8*

Sei nicht verdrossen beim Gebete noch saumselig im Almosenspenden. *Sir. 7, 10*

Häufe die Worte nicht beim Gebet. *Sir. 7, 14*

Aus des Armen Munde gelangt das Gebet zum Ohre Gottes, und vor den Richter der Welt steigt es auf. *Sir. 21, 5*

Wenn du beten willst, dann geh in dein Zimmer, schließ die Tür zu und bete zu deinem Vater, der im Verborgenen ist. Dein Vater, der auch das Verborgenste sieht, wird dich dafür belohnen. *Mat. 6, 6 (GN)*

Wenn ihr betet, sollt ihr nicht viele Worte machen wie die Heiden. Sie meinen, sie könnten bei Gott etwas erreichen, wenn sie besonders lange beten. Ihr sollt es anders halten. Euer Vater weiß, was ihr braucht, bevor ihr ihn bittet. *Mat. 6, 7–8 (GN)*

Alles, was ihr im Gebet gläubig erbittet, werdet ihr empfangen. *Mat. 21, 22*

Mit einem Gleichnis zeigte Jesus seinen Jüngern, daß sie immer beten und darin nicht nachlassen sollten. Er erzählte: «In einer Stadt lebte ein Richter, der hatte keine Furcht vor Gott und nahm auf keinen Menschen Rücksicht. In der gleichen Stadt lebte auch eine Witwe. Sie kam immer wieder zu dem Richter gelaufen und bat ihn: ‹Verhilf mir zu meinem Recht!› Lange Zeit wollte der Richter nicht, doch schließlich sagte er sich: ‹Es ist mir zwar vollkommen gleichgültig, was Gott und Menschen von dieser Sache halten; aber weil die Frau mir lästig wird, will ich dafür sorgen, daß sie ihr Recht bekommt. Sonst kratzt sie mir noch die Augen aus.›»
Der Herr fügte hinzu: «Merkt euch gut, was dieser ungerechte Richter sagt. Wird Gott nicht erst recht seinem eigenen Volk zu Hilfe kommen, wenn es ihn Tag und Nacht anfleht? Wird er zögern? Ich versichere euch: er wird ihnen sehr schnell ihr Recht verschaffen. *Luk. 18, 1–8 (GN)*

Bittet, so werdet ihr empfangen, damit eure Freude vollkommen sei! *Joh. 16, 24*

Laßt nicht nach im Beten! Werdet nicht müde, Gott zu danken! *Kol. 4, 2 (GN)*

## Geborgenheit

Der Herr ist mein Fels, meine Burg und mein Erretter, mein Gott, mein Hort, auf den ich mich verlasse. *2. Sam. 22, 2–3*

In des Herrn Hand ist alles Lebenden Seele und der Odem aller Menschen. *Hiob 12, 10*

Im Frieden will ich mich niederlegen und einschlafen zumal; denn du allein, Herr, hilfst mir, daß ich sicher wohne. *Ps. 4, 9*

Der Herr ist meine Zuflucht!
*Ps. 11, 1*

Ich habe den Herrn allezeit vor Augen; steht er mir zur Rechten, so wanke ich nicht. *Ps. 16, 8*

Erbarme dich, Gott, erbarme dich meiner! Denn bei dir ist mein Leben geborgen. *Ps. 57, 2*

Du bist meine Zuflucht, ein starker Turm vor dem Feinde. *Ps. 61, 4*

Gott bringt Verlassene wieder heim, führt Gefangene heraus zum Wohlstand. *Ps. 68, 7*

Sei mir ein Hort der Zuflucht, eine feste Burg, daß du mir helfest; denn du bist mein Fels und meine Feste.
*Ps. 71, 3*

Der Herr ist meine Burg und mein Gott der Fels meiner Zuflucht.
*Ps. 94, 22*

Der Name des Herrn ist ein starker Turm; dorthin eilt der Fromme und ist geborgen. *Spr. 18, 10*

Der Herr sprach: Wahrlich, ich erlöse dich, daß es dir wohl ergehe. Wahrlich, ich stehe dir bei zur Zeit des Unheils und zur Zeit der Not; du bist mein Freund. *Jer. 15, 11*

Ein treuer Freund ist ein starker Hort, wer ihn findet, findet einen Schatz. *Sir. 6, 14*

Keiner von uns lebt für sich selbst. Genauso stirbt auch keiner für sich selbst. Wenn wir leben, leben wir für den Herrn, und auch wenn wir sterben, geschieht es für den Herrn. Wir gehören dem Herrn im Leben und im Tod. Denn Christus ist gestorben und wieder lebendig geworden, um über die Lebenden und die Toten zu herrschen. *Röm. 14, 7–9 (GN)*

Gott kennt mich durch und durch.
*2. Kor. 5, 11 (GN)*

Ihr wart wie Schafe, die sich verlaufen haben; jetzt aber seid ihr auf den rechten Weg zurückgebracht worden und folgt dem Hirten, unter dessen Schutz ihr steht. *1. Pet. 2, 25 (GN)*

**Gebote Gottes**

Alles, was der Herr geboten hat, wollen wir tun und darauf hören.
*2. Mos. 24, 7*

Ihr sollt nichts hinzutun zu dem, was ich euch gebiete, und sollt auch nichts davontun, sondern die Gebote des Herrn, eures Gottes, halten, die ich euch gebe. *5. Mos. 4, 2*

Das Gesetz des Herrn ist vollkommen und erquickt die Seele. *Ps. 19, 8*

Meine Seele verzehrt sich in Sehnsucht nach deinen Ordnungen zu aller Zeit. *Ps. 119, 20*

Alle deine Gebote sind Wahrheit.
*Ps. 119, 86*

Wer das Gebot bewahrt, der bewahrt sein Leben; wer das Wort verachtet, kommt um. *Spr. 19, 16*

Selbst der Storch am Himmel kennt seine Zeiten, und Turteltaube, Schwalbe, Kranich, sie halten ein die Zeit ihrer Heimkehr; aber mein Volk will nichts wissen von der Ordnung des Herrn. *Jer. 8, 7*

Es ist dir gesagt, o Mensch, was gut ist und was der Herr von dir fordert: nichts als Recht üben und die Güte lieben und demütig wandeln vor deinem Gott. *Micha 6, 8*

Lege dein Vermögen so an, wie es den Geboten des Höchsten entspricht, das wird dir mehr Nutzen bringen, als Gold es könnte. Häufe in deinen Schatzkammern Mildtätigkeit an, und sie wird dich aus allem Ungemach erretten. *Sir. 29, 11–12*

Wer das Gesetz erforscht, gelangt zu seiner Erkenntnis, der Heuchler aber kommt an ihm zu Fall. *Sir. 32, 15*

Sein Gebot ist: Wir sollen uns auf seinen Sohn Jesus Christus verlassen und einander so lieben, wie Christus es uns befohlen hat. *1. Joh. 3, 23 (GN)*

**Das höchste Gebot**

«Du sollst den Herrn, deinen Gott, lieben mit deinem ganzen Herzen und mit deiner ganzen Seele und mit deinem ganzen Denken.» Dies ist das größte und erste Gebot. Das zweite ist ihm gleich: «Du sollst deinen Nächsten lieben wie dich selbst.» *Mat. 22, 37–39*

Die Gebote «Du sollst nicht ehebrechen, du sollst nicht morden, nicht stehlen, nicht eigensüchtig sein» – diese Gebote und alle anderen sind in dem einen Satz zusammengefaßt: «Du sollst deinen Mitmenschen so lieben wie dich selbst!» *Röm. 13, 9 (GN)*

Das ganze Gesetz ist erfüllt, wenn dieses eine Gebot befolgt wird: «Liebe deinen Mitmenschen wie dich selbst.» *Gal. 5, 14 (GN)*

**Geburt Jesu**

Du wirst voll Freude und Jubel sein, und viele werden sich über seine Geburt freuen. *Luk. 1, 14*

Siehe, ich verkündige euch große Freude, die allem Volke widerfahren wird; denn euch ist heute der Heiland geboren. *Luk. 2, 10–11*

**Gedankenlosigkeit**

Viel hast du gesehen, doch nicht beachtet, hast mit geöffneten Ohren nicht gehört. *Jes. 42, 20*

Ich merkte auf und horchte – sie reden unwahr! Keiner bereut seine Bosheit, daß er dächte: «Was habe ich getan!» Ein jeder stürmt dahin in seinem Lauf, wie das Roß in der Schlacht dahinstürmt. *Jer. 8, 6*

**Geduld**

Der Langmütige ist reich an Einsicht, aber der Jähzornige treibt die Torheit auf die Spitze. *Spr. 14, 29*

Der Langmütige beschwichtigt den Streit. *Spr. 15, 18*

Besser langmütig sein als ein Kriegsheld. *Spr. 16, 32*

In der Langmut zeigt sich die Einsicht des Menschen, und Unbill zu übersehen, ist sein Ruhm. *Spr. 19, 11*

Es ist gut, in Stille zu harren auf die Hilfe des Herrn. *Klag. 3, 26*

Bis zur rechten Zeit harrt der Geduldige aus, und nachher erwächst ihm daraus Freude. *Sir. 1, 23*

Wenn Gott sein Werk vollendet, handelt er wie ein Mann, der guten Samen auf sein Feld gesät hatte. Eines Nachts, als alles schlief, kam sein Feind, säte Unkraut zwischen den Weizen und verschwand. Als nun der Weizen wuchs und Ähren ansetzte, schoß auch das Unkraut auf. Da gingen die Arbeiter zum Gutsherrn und fragten: «Herr, du hast doch guten Samen auf deinen Acker gesät, woher kommt das Unkraut?» Der Gutsherr antwortete ihnen: «Das muß einer getan haben, der mir schaden will.» Die Arbeiter fragten: «Sollen wir hingehen und das Unkraut ausreißen?» «Nein», sagte der Herr, «sonst könntet ihr aus Versehen den Weizen mit ausreißen. Laßt beides bis zur Ernte wachsen. Wenn es soweit ist, will ich den Erntearbeitern sagen: Sammelt zuerst das Unkraut auf und bündelt es, damit es verbrannt wird. Dann schafft den Weizen in meine Scheune.» *Mat. 13, 24–30 (GN)*

Wer liebt, hat Geduld *1. Kor. 13, 4 (GN)*

Ich ermahne euch, würdig der Berufung zu wandeln mit aller Demut und Sanftmut, mit Langmut einander in Liebe ertragend. *Eph. 4, 1–2*

Seht wie der Bauer darauf wartet, daß sein Land kostbares Getreide hervorbringt. Er wartet geduldig, bis im Herbst und Frühjahr der Regen fällt. Auch ihr müßt Geduld haben. *Jak. 5, 7–8 (GN)*

**Gegensätze**

Rüge den Spötter nicht, daß er dich nicht hasse; rüge den Weisen, der wird dich lieben. *Spr. 9, 8*

Ein weiser Sohn macht dem Vater Freude, aber ein törichter Sohn ist seiner Mutter ein Herzeleid. *Spr. 10, 1*

Lässige Hand bringt Armut, fleißige Hand schafft Reichtum. *Spr. 10, 4*

Die Furcht des Herrn verlängert das Leben, aber die Jahre des Gottlosen werden verkürzt. *Spr. 10, 27*

Das Harren der Frommen endet in Freude, aber die Hoffnung der Gottlosen wird zunichte. *Spr. 10, 28*

Die Redlichen leitet ihre Unschuld, die Treulosen aber richtet ihre Falschheit zugrunde. *Spr. 11, 3*

Die Redlichen errettet ihre Gerechtigkeit, aber die Treulosen werden durch die eigne Gier gefangen. *Spr. 11, 6*

Mancher gibt viel und wird doch noch reicher, mancher kargt über Gebühr und wird nur ärmer. *Spr. 11, 24*

Hingehaltene Hoffnung bringt Herzeleid; erfülltes Verlangen aber ist ein Baum des Lebens. *Spr. 13, 12*

In Armut und Schande fällt, wer Zucht in den Wind schlägt; wer aber Rüge beachtet, der wird geehrt. *Spr. 13, 18*

Der Arme ist auch seinem Nächsten verhaßt, der Reiche aber hat viele Freunde. *Spr. 14, 20*

Die Krone der Weisen ist Klugheit, der Kranz der Narren ist Torheit. *Spr. 14, 24*

Der Gebeugte hat lauter böse Tage, der Wohlgemute hat allezeit Fest. *Spr. 15, 15*

Vielgewunden ist der Weg des schuldbelasteten Mannes, aber das Tun des Reinen ist gerade. *Spr. 21, 8*

Der Gottlose zeigt ein freches Gesicht, der Fromme aber einen festen Wandel. *Spr. 21, 29*

Wer gesättigt ist, der zertritt Honigwaben; wer hungert, dem schmeckt alles Bittre süß. *Spr. 27, 7*

Wer sein Feld bebaut, der hat Brot die Fülle; doch Armut die Fülle hat, wer nichtigen Dingen nachjagt. *Spr. 28, 19*

Das Herz der Weisen ist im Hause der Trauer, das Herz der Toren im Hause der Freude. *Pred. 7, 5*

Der eine müht sich ab und plagt sich und rennt, und umso mehr kommt er zurück. Der andre ist matt und weiß nicht ein noch aus, arm an Kraft und reich an Unvermögen; aber das Auge des Herrn ersieht ihn fürs Glück, und er reißt ihn empor aus modrigem Staube. *Sir. 11, 11–12*

Dem Bösen ist das Gute entgegengesetzt und dem Tod das Leben, so auch dem Frommen der Sünder. Gleichermaßen betrachte alle Werke des Höchsten: immer sind es zwei, eines das Gegenteil vom andern. *Sir. 33, 14–15*

Was kann rein sein am Unreinen, und was kann wahr sein an der Lüge? *Sir. 34, 4*

Recht und Unrecht passen genausowenig zusammen wie Licht und Dunkelheit. *2. Kor. 6, 14 (GN)*

Wer spärlich sät, wird nur wenig ernten. Aber wer mit vollen Händen sät, auf den wartet eine reiche Ernte.
*2. Kor. 9, 6 (GN)*

**Gehorsam gegen Gott**
Alle Gebote, die der Herr gegeben hat, wollen wir halten. *2. Mos. 24, 4*

Halte die Gebote des Herrn, deines Gottes, indem du in seinen Wegen wandelst und ihn fürchtest.
*5. Mos. 8, 6*

Siehe, Gehorsam ist besser als Opfer, Aufmerken besser als Fett von Widdern. *1. Sam. 15, 22*

Ich habe Lust, deinen Willen zu tun, mein Gott, und dein Gesetz trage ich im Herzen. *Ps. 40, 9*

Ich freue mich, nach deinen Vorschriften zu wandeln, mehr als über jeglichen Reichtum. *Ps. 119, 14*

Den Weg deiner Gebote will ich laufen; denn du öffnest mir den Sinn. *Ps. 119, 32*

Ich will dein Gesetz halten allewege, immer und ewig. *Ps. 119, 44*

Bewahre meine Gebote, so wirst du leben, und hüte meine Weisung wie deinen Augapfel. *Spr. 7, 2*

Wohl dem, der das Gesetz hält!
*Spr. 29, 18*

Die den Herrn fürchten, sind seinen Worten nicht ungehorsam, und die ihn lieben, halten seine Wege ein.
*Sir. 2, 15*

Willst du in das Leben eingehen, so halte die Gebote. *Mat. 19, 17*

Meine Speise ist, daß ich den Willen dessen tue, der mich gesandt hat, und sein Werk vollende. *Joh. 4, 34*

Wer meine Gebote hat und sie hält, der ist es, der mich liebt. *Joh. 14, 21*

Man muß Gott mehr gehorchen als den Menschen. *Apg. 5, 29*

Sich im Gehorsam gegen Gott zu üben, ist für alles gut; denn es bringt Gottes Segen für dieses und für das zukünftige Leben. *1. Tim. 4, 8 (GN)*

Wenn wir Gott gehorchen, können wir gewiß sein, daß wir ihn kennen.
*1. Joh. 2, 3 (GN)*

Die Liebe zu Gott zeigt sich darin, daß wir tun, was er verlangt; und das ist nicht schwer. *1. Joh. 5, 3 (GN)*

**Geist**
Der Odem des Menschen ist eine Leuchte des Herrn; sie durchspäht alle Kammern des Leibes.
*Spr. 20, 27*

Ich gieße meinen Geist aus über deine Kinder und meinen Segen über deine Sprößlinge, und sie werden sprossen wie Gras zwischen

Wassern, wie Weiden an Wasserbächen. *Jes. 44, 3–4*

Des Herrn Geist erfüllt den Erdkreis. *Sal. 1, 7*

Gottes unvergänglicher Geist ist in allem. *Sal. 12, 1*

Gott hat uns seinen Geist geschenkt und uns dadurch gezeigt, wie sehr er uns liebt. *Röm. 5, 5 (GN)*

Der Geist Gottes schenkt Leben und Frieden. *Röm. 8, 6 (GN)*

Wie die Gedanken eines Menschen nur seinem eigenen Geist bekannt sind, so weiß auch nur der Geist Gottes, was in Gott vorgeht. *1. Kor. 2, 11 (GN)*

Der Buchstabe tötet, der Geist aber macht lebendig. *2. Kor. 3, 6*

Wo der Geist des Herrn ist, da ist Freiheit. *2. Kor. 3, 17*

Wer sich von Gottes Geist leiten läßt, wird unvergängliches Leben ernten. *Gal. 6, 8 (GN)*

Ich bitte Gott, daß er euch durch seinen Geist innerlich fest und stark macht. *Eph. 3, 16 (GN)*

**Geiz**

Mancher kargt über Gebühr und wird nur ärmer. *Spr. 11, 24*

Ein schlimmes Übel sah ich unter der Sonne: Reichtum, der von seinem Besitzer zum eignen Unheil gehütet wird. *Pred. 5, 12*

Dein Auge blicke nicht scheel, wenn du Almosen gibst. *Tob. 4, 7*

Dem Engherzigen gebührt kein Reichtum, oder was soll das Gold einem Knauserigen? *Sir. 14, 3*

Wenn du schenkst, so schilt nicht hinterher. *Sir. 41, 22*

Wer spärlich sät, wird nur wenig ernten. *2. Kor. 9, 6 (GN)*

**Gelassenheit**

Stehe ab vom Zorn und laß den Grimm; erhitze dich nicht, du tätest nur übel. *Ps. 37, 8*

Laß dich's nicht anfechten, wenn einer auch reich wird und die Herrlichkeit seines Hauses sich mehrt. Denn im Tode nimmt er das alles nicht mit, seine Herrlichkeit steigt nicht mit ihm hinab. *Ps. 49, 17–18*

Der Herr ist für mich, ich fürchte mich nicht; was sollten mir Menschen tun? *Ps. 118, 6*

Ein gelassenes Herz ist Leben für den Leib; Leidenschaft aber ist Wurmfraß in den Gebeinen. *Spr. 14, 30*

Gelinde Antwort stillt den Grimm. *Spr. 15, 1*

Laß deinen Geist nicht zu schnell in Ärger geraten; denn der Ärger ruht im Busen der Toren. *Pred. 7, 10*

Achte nicht auf alles, was geredet wird. *Pred. 7, 22*

Worte von Weisen, die sich in Ruhe vernehmen lassen, sind besser als das Geschrei eines Herrschers unter den Toren. *Pred. 9, 17*

Gelassenheit macht große Verfehlungen wett. *Pred. 10, 4*

Über einen Spötter gerate nicht außer dich. *Sir. 8, 11*

Gib dein Gemüt nicht dem Kummer hin und laß dich von Sorgen nicht zu Fall bringen. *Sir. 30, 21*

Selig sind die Sanftmütigen. *Mat. 5, 5*

**Geld**

Was soll auch in der Hand des Toren das Geld, um Weisheit zu kaufen, wo er doch keinen Verstand hat? *Spr. 17, 16*

Wer sein Vermögen durch Zins und Zuschlag vermehrt, sammelt es für den, der sich der Armen erbarmt. *Spr. 28, 8*

Wer das Geld liebhat, wird des Geldes nicht satt, und wer den Reichtum liebhat, nicht des Ertrages. Auch das ist nichtig. *Pred. 5, 9*

Für Geld ist alles zu haben. *Pred. 10, 19*

Lieber Weniges mit Recht besitzen als Vieles mit Unrecht. *Tob. 12, 8*

Viele schon hat das Geld gewissenlos gemacht. *Sir. 8, 2*

Um Geldes willen haben schon viele gesündigt. *Sir. 27, 1*

Wer das Geld liebt, den führt es irre. *Sir. 31, 5*

Niemand kann zwei Herren gleichzeitig dienen. Er wird den einen vernachlässigen und den andern bevorzugen. Er wird dem einen treu sein und den andern hintergehen. Ihr könnt nicht beiden dienen: Gott und dem Geld. *Mat. 6, 24 (GN)*

Euch selbst möchte ich, nicht euer Geld! *2. Kor. 12, 14 (GN)*

**Gelingen**

Heil dem Volke, dessen Gott der Herr ist. *Ps. 33, 12*

Hochgelobt sei der Herr, der da will das Heil seines Knechtes! *Ps. 35, 27*

Ich will dich immerdar preisen, denn du machst es wohl. *Ps. 52, 11*

Die Huld des Herrn, unseres Gottes, sei über uns! Das Werk unsrer Hände wollest du fördern, ja, fördere es, das Werk unsrer Hände! *Ps. 90, 17*

Die dein Gesetz lieben, haben Heil die Fülle. *Ps. 119, 165*

Die Gerechten grünen wie junges Laub. *Spr. 11, 28*

Ich sah, daß alles Mühen und alles Gelingen nur Eifersucht des einen gegen den andern ist. *Pred. 4, 4*

Siehe, Gott ist mein Heil! Ich bin getrost und fürchte mich nicht. Denn meine Stärke und mein Loblied ist der Herr. *Jes. 12, 2*

Ich schaffe Frucht der Lippen und Heil, ja Heil dem Fernen und dem Nahen, spricht der Herr. *Jes. 57, 19*

O Herr, heile mich, so werde ich heil, hilf mir, so ist mir geholfen; denn du bist meine Hoffnung, o Herr!
*Jer. 17, 14*

Wir bitten unseren Gott, euch würdig zu machen für das Leben, zu dem er euch berufen hat. Wir bitten ihn, daß er durch seine Macht alle eure guten Vorsätze zum Ziel bringt und das Leben, das ihr im Glauben führt, vollendet. *2. Thess. 1, 11 (GN)*

**Gemeinde**

Ich will dir danken in großer Gemeinde, unter vielem Volk will ich dich preisen. *Ps. 35, 18*

Alle sollen ihre Gaben für die Gemeinde fruchtbar machen.
*Röm. 12, 8 (GN)*

Wir sind Gottes Mitarbeiter, und ihr seid Gottes Feld. Oder mit einem andern Bild: Ihr seid Gottes Bauwerk. Nach dem Auftrag, den ich durch Gottes unverdiente Gnade erhalten habe, habe ich wie ein umsichtiger Bauleiter das Fundament gelegt. Andere bauen nun darauf weiter. Aber jeder soll sehen, wie er weiterbaut! Das Fundament ist gelegt: Jesus Christus. Niemand kann ein anderes legen
*1. Kor. 3, 9–11 (GN)*

Man kann die Gemeinde Christi mit einem Leib vergleichen, der viele Glieder hat. Wenn irgendein Teil des Körpers leidet, dann leiden alle andern mit ihm. Und wenn irgendein Teil geehrt wird, freuen sich die anderen mit. *1. Kor. 12, 12 + 26 (GN)*

Ihr alle bildet zusammen den Leib Christi. Jeder einzelne von euch ist ein Teil davon. Jedem hat Gott seinen bestimmten Platz zugewiesen.
*1. Kor. 12, 27–28 (GN)*

Alles, was in der Gemeinde gesagt wird, soll zur Liebe führen, die aus einem reinen Herzen, einem guten Gewissen und einem aufrichtigen Glauben kommt. *1. Tim. 1, 5 (GN)*

Die Gemeinde ist die Säule und Grundfeste der Wahrheit.
*1. Tim. 3, 15*

Auch unsere Gemeinden müssen lernen zu helfen, wo es nötig ist, sonst hat ihr Glaube keinen Wert.
*Tit. 3, 14 (GN)*

**Gemeindeleitung**
Es ist ein wahres Wort: «Wenn jemand die Leitung einer Gemeinde erstrebt, so wünscht er sich eine große Aufgabe.» *1. Tim. 3, 1 (GN)*

Wenn jemand seine eigene Familie nicht zu leiten versteht, wie kann er dann die Sorge für die Gemeinde Gottes übernehmen? *1. Tim. 3, 5*

Gemeindehelfer müssen charakterlich einwandfrei sein. Auf ihr Wort muß man sich verlassen können. Sie dürfen nicht übermäßig Wein trinken und nicht darauf aus sein, sich zu bereichern. *1. Tim. 3, 8 (GN)*

Überprüfe dein Leben und deine Lehre ständig. Wenn du das tust, wirst du dich selbst retten und die, die dir zuhören. *1. Tim. 4, 16 (GN)*

Sorgt wie Hirten für die Herde, die Gott euch anvertraut hat. Gott will, daß ihr euch gerne und nicht nur widerwillig um sie kümmert. Tut es nicht, um euch zu bereichern, sondern aus Eifer für die Sache Gottes. Versucht auch nicht, die, die euch anvertraut sind, zu beherrschen, sondern seid ein Vorbild für eure Herde. *1. Pet. 5, 2–3 (GN)*

**Gemeinheit**
Verflucht ist, wer einen Blinden auf den falschen Weg führt. *5. Mos. 27, 18*

Böse Anschläge sind dem Herrn ein Greuel, aber rein sind ihm wohlmeinende Worte. *Spr. 15, 26*

Legt alles Gemeine und Schlechte ab und nehmt das Wort, das Gott euch ins Herz gepflanzt hat, demütig auf. Denn es hat die Macht, euch zu retten. *Jak. 1, 21 (GN)*

**Gemeinsamkeit**
Siehe, ich stehe zu Gott wie du, vom Lehm genommen bin auch ich. *Hiob 33, 6*

Der Herr prüft den Gerechten und den Gottlosen. *Ps. 11, 5*

Der Arme und der Bedrückte begegnen einander; den Augen beider gibt der Herr das Licht. *Spr. 29, 13*

Haben wir nicht alle einen Vater? hat uns nicht ein Gott geschaffen? Warum handeln wir denn treulos aneinander? *Mal. 2, 10*

**Gemeinschaft**
Siehe, wie fein und lieblich ist es, wenn Brüder einträchtig beieinander wohnen! *Ps. 133, 1*

Zweie sind besser daran als nur einer; sie haben doch einen guten Lohn für ihre Mühe. Denn fallen sie, so hilft der eine dem andern auf. Doch wehe dem Einzelnen, wenn er fällt und kein andrer da ist, ihm aufzuhelfen! *Pred. 4, 9–10*

Durch einen Gottesfürchtigen wird eine Stadt bevölkert, aber durch ein Volk von Abtrünnigen wird sie zur Wüste. *Sir. 16, 4*

Wo zwei oder drei in meinem Namen versammelt sind, da bin ich mitten unter ihnen. *Mat. 18, 20*

Einer ist euer Meister, ihr alle aber seid Brüder *Mat. 23, 8*

Wer mich aufnimmt, der nimmt nicht nur mich auf, sondern gleichzeitig den, der mich gesandt hat. *Mark. 9, 37 (GN)*

Ich bin der gute Hirt und kenne die Meinen und die Meinen kennen mich, wie der Vater mich kennt und ich den Vater kenne. *Joh. 10, 14–15*

Ein neues Gebot gebe ich euch, daß ihr einander lieben sollt, wie ich euch geliebt habe. *Joh. 13, 34*

Wenn jemand mich liebt, wird er mein Wort halten, und mein Vater wird ihn lieben, und wir werden zu ihm kommen und Wohnung bei ihm machen. *Joh. 14, 23*

Wir stehen zueinander wie Teile, die sich gegenseitig ergänzen. *Röm. 12, 5 (GN)*

Laßt einander gelten und nehmt euch gegenseitig an, so wie Christus euch angenommen hat. Tut es, um Gott zu ehren. *Röm. 15, 7 (GN)*

Ich versuche immer allen Menschen entgegenzukommen. Ich denke nicht an meinen eigenen Vorteil, sondern an den Vorteil aller. *1. Kor. 10, 33 (GN)*

Was der Geist in jedem einzelnen von uns wirkt, das ist zum Nutzen aller bestimmt. *1. Kor. 12, 7 (GN)*

Seid immer freundlich und geduldig. Sucht in Liebe miteinander auszukommen. *Eph. 4, 2*

Habt alle dieselbe Gesinnung, dieselbe Liebe und Eintracht. Verfolgt alle dasselbe Ziel. *Phil. 2, 2 (GN)*

Jeder soll die Gabe, die Gott ihm geschenkt hat, zum Wohl der anderen einsetzen. Dann seid ihr treue Verwalter der reichen Gaben Gottes. *1. Pet. 4, 10 (GN)*

**Genügsamkeit**

Ich habe genug, mein Bruder; behalte, was du hast. *1. Mos. 33, 9*

Findest du Honig, so iß nicht mehr, als für dich hinreicht; sonst bekommst du ihn satt und speist ihn aus. *Spr. 25, 16*

Ich habe gelernt, mit dem auszukommen, was ich habe, ob es viel oder wenig ist. Mit Sattsein und Hungern, mit Überfluß und Mangel bin ich in gleicher Weise vertraut. Ich kann alles ertragen, weil Christus mir die Kraft dazu gibt. *Phil. 4, 11–13 (GN)*

Was haben wir in die Welt mitgebracht? Nichts! Was können wir aus der Welt mitnehmen? Nichts! Wenn wir also Nahrung und Kleidung haben, sollte uns das genügen.
*1. Tim. 6, 7–8 (GN)*

Hängt nicht am Geld, und seid zufrieden mit dem, was ihr habt.
*Heb. 13, 5 (GN)*

**Geradheit**
Laß deine Augen geradeaus schauen und deine Wimpern stracks vor dich hin sehen. Gehe immerzu auf gerader Bahn, und alle deine Wege seien bestimmt. Weiche weder zur Rechten noch zur Linken, halte deinen Fuß vom Bösen zurück.
*Spr. 4, 25–27*

Der einsichtige Mann geht geradeaus. *Spr. 15, 21*

Das Tun des Reinen ist gerade.
*Spr. 21, 8*

Höre zu, mein Sohn, daß du weise werdest, und lenke dein Herz auf den geraden Weg! *Spr. 23, 19*

Beuge dich nicht vor dem Toren, nimm aber auch keine Rücksicht auf den Gewalthaber. *Sir. 4, 27*

Seid klug wie die Schlangen und ohne Falsch wie die Tauben.
*Mat. 10, 16*

**Gerechte**
Die Augen des Herrn achten auf die Gerechten und seine Ohren auf ihren Hilferuf. Schreien sie, so hört es der Herr und errettet sie aus all ihren Nöten *Ps. 34, 16 + 18*

Der Gerechte muß viel leiden; aber aus dem allem errettet ihn der Herr.
*Ps. 34, 20*

Allezeit ist er mildtätig und leiht, und seine Kinder werden zum Segen.
*Ps. 37, 26*

Der Mund des Gerechten spricht Weisheit, und seine Zunge bekennt sich zum Recht. *Ps. 37, 30*

Die Gerechten freuen sich, frohlokken vor Gott und jauchzen in Wonne. *Ps. 68, 4*

Mild und barmherzig ist der Gerechte. *Ps. 112, 4*

Der Gerechten Pfad ist wie Morgenglanz, der immer heller wird bis an den vollen Tag. *Spr. 4, 18*

Heil dem Gerechten! Es geht ihm wohl; denn die Frucht seiner Taten wird er genießen. *Jes. 3, 10*

Der Gerechte wird kraft seiner Treue gegen Gott am Leben bleiben.
*Nah. 2, 4*

Tue nichts gegen das Recht.
*Sir. 33, 30*

**Gerechtigkeit**
Abraham glaubte dem Herrn, und

das rechnete er ihm als Gerechtigkeit an. *1. Mos. 15, 6*

Du sollst das Recht des Armen in seinem Rechtshandel nicht beugen. *2. Mos. 23, 6*

Ihr sollt nicht unrecht handeln im Gerichte: du sollst die Person des Geringen nicht ansehen, aber auch den Vornehmen nicht begünstigen; gerecht sollst du deinen Nächsten richten. *3. Mos. 19, 15*

Du sollst das Recht nicht beugen, die Person nicht ansehen und nicht Bestechung annehmen. *5. Mos. 16, 19*

Der Herr vergilt einem jeden seine Gerechtigkeit und Treue. *1. Sam. 26, 23*

Gerechtigkeit und Friede küssen sich. *Ps. 85, 11*

Wohl denen, die das Recht einhalten, die Gerechtigkeit üben allezeit! *Ps. 106, 3*

Tut mir auf die Tore der Gerechtigkeit, daß ich durch sie einziehe, dem Herrn zu danken. Dies ist das Tor des Herrn, da die Gerechten einziehen dürfen *Ps. 118, 19–20*

Dem Frommen ebnet seine Gerechtigkeit den Weg. *Spr. 11, 5*

Wahrhaften Gewinn erwirbt, wer Gerechtigkeit sät. *Spr. 11, 18*

Dem Gerechten ist's Freude, wenn Recht geschafft wird, den Übeltätern aber ist es ein Schrecken. *Spr. 21, 15*

Beraube nicht den Geringen, weil er gering ist, und zertritt nicht den Elenden vor Gericht; denn der Herr wird ihre Sache führen und, die sie berauben, des Lebens berauben. *Spr. 22, 22–23*

Denen, die das Unrecht strafen, ergeht es wohl, über sie kommt Segen und Glück. *Spr. 24, 25*

Der Fromme kümmert sich um das Recht der Geringen; der Gottlose aber will nichts davon wissen. *Spr. 29, 7*

Ich mache das Recht zur Richtschnur und die Gerechtigkeit zur Waage. *Jes. 28, 17*

Gerechtigkeit ist wie ein unversieglicher Bach. *Am. 5, 24*

Bis zum Tode kämpfe für die Gerechtigkeit, so wird der Herr für dich streiten. *Sir. 4, 28*

Wenn du der Gerechtigkeit nachjagst, wirst du sie erlangen und wirst sie anziehen wie ein Ehrenkleid. *Sir. 27, 8*

Selig sind, die hungern und dürsten nach der Gerechtigkeit; denn sie werden gesättigt werden. *Mat. 5, 6*

Richtet nicht nach dem Schein, sondern übet gerechtes Gericht! *Joh. 7, 24*

**Gerechtigkeit Gottes**

Der Herr ist gerecht, er hat Gerechtigkeit lieb; die Redlichen schauen sein Angesicht. *Ps. 11, 7*

Meine Zunge soll verkünden deine Gerechtigkeit, deinen Ruhm den ganzen Tag. *Ps. 35, 28*

Du vergiltst einem jeden nach seinem Tun. *Ps. 62, 13*

Seine Gerechtigkeit verkünden die Himmel, und alle Völker schauen seine Herrlichkeit. *Ps. 97, 6*

Der Herr, der Gerechte, hat zerhauen der Gottlosen Stränge. *Ps. 129, 4*

Der Herr ist gerecht in allen seinen Wegen und gnädig in all seinem Tun. *Ps. 145, 17*

Wie die Erde ihr Gewächs hervorbringt und wie der Garten seine Saaten sprossen läßt, so wird Gott der Herr Gerechtigkeit sprossen lassen. *Jes. 61, 11*

All sein Tun ist Wahrheit, und sein Walten ist gerecht, und die da hochmütig wandeln, die vermag er zu demütigen. *Dan. 4, 34*

Die Wege des Herrn sind gerade, und Gerechte wandeln darauf, Frevler aber kommen auf ihnen zu Fall. *Hos. 14, 9*

Gott wird jedem Menschen den Lohn geben, der seinen Taten entspricht. *Röm. 2, 6 (GN)*

**Gericht**

Deine Gerechtigkeit ist wie die ewigen Berge, deine Gerichte wie die große Flut. *Ps. 36, 7*

Ja, es gibt noch ein göttliches Gericht auf Erden! *Ps. 58, 12*

Gott wird den Gerechten und den Frevler richten. Denn jedes Ding und jedes Tun hat seine Zeit. *Pred. 3, 17*

Er hat die Wurfschaufel in seiner Hand und wird seine Tenne fegen und seinen Weizen in die Scheune sammeln; die Spreu aber wird er mit unauslöschlichem Feuer verbrennen. *Mat. 3, 12*

Wenn die neue Welt Gottes kommt, ist es wie bei einem Netz, das im See ausgeworfen wird und mit dem man Fische von jeder Art fängt. Ist das Netz voll, so ziehen es die Fischer an Land, setzen sich nieder und sortieren den Fang. Die guten Fische kommen in Körbe, aber die wertlosen werden weggeworfen. So wird es auch am Ende dieser Welt sein. Die Engel Gottes werden kommen und die bösen Menschen von den guten scheiden und in den Feuerofen werfen. Dort werden sie heulen und mit den Zähnen knirschen. *Mat. 13, 47–50 (GN)*

**Gesang**

Den Frommen ist Wonne der Lobgesang. *Ps. 33, 1*

Ich will den Namen Gottes preisen im Liede, will ihn hoch ehren mit Lobgesang. *Ps. 69, 31*

Kommt, laßt uns dem Herrn frohlokken, jauchzen dem Fels unsres Heils! Laßt uns mit Dank vor sein Angesicht treten, mit Lobgesängen ihm jauchzen! Denn ein großer Gott ist der Herr, ein großer König über alle Götter. In seiner Hand sind die Tiefen der Erde, sein auch die Gipfel der Berge. Sein ist das Meer – er hat es gemacht, sein auch das Festland – seine Hand hat es gebildet. Ziehet ein! Laßt uns niederfallen und uns beugen, niederknien vor dem Herrn, der uns gemacht hat *Ps. 95, 1–6*

Singet dem Herrn ein neues Lied, singet dem Herrn, alle Lande! Singet dem Herrn, lopreist seinen Namen, verkündet Tag für Tag sein Heil! *Ps. 96, 1–2*

Ich will den Herrn loben, solange ich lebe, will meinem Gott singen, solange ich bin. *Ps. 146, 2*

Singet dem Herrn ein neues Lied, preiset ihn bis ans Ende der Erde! Es brause das Meer und was darin ist, die Inseln und die sie bewohnen! Es juble die Wüste und die sie durchziehen, es sollen frohlocken die Felsenbewohner und von der Höhe der Berge her jauchzen. *Jes. 42, 10–11*

Wo Gesang ertönt, laß nicht Worte fließen. *Sir. 32, 4*

Ermuntert einander mit Psalmen und Lobliedern, wie sie der Geist euch eingibt. Singt und dankt dem Herrn von ganzem Herzen. *Eph. 5, 19 (GN)*

**Geschick**

Ich vertraue auf dich, o Herr; ich spreche: Du bist mein Gott. In deiner Hand steht mein Geschick. *Ps. 31, 15–16*

Du hältst mich hinten und vorn umschlossen, hast deine Hand auf mich gelegt. *Ps. 139, 5*

Die Schritte des Mannes lenkt der Herr; wie könnte der Mensch seinen Weg verstehen? *Spr. 20, 24*

Der Weise hat seine Augen im Kopfe, der Tor aber geht im Finstern. Doch ich erkannte auch, daß *ein* Geschick ihnen allen begegnet. *Pred. 2, 14*

Wo der Baum fällt, da bleibt er liegen. *Pred. 11, 3*

Ich weiß, o Herr, daß es nicht in des Menschen Gewalt steht, seinen Weg zu bestimmen, nicht bei dem Wandersmann, seinen Schritt zu lenken. *Jer. 10, 23*

Jedem hat Gott seinen bestimmten Platz zugewiesen. *1. Kor. 12, 28 (GN)*

**Geschwätz**

Soll man dem Worthelden nicht antworten, und soll Recht behalten der Schwätzer? *Hiob 11, 2*

Wie lange noch? Mache ein Ende dem Geschwätz *Hiob 18, 2*

Manches Mannes Geschwätz verwundet wie Schwertstich, aber die Zunge der Weisen bringt Heilung. *Spr. 12, 18*

Im Munde des Toren ist eine Rute für seinen Rücken. *Spr. 14, 3*

Leeres Geschwätz bringt nur Verlust. *Spr. 14, 23*

Heimliches Geschwätz bringt verdrießliche Gesichter. *Spr. 25, 23*

Je mehr Worte, desto mehr Nichtiges. *Pred. 6, 11*

Achte nicht auf alles, was geredet wird, damit du nicht hörst, wie dein Knecht dir flucht. Denn du bist dir wohl bewußt, daß du selbst auch oftmals andern geflucht hast. *Pred. 7, 22–23*

Dem Weisen bringen die Worte seines Mundes Gunst, den Toren verderben seine eigenen Lippen. Mit Torheit fängt er zu reden an, mit schlimmer Tollheit hört er zu reden auf. *Pred. 10, 12–13*

Wer Geschwätz weiterträgt, ist unvernünftig. *Sir. 19, 6*

Nicht jedem Gerede glaube dein Herz. *Sir. 19, 15*

Mancher schweigt und wird als weise anerkannt, und mancher ist wegen seiner Geschwätzigkeit widerwärtig. *Sir. 20, 5*

Wer viele Worte macht, den verabscheut man. *Sir. 20, 8*

Viele sind durch des Schwertes Schärfe gefallen, doch nicht so viele, als durch die Zunge zu Fall kamen. *Sir. 28, 18*

Erinnere alle daran und ermahne sie nachdrücklich vor Gott, daß sie sich mit den Gegnern nicht in fruchtlose Diskussionen einlassen, die den Zuhörern nur Schaden bringen. *2. Tim. 2, 14 (GN)*

Spitzfindige Erörterungen sind unsinnig und fruchtlos; laß dich nicht auf sie ein. Du weißt ja, daß sie nur zu Streitigkeiten führen. *2. Tim. 2, 23 (GN)*

Wenn sich jemand für fromm hält, aber seine Zunge nicht in Zaum halten kann, ist seine Frömmigkeit wertlos, und er betrügt sich selbst. *Jak. 1, 26 (GN)*

**Schlechte Gesellschaft**

Wer sich zu den Toren gesellt, dem geht es schlimm. *Spr. 13, 20*

Es gibt Gefährten, die gereichen zum Verderben. *Spr. 18, 24*

Mache nicht Freundschaft mit dem Zornmütigen, mit dem Jähzornigen gehe nicht um, daß du dich nicht an seine Pfade gewöhnest und dir einen Fallstrick für dein Leben holest.
*Spr. 22, 24–25*

Antworte dem Toren nicht nach seiner Torheit, daß nicht auch du ihm gleich werdest. *Spr. 26, 4*

Wer mit Dieben teilt, der haßt sich selbst; er hört die Verfluchung und zeigt es doch nicht an. *Spr. 29, 24*

Laß dich nicht mit einem Toren ein, damit kein Schimpf auf deine Vorfahren falle. *Sir. 8, 4*

Hänge dich nicht an den Gottlosen, daß er deinen Wandel verderbe und dich abwende von deiner Frömmigkeit. *Sir. 11, 34*

Wer hat Mitleid mit dem Beschwörer, den die Schlange beißt, und mit all denen, die sich an reissende Tiere heranwagen? Ebenso hält man es mit dem, der sich einem Gewissenlosen zugesellt und sich mit seinen Sünden befleckt. *Sir. 12, 13–14*

Wer Pech anfaßt, dem klebt es an der Hand; und wer mit dem Spötter umgeht, nimmt seinen Wandel an.
*Sir. 13, 1*

Sei vorsichtig und nimm dich in acht: gehe nicht um mit den Gewalttätigen. *Sir. 13, 13*

Mit einem Unverständigen mach nicht viele Worte, und mit einem Schweine gehe nicht. Hüte dich vor ihm, damit du keinen Verdruß habest und nicht besudelt werdest, wenn er sich schüttelt. Weiche ihm aus, so hast du Ruhe und wirst nicht gelangweilt von seiner Dummheit.
*Sir. 22, 13*

Schlechter Umgang verdirbt den Charakter. *1. Kor. 15, 33 (GN)*

**Gesetzlichkeit**

Der Sabbat ist um des Menschen willen geschaffen worden und nicht der Mensch um des Sabbats willen.
*Mark. 2, 27*

Der Buchstabe tötet, der Geist aber macht lebendig. *2. Kor. 3, 6*

**Gesinnung**

Gehen nicht irre, die auf Böses sinnen? Die aber auf Gutes sinnen, erfahren Huld und Treue.
*Spr. 14, 22*

Den Menschen dünken alle seine Wege rein, aber der Herr prüft die Geister. *Spr. 16, 2*

Zerreißt eure Herzen und nicht eure Kleider, und kehret um zu dem Herrn, eurem Gott; denn er ist gnädig und barmherzig, langmütig und reich an Huld. *Joel 2, 13*

Ein Herz, das sich gründet auf einsichtsvolle Gesinnung, ist wie ein geschnitztes Bildwerk an einer Quadermauer. *Sir. 22, 17*

Ruhmvoll ist die Frucht edlen Strebens und unvergänglich die Wurzel guter Gesinnung. *Sal. 3, 15*

Das wahre Silberhaar für die Menschen ist gute Gesinnung. *Sal. 4, 9*

Der gute Mensch bringt aus seinem guten Schatze Gutes hervor, und der böse Mensch bringt aus seinem bösen Schatze Böses hervor.
*Mat. 12, 35*

Wer im Kleinsten treu ist, der ist auch im Großen treu; und wer im Kleinsten ungerecht ist, der ist auch im Großen ungerecht. *Luk. 16, 10*

Richtet euch nicht nach den Maßstäben dieser Welt. Laßt euch vielmehr innerlich von Gott umwandeln und euch eine neue Gesinnung schenken. Dann könnt ihr erkennen, was Gott von euch will. Ihr wißt dann, was gut und vollkommen ist und Gott gefällt.
*Röm. 12, 2 (GN)*

Ich bete zu Gott, der uns Mut und Ausdauer schenkt, daß er euch allen die gleiche Gesinnung gibt, so daß ihr dem Beispiel folgt, das Jesus Christus gegeben hat.
*Röm. 15, 5 (GN)*

Die Liebe, die Christus uns erwiesen hat, bestimmt mein ganzes Handeln.
*2. Kor. 5, 14 (GN)*

Meine Waffe für Angriff und Verteidigung ist, daß ich tue, was vor Gott und Menschen recht ist.
*2. Kor. 6, 7 (GN)*

Diese Gesinnung heget in euch, die in Christus Jesus war. *Phil. 2, 5*

**Gesundheit**

Gott hat mein Leben bewahrt vor der Grube, und meine Seele schaut mit Lust das Licht. *Hiob 33, 28*

O Herr, mein Gott, ich schrie zu dir, und du hast mich gesund gemacht.
*Ps. 30, 3*

Halte dich selbst nicht für weise, fürchte den Herrn und meide das Böse; das wird deinem Leibe gesund sein und deine Gebeine erquicken.
*Spr. 3, 7–8*

Ein fröhliches Herz ist die beste Arznei; ein gedrücktes Gemüt dörrt das Gebein aus. *Spr. 17, 22*

Ein Leben in Gesundheit will ich lieber als Feingold, einen frohen Sinn lieber als Perlen. *Sir. 30, 15*

Kein Reichtum geht über den Reichtum der Gesundheit und keine Freude über ein frohes Herz.
*Sir. 30, 16*

Der Schlaf des Fröhlichen ist wie ein Leckerbissen, und was er ißt, schlägt bei ihm an. *Sir. 30, 25*

Ich bitte Gott, daß es dir in jeder Hinsicht gut gehe und du gesund seist, so wie ich das von deinem innern Leben weiß. *3. Joh. 2 (GN)*

**Getrostheit**

Seid mir getrost und unverzagt, ihr alle, die ihr des Herrn harret!
*Ps. 31, 25*

Ist Gott für uns, wer mag wider uns sein? *Röm. 8, 31*

Macht euch keine Sorgen, sondern wendet euch in jeder Lage an Gott und bittet ihn um alles, was ihr braucht. Vergeßt dabei nicht den Dank! *Phil. 4, 6 (GN)*

**Gewalt**

Sprecht ihr in Wahrheit Recht, ihr Gewaltigen, richtet ihr gerecht die Menschenkinder? Vielmehr ihr alle übt Frevel im Lande, der Gewalttat schaffen Bahn eure Hände.
*Ps. 58, 2–3*

Verlasset euch nicht auf Gewalt.
*Ps. 62, 11*

Den Gewalttätigen wird Unglück jagen, Stoß auf Stoß. *Ps. 140, 12*

Beneide den nicht, der frevle Gewalt braucht, und wähle dir keinen seiner Wege. *Spr. 3, 31*

Die Gottlosen reißt ihre Gewalttätigkeit mit fort; denn sie wollen nicht tun, was recht ist. *Spr. 21, 7*

Sei vorsichtig und nimm dich in acht: gehe nicht um mit den Gewalttätigen. *Sir. 13, 13*

Wie dem Entmannten, der bei einer Jungfrau nächtigt, so geht es dem, der das Recht mit Gewalt durchsetzen will. *Sir. 20, 4*

Was aus Gewalttat emporwächst, hat keinen Trieb, und die Wurzel des Frevlers stößt auf Felsgestein wie Gräser an den Hängen des Bachtals – ehe noch Regen gekommen, sind sie verdorrt. *Sir. 40, 15–16*

Alle, die zum Schwert greifen, werden durch das Schwert umkommen.
*Mat. 26, 52*

**Gewaltlosigkeit**

Weiset in Schranken den Gewalttätigen! *Jes. 1, 17*

Freuen dürfen sich alle, die auf Gewalt verzichten; denn Gott wird ihnen die ganze Erde zum Besitz geben. *Mat. 5, 5 (GN)*

Dem, der dich auf den Backen schlägt, biete auch den andern dar, und dem, der dir den Mantel nimmt, verweigere auch den Rock nicht!
*Luk. 6, 29*

**Gewinnsucht**

Neige mein Herz zu deinen Vorschriften und nicht zur Gewinnsucht.
*Ps. 119, 36*

Erhasteter Reichtum vermindert

sich; wer allmählich sammelt, vermehrt ihn. *Spr. 13, 11*

Besser wenig mit Gerechtigkeit als großes Einkommen mit Unrecht. *Spr. 16, 8*

Wer schnell reich werden will, bleibt nicht ungestraft. *Spr. 28, 20*

Wer das Geld liebhat, wird des Geldes nicht satt. *Pred. 5, 9*

Jagen nach Reichtum macht mager, und die Sorge um ihn vertreibt den Schlaf. *Sir. 31, 1*

Wer unbedingt reich werden möchte, gerät in Versuchung. *1. Tim. 6, 9 (GN)*

**Gewissen**

Stünde es wohl gut, wenn Gott euch erforschte? *Hiob 13, 9*

Das Gewissen verändert des Menschen Angesicht, sei es zum Guten oder zum Schlimmen. *Sir. 13, 25*

Achte auf den Rat des Gewissens, denn einen treueren Berater hast du nicht. *Sir. 37, 13*

Einige Leute haben nicht auf ihr Gewissen gehört, und darum hat ihr Glaube Schiffbruch erlitten. *1. Tim. 1, 19 (GN)*

Auch wenn unser Gewissen uns verurteilt, wissen wir, daß Gott größer ist als unser Gewissen. Er weiß alles. *1. Joh. 3, 20 (GN)*

**Gutes Gewissen**

Wer reine Hände hat, nimmt zu an Kraft. *Hiob 17, 9*

Zeichen eines guten Gewissens ist ein heiteres Angesicht. *Sir. 13, 26*

Wohl dem Manne, den die eigne Seele nicht verurteilt. *Sir. 14, 2*

Darum übe ich mich auch selbst, allezeit ein unverletztes Gewissen zu haben gegenüber Gott und den Menschen. *Apg. 24, 16*

Ich möchte nicht nur vor dem Herrn, sondern auch vor den Menschen unbescholten dastehen. *2. Kor. 8, 21 (GN)*

Ich bin voll Dank gegen Gott, dem ich mit einem guten Gewissen diene, wie schon meine Vorfahren es taten. *2. Tim. 1, 3 (GN)*

Wer ein reines Gewissen hat, für den ist alles rein. *Tit. 1, 15 (GN)*

Habet ein gutes Gewissen! *1. Pet. 3, 16*

**Schlechtes Gewissen**

Als sie nun hörten, wie Gott der Herr in der Abendkühle im Garten wandelte, verbarg sich der Mensch mit seinem Weibe vor dem Angesichte Gottes des Herrn unter den Bäumen im Garten. *1. Mos. 3, 8*

Süß schmeckt dem Menschen erschlichenes Brot; hinterher aber hat er den Mund voll Kies. *Spr. 20, 17*

Vielgewunden ist der Weg des schuldbelasteten Mannes. *Spr. 21, 8*

Der Frevler flieht, auch wenn ihn niemand verfolgt, der Gerechte aber ist unerschrocken wie ein Löwe. *Spr. 28, 1*

Was der Mensch Böses tut, lastet schwer auf ihm. *Pred. 8, 6*

Es ist schlimm für einen Menschen, wenn er etwas mit schlechtem Gewissen ißt. *Röm. 14, 20 (GN)*

Wer Schuld auf dem Gewissen hat und Gott nicht gehorcht, für den ist nichts rein. *Tit. 1, 15 (GN)*

**Gewißheit**

Herr, du erforschest mich und kennest mich. Ich sitze oder stehe, du weißt es; du verstehst meine Gedanken von ferne. Ich gehe oder liege, du ermissest es, mit all meinen Wegen bist du vertraut. Ja, es ist kein Wort auf meiner Zunge, das du, o Herr, nicht wüßtest. Du hältst mich hinten und vorn umschlossen, hast deine Hand auf mich gelegt. Zu wunderbar ist es für mich und unbegreiflich, zu hoch, als daß ich es faßte. *Ps. 139, 1–6*

Die Berge mögen weichen und die Hügel wanken, aber meine Gnade soll nicht von dir weichen und mein Friedensbund nicht wanken, spricht der Herr, dein Erbarmer. *Jes. 54, 10*

Ich bin dessen gewiß, daß weder Tod noch Leben, weder Gegenwärtiges noch Zukünftiges uns zu scheiden vermag von der Liebe Gottes, die in Christus Jesus ist, unserm Herrn. *Röm. 8, 38*

Es ist gut, wenn einer seiner Überzeugung folgt und sich dabei nichts vorzuwerfen hat. *Röm. 14, 22 (GN)*

Das sichere Fundament, das Gott gelegt hat, kann nicht erschüttert werden. Auf ihm steht geschrieben: «Der Herr kennt die, die zu ihm gehören». Und weiter: «Wer sagt, daß er zum Herrn gehört, der muß aufhören, Unrecht zu tun.» *2. Tim. 2, 19 (GN)*

**Glaube**

Abraham glaubte dem Herrn, und das rechnete er ihm als Gerechtigkeit an. *1. Mos. 15, 6*

Höre, Israel: der Herr, unser Gott ist ein Herr. Und du sollst den Herrn, deinen Gott, lieben von ganzem Herzen, von ganzer Seele und mit aller deiner Kraft. *5. Mos. 6, 4–5*

Die Summe des Ganzen höre: Fürchte Gott und halte seine Gebote! denn das ist jedes Menschen Sache. *Pred. 12, 13*

Höret auf, Böses zu tun, lernet Gutes

tun! Trachtet nach Recht, weiset in Schranken den Gewalttätigen; helfet der Waise zum Rechte, führet die Sache der Witwe! *Jes. 1, 16–17*

An Liebe habe ich Wohlgefallen und nicht an Schlachtopfern, und an Gotteserkenntnis mehr als an Brandopfern. *Hos. 6, 6*

Dich zu kennen, ist vollkommene Gerechtigkeit, und deiner Macht bewußt zu sein, ist die Wurzel der Unsterblichkeit. *Sal. 15, 3*

Euch geschehe nach eurem Glauben! *Mat. 9, 29*

Alles ist möglich dem, der glaubt. *Mark. 9, 23*

Wer gläubig geworden und getauft worden ist, wird gerettet werden; wer aber nicht gläubig geworden ist, wird verurteilt werden. *Mark. 16, 16*

Wird der Sohn des Menschen, wenn er kommt, auf Erden den Glauben finden? *Luk. 18, 8*

Wahrlich, wahrlich, ich sage euch: Wer glaubt, hat ewiges Leben. *Joh. 6, 47*

Selig sind die, welche nicht gesehen und doch geglaubt haben. *Joh. 20, 29*

Nur der gehört wirklich zu Gottes Volk, der nicht bei den Menschen Anerkennung sucht, sondern bei Gott. *Röm. 2, 29 (GN)*

Du hast Glauben; habe ihn für dich selbst vor Gott! *Röm. 14, 22*

Überall hat man davon gehört, daß ihr euch Gott unterstellt habt. Darum bin ich glücklich über euch. *Röm. 16, 19 (GN)*

Vor Gott kann nur bestehen, wer auf Jesus Christus vertraut. *Gal. 2, 16 (GN)*

Ihr alle seid Söhne Gottes durch den Glauben an Christus Jesus. *Gal. 3, 26*

Seid immer fröhlich. Laßt im Beten nicht nach. Dankt Gott in jeder Lebenslage. Das will Gott von denen, die mit Jesus Christus verbunden sind. *1. Thess. 5, 16–18 (GN)*

So ist es mit dem Glauben: Wenn er keine Taten hervorbringt, ist er tot. *Jak. 2, 17 (GN)*

Setzt alles daran, daß euer Glaube sich entfaltet in guten Taten, in Erkenntnis, in Selbstbeherrschung, in Ausdauer, in Unterordnung unter Gott und nicht zuletzt in der Liebe zu den Brüdern und zu allen Menschen. *2. Pet. 1, 5–7 (GN)*

**Glaubenskraft**

Wenn ihr Glauben habt auch nur so groß wie ein Senfkorn, werdet ihr zu diesem Berge sprechen: Hebe dich weg von hier dorthin! und er wird sich hinwegheben, und nichts wird euch unmöglich sein. *Mat. 17, 20*

Der Gott der Hoffnung erfülle euch mit aller Freude und allem Frieden durch den Glauben, damit ihr reich seid in der Hoffnung durch die Kraft des heiligen Geistes! *Röm. 15, 13*

Seid wachsam! Steht im Glauben fest! Seid mutig und stark! Alles, was ihr tut, soll von der Liebe bestimmt sein! *1. Kor. 16, 13–14 (GN)*

Mein Wort und meine Botschaft wirkten nicht durch Redekunst und Gedankenreichtum, sondern weil Gottes Geist darin seine Kraft erwies. Euer Glaube sollte sich nicht auf Menschenweisheit gründen, sondern auf Gottes Macht.
*1. Kor. 2, 4–5 (GN)*

**Gleichgültigkeit**
Gleichgültigkeit bringt Verarmung und großen Mangel; ja, Gleichgültigkeit ist die Mutter des Hungers.
*Tob. 4, 13*

Was ihr an einem meiner geringsten Brüder versäumt habt, das habt ihr an mir versäumt. *Mat. 25, 45 (GN)*

Die andern kümmern sich alle nur um ihre eigenen Angelegenheiten und nicht um die Sache Jesu Christi.
*Phil. 2, 21 (GN)*

**Gleichwertigkeit**
Einerlei Recht soll unter euch gelten, für den Fremdling wie für den Einheimischen. *3. Mos. 24, 22*

Wenn ich mißachtet das Recht meines Knechtes und meiner Magd, wenn sie Klage gegen mich hatten, was sollte ich tun, wenn Gott sich erhöbe, was ihm erwidern, wenn er untersuchte? Hat nicht, der mich erschuf, auch ihn erschaffen?
*Hiob 31, 13–15*

Da wird der Priester wie der Mann des Volkes, der Herr wie der Knecht, die Gebieterin wie die Magd, der Verkäufer wie der Käufer, der Entlehner wie der Leiher, der Schuldner wie der Schuldherr. *Jes. 24, 2*

Man soll den rechtschaffenen Armen nicht verachten und keinen ruchlosen Mann ehren. *Sir. 10, 23*

Niemand soll vor Gott mit irgend etwas auftrumpfen können.
*1. Kor. 1, 29 (GN)*

Bei Gott hat keiner etwas vor dem anderen voraus. *Gal. 2, 6 (GN)*

Als ihr auf den Namen Christi getauft wurdet, seid ihr gleichsam in seine Haut geschlüpft. Es hat darum nichts mehr zu sagen, ob einer Jude ist oder Nichtjude, Sklave oder frei, Mann oder Frau. Durch Jesus Christus seid ihr alle zusammen ein einziger Mensch geworden.
*Gal. 3, 27–28 (GN)*

Wer Unrecht tut, wird dafür bestraft werden, gleichgültig, wer es ist. Vor Gott sind alle gleich. *Kol. 3, 25 (GN)*

Wenn einer von euch in ärmlichen

Verhältnissen leben muß, soll er stolz darauf sein, daß er bei Gott angesehen ist. *Jak. 1, 9 (GN)*

Wenn euer Leben vom Vertrauen auf unseren Herrn Jesus Christus in seiner Herrlichkeit bestimmt wird, dann dürft ihr die Menschen nicht unterschiedlich behandeln, je nach ihrer äußern Erscheinung. Angenommen, ihr seid zum Gottesdienst versammelt, und es kommt ein reicher Mann mit goldenen Ringen und in vornehmer Kleidung herein und auch ein armer Mann in abgetragener Kleidung. Dann sagt ihr wahrscheinlich zu dem gut angezogenen Mann respektvoll: «Bitte, hier vorn ist noch Platz!» Und zu dem Armen sagt ihr: «Du kannst dort hinten stehen oder dich hier neben meinen Stuhl auf den Boden setzen.» Wenn ihr euch so verhaltet, werdet ihr schuldig, weil ihr Unterschiede macht. Eure Urteile beruhen auf verkehrten Maßstäben.
*Jak. 2, 1–4 (GN)*

**Gleich zu gleich**
Zwischen Redlichen herrscht gutes Einvernehmen. *Spr. 14, 9*

Rechtschaffene Männer seien deine Tischgenossen. *Sir. 9, 16*

Jedes Geschöpf liebt seinesgleichen, und jeder Mensch den, der ihm ähnlich ist. *Sir. 13, 15*

Jeder Vogel läßt sich bei seinesgleichen nieder. *Sir. 27, 9*

**Glück**
Der Herr gab Glück zu allen, was er tat. *1. Mos. 39, 23*

So haltet nun die Worte dieses Bundes (mit Gott) und tut darnach, auf daß ihr Glück habet in allem, was ihr tut. *5. Mos. 29, 9*

Von diesem Gesetzbuch sollst du allzeit reden und darüber nachsinnen Tag und Nacht, daß du genau tust nach allem, was darin geschrieben steht; denn alsbald wird es dir auf deinen Wegen gelingen und wirst du Glück haben. *Jos. 1, 8*

Solange er den Herrn suchte, gab Gott ihm Glück. *2. Chr. 26, 5*

Weitab vom Glück sind des Toren Kinder. *Hiob 5, 4*

Mein Glück – wer kann es schauen?
*Hiob 17, 15*

Ich spreche zu dem Herrn: Du bist mein Herr; es gibt für mich kein Glück außer dir. *Ps. 16, 2*

Wer ist der Mann, der ein glückliches Leben begehrt und gern gute Tage sähe? Der hüte seine Zunge vor dem Bösen und seine Lippen vor trügerischer Rede; der meide das Böse und tue das Gute, suche den Frieden und jage ihm nach. *Ps. 34, 13–15*

Gnade und Ehre gibt der Herr; er versagt nicht Glück denen, die unsträflich wandeln. *Ps. 84, 12*

Der Frommen Begehren führt zu lauter Glück. *Spr. 11, 23*

Wer auf das Wort des Herrn achtet, der findet Glück. *Spr. 16, 20*

Wer falschen Herzens ist, findet kein Glück. *Spr. 17, 20*

Wer Einsicht bewahrt, der findet Glück. *Spr. 19, 8*

Verdummt waren die Hirten, und nach dem Herrn fragten sie nicht; darum hatten sie kein Glück, und ihre ganze Herde hat sich zerstreut. *Jer. 10, 21*

Was der Herr gibt, hat für die Gerechten Bestand, und sein Wohlgefallen verleiht dauerndes Glück. *Sir. 11, 17*

Vor dem Tode preise niemanden glücklich, denn an seinem Ende wird der Mensch erkannt. *Sir. 11, 28*

Glücklich, wer sich an seinen Kindern freuen darf. *Sir. 25, 7*

**Gnade Gottes**

Haltet mich nicht auf, denn der Herr hat Gnade zu meiner Reise gegeben. Lasset mich, daß ich zu meinem Herrn ziehe. *1. Mos. 24, 56 (L)*

Erhalte deine Gnade denen, die dich kennen, und deine Treue denen, die aufrichtigen Herzens sind. *Ps. 36, 11*

Mache dich auf, uns zu helfen, und erlöse uns um deiner Gnade willen! *Ps. 44, 27*

Ich bin wie ein grünender Ölbaum im Hause Gottes, ich verlasse mich auf Gottes Gnade immer und ewig. *Ps. 52, 10*

Die Gnade des Herrn währt immer und ewig und seine Treue auf Kindeskinder bei den Frommen, die seinen Bund halten und seiner Gebote gedenken durch die Tat. *Ps. 103, 17–18*

Zu dir, der du im Himmel thronst, erhebe ich meine Augen, siehe, wie Knechte ihre Augen erheben zu der Hand ihres Herrn. Ja, wie die Augen der Magd auf die Hand der Gebieterin, so blicken unsre Augen auf den Herrn, unsern Gott, bis er uns gnädig ist. Sei uns gnädig, o Herr, sei uns gnädig! *Ps. 123, 1–3*

Die Guttaten des Herrn sind noch nicht aus, ja, sie sind noch nicht zu Ende. Jeden Morgen neu ist sein Erbarmen, und groß ist seine Treue. *Klag. 3, 22–23*

Herr, sei uns gnädig! Auf dich hoffen wir. Sei unser Arm an jedem Morgen, ja unsre Hilfe in der Zeit der Drangsal! *Jes. 33, 2*

Wer ist ein Gott wie du, der die Schuld verzeiht und die Sünde vergibt, der seinen Zorn nicht ewig festhält, sondern Freude daran hat, gnädig zu sein? *Mi. 7, 18*

Wer zu mir kommt, den werde ich nicht hinausstoßen. *Joh. 6, 37*

Merkt ihr nicht, daß Gott euch durch seine Freundlichkeit zur Umkehr bringen will? *Röm. 2, 4 (GN)*

Durch Gottes Gnade bin ich, was ich bin. Und seine Gnade gegen mich ist nicht vergeblich gewesen.
*1. Kor. 15, 10*

Du brauchst nicht mehr als meine Gnade. Je schwächer du bist, desto stärker erweist sich an dir meine Macht. *2. Kor. 12, 9 (GN)*

Aber selbst durch die strengste Befolgung des Gesetzes wird niemand vor Gott bestehen können; denn es heißt ja auch: «Nur wer Gott vertraut, kann vor ihm bestehen und wird leben.» *Gal. 3, 11 (GN)*

Eure Rettung ist nicht euer eigenes Verdienst, sondern ein Geschenk Gottes. *Eph. 2, 8 (GN)*

Darum wollen wir mit Zuversicht vor den Thron treten, auf dem die Gnade regiert. Dort werden wir immer, wenn wir es nötig haben, Liebe und Erbarmen finden.
*Heb. 4, 16 (GN)*

**Gott**

Gott ist König der ganzen Erde.
*Ps. 47, 8*

Wie dein Name, o Gott, so geht dein Ruhm bis ans Ende der Erde.
*Ps. 48, 11*

Der Herr ist in Wahrheit Gott, er ist ein lebendiger Gott und ewiger König. *Jer. 10, 10*

Du, unser Gott, bist gütig und wahrhaftig, mit Langmut und Barmherzigkeit durchwaltest du das All.
*Sal. 15, 1*

Niemand ist gut außer Gott allein.
*Mark. 10, 18*

Unser Gott ist ein verzehrendes Feuer. *Heb. 12, 29*

Gott ist Liebe. *1. Joh. 4, 8*

**Gott und Mensch**

Gott ist größer als der Mensch.
*Hiob 33, 12*

Erkennet, daß der Herr allein Gott ist: er hat uns gemacht, und sein sind wir, sein Volk und die Schafe seiner Weide. *Ps. 100, 3*

Meine Tage neigen sich wie ein Schatten, und ich muß verdorren wie Gras. Du aber, o Herr, thronest ewig, und dein Gedächtnis bleibt von Geschlecht zu Geschlecht.
*Ps. 102, 12–13*

Abwischen wird Gott, der Herr, die Tränen von jedem Antlitz. *Jes. 25, 8*

Gott hat euch zu einem Leben in Frieden berufen. *1. Kor. 7, 15 (GN)*

**Gottesdienst**

Dem Herrn, unserm Gott, wollen wir dienen und auf seine Stimme hören. *Jos. 24, 24*

Fürchtet den Herrn und dient ihm treulich mit ganzem Herzen; denn seht doch, wie große Dinge er an euch getan hat! *1. Sam. 12, 24*

Erhebet den Herrn mit mir und lasset uns alle seinen Namen erhöhen! *Ps. 34, 4*

Dessen muß ich gedenken mit überquellendem Herzen, wie ich wallte in der Schar der Edlen zum Hause Gottes mit lautem Frohlocken und Danken in feiernder Menge. *Ps. 42, 5*

Dienet dem Herrn mit Freuden, kommt vor sein Angesicht mit Frohlocken! *Ps. 100, 2*

Wo zwei oder drei in meinem Namen versammelt sind, da bin ich mitten unter ihnen. *Mat. 18, 20*

Gott ist Geist, und die ihn anbeten, müssen ihn in Geist und Wahrheit anbeten. *Joh. 4, 24*

Wenn jemand mir dient, wird der Vater ihn ehren. *Joh. 12, 26*

Dadurch ist mein Vater verherrlicht, daß ihr viel Frucht tragt und meine Jünger werdet. *Joh. 15, 8*

Stellt euch Gott ganz zur Verfügung; darin besteht der rechte Gottesdienst. *Röm. 12, 1 (GN)*

Im Eifer seid nicht lässig, im Geist feurig, für den Herrn zum Dienst bereit! *Röm. 12, 11*

Man dient Gott, dem Vater, auf reine und ehrliche Weise, wenn man sich um Waisen und Witwen kümmert, die in Not sind, und wenn man sich von dem schmutzigen Treiben dieser Welt fernhält. *Jak. 1, 27 (GN)*

Bei allem, was wir tun, sollen wir Gott durch Jesus Christus ehren. Ihm gehört die Herrlichkeit und die Macht für alle Zeiten. Das ist gewiß! *1. Pet. 4, 11 (GN)*

**Gottesfurcht**

Fürchtet den Herrn, ihr seine Heiligen; denn die ihn fürchten, leiden nicht Mangel. *Ps. 34, 10*

Wohl einem jeden, der den Herrn fürchtet und auf seinen Wegen wandelt! *Ps. 128, 1*

Dem Herrn gefallen, die ihn fürchten, die auf seine Güte harren. *Ps. 147, 11*

Den Herrn fürchten heißt das Böse hassen. *Spr. 8, 13*

Wer in Geradheit wandelt, fürchtet den Herrn; wer verkehrte Wege geht, verachtet ihn. *Spr. 14, 2*

In der Furcht des Herrn liegt ein

starker Verlaß; noch den Kindern ist er eine Zuflucht. *Spr. 14, 26*

Durch Gottesfurcht bleibt man dem Bösen fern. *Spr. 16, 6*

Die Furcht des Herrn führt zum Leben; da schläft man gesättigt, erfährt kein Unheil. *Spr. 19, 23*

Wohl dem Menschen, der allezeit in der Furcht Gottes bleibt! Wer aber sein Herz verhärtet, gerät ins Unglück. *Spr. 28, 14*

Euch, die ihr meinen Namen fürchtet, wird die Sonne der Gerechtigkeit aufgehen, die Heilung birgt unter ihren Flügeln. *Mal. 4, 2*

Wer den Herrn fürchtet, dem geht es zuletzt gut, und am Tage seines Todes wird er gesegnet. *Sir. 1, 13*

In der Gottesfurcht bestehe dein Ruhm. *Sir. 9, 16*

Die den Herrn fürchten, erkennen, was recht ist, auch aus dem Dunkel bringen sie kluge Gedanken hervor. *Sir. 32, 16*

Die den Herrn fürchten, bleiben am Leben, denn ihre Hoffnung geht auf den, der sie retten wird. *Sir. 34, 14–15*

Besitz und Macht lassen das Herz aufjubeln, aber mehr als beide ist die Gottesfurcht. *Sir. 40, 26*

**Gottlose**

Sein Leben lang ängstigt sich der Gottlose. *Hiob 15, 20*

Nicht traue er auf Nichtiges, er ist getäuscht; denn das Nichts wird seine Vergeltung sein. *Hiob 15, 31*

Sie sollen werden wie das Gras auf den Dächern, das verwelkt, noch ehe es aufwächst. *Ps. 129, 6*

Der Weg der Gottlosen ist wie dunkle Nacht; sie wissen nicht, woran sie straucheln. *Spr. 4, 19*

Ein Greuel ist dem Herrn der Weg der Gottlosen; wer der Gerechtigkeit nachjagt, den hat er lieb. *Spr. 15, 9*

Der Mund der Gottlosen sprudelt Bosheit hervor. *Spr. 15, 28*

Die Gier der Gottlosen trachtet nach Bösem, und sein Nächster findet bei ihm kein Erbarmen. *Spr. 21, 10*

Wehe dem Gottlosen! Ihm geht es schlimm; denn nach dem Tun seiner Hände wird ihm vergolten. *Jes. 3, 11*

Die Gottlosen sind wie das aufgewühlte Meer; denn zur Ruhe kann es nicht kommen, und seine Wasser wühlen Schlamm und Kot auf. *Jes. 57, 20*

Ein Bündel Werg ist die Rotte der Gottlosen, ihr Ende ist die Feuerflamme. *Sir. 21, 9*

Es gibt viele, die sich durch ihre Lebensführung als Feinde des Kreuzes Christi erweisen. Sie laufen in ihr Verderben. Ihre Triebe sind ihnen ihr Gott. *Phil. 3, 18–19 (GN)*

**Gottvertrauen**

Der Gottlose hat viel Plage, wer aber auf den Herrn vertraut, den umgibt er mit Güte. *Ps. 32, 10*

Harre auf den Herrn und halte dich an seinen Weg, so wird er dich erhöhen. *Ps. 37, 34*

Wohl dem Manne, der sein Vertrauen auf den Herrn setzt! *Ps. 40, 5*

Gott ist unsre Zuflucht und Stärke, als mächtige Hilfe bewährt in Nöten. Drum fürchten wir nichts, wenn gleich die Erde sich wandelt und die Berge taumeln in die Tiefe des Meeres. Mögen tosen, mögen schäumen seine Wogen, die Berge erzittern bei seinem Aufruhr: der Herr der Heerscharen ist mit uns, eine Burg ist uns der Gott Jakobs. *Ps. 46, 2–4*

Vertraue auf ihn, du ganze Volksgemeinde, schüttet euer Herz vor ihm aus! Gott ist unsre Zuflucht. *Ps. 62, 9*

Auf dich habe ich mich verlassen vom Mutterleib an, vom Mutterschoß an bist du mein Schutz. *Ps. 71, 6*

O Herr der Heerscharen, wohl dem Menschen, der dir vertraut! *Ps. 84, 13*

Es ist besser, auf den Herrn zu vertrauen, als sich auf Menschen zu verlassen. *Ps. 118, 8*

Auf dich, o Herr, mein Gott, sind meine Augen gerichtet, auf dich vertraue ich. *Ps. 141, 8*

Vertraue auf den Herrn von ganzem Herzen, auf deine Klugheit aber verlaß dich nicht. Denke an ihn auf allen deinen Wegen, so wird er deine Pfade ebnen. *Spr. 3, 5–6*

Wer auf den Herrn vertraut – wohl ihm! *Spr. 16, 20*

Vertraut auf den Herrn immerdar; denn der Herr ist ein ewiger Fels. *Jes. 26, 4*

Gesegnet ist der Mann, der auf den Herrn vertraut und dessen Hoffnung der Herr ist! *Jer. 17, 7*

Die ihr den Herrn fürchtet, vertrauet auf ihn; und euer Lohn wird nimmer verlorengehen. *Sir. 2, 8*

Wer auf den Herrn vertraut, wird nicht zuschanden. *Sir. 32, 24*

Gott vertrauen heißt: sich verlassen auf das, was man hofft, und fest mit dem rechnen, was man nicht sehen kann. *Heb. 11, 1 (GN)*

**Grenzen**

Bis hierher und nicht weiter! *Hiob 38, 11*

Ich gehe nicht mit Dingen um, die mir zu hoch und zu wunderbar sind. *Ps. 131, 1*

Wie könnte der Mensch Gottes Weg verstehen? *Spr. 20, 24*

Den Sand am Meer und die Tropfen des Regens und die Tage der Ewigkeit – wer kann sie zählen? *Sir. 1, 2*

Was für dich zu schwer ist, lade dir nicht auf. *Sir. 13, 2*

Furcht ist nichts anderes als die Verzweiflung an der Hilfe der Vernunft. *Sal. 17, 12*

Nicht einmal mit eurem eigenen Kopf sollt ihr euch für etwas verbürgen; denn es steht nicht in eurer Macht, daß auch nur ein einziges Haar darauf schwarz oder weiß wächst. *Mat. 5, 36 (GN)*

Keiner kann Gottes Urteile begründen oder kann rechtfertigen, was Gott tut. *Röm. 11, 33 (GN)*

Unser Erkennen ist Stückwerk. *1. Kor. 13, 9*

**Größe Gottes**

Es werden noch frohlocken und deiner sich freuen alle, die dich suchen; die dein Heil lieben, werden allezeit sagen: «Der Herr ist groß.» *Ps. 40, 17*

Berge zerschmelzen wie Wachs vor dem Herrn, vor dem Antlitz des Herrn aller Welt. *Ps. 97, 5*

Aller Vollkommenheit sah ich ein Ende; aber dein Gebot ist unendlich. *Ps. 119, 96*

Bin ich denn nur ein Gott aus der Nähe und nicht ein Gott aus der Ferne? *Jer. 23, 23*

Gottes Blick reicht von einer Ewigkeit zur andern, und vor ihm ist nichts zu wunderbar noch zu schwer. *Sir. 39, 20*

Sagten wir auch doppelt so viel, wir kämen nicht zu Ende, unser letztes Wort sei: Gott ist alles. *Sir. 43, 27*

Du hast Macht über Leben und Tod, du führst hinab zu den Pforten der Unterwelt und wieder herauf. *Sal. 16, 13*

Was unmöglich ist bei den Menschen, ist möglich bei Gott. *Luk. 18, 27*

**Großzügigkeit**

Der Gerechte kann schenken und geben. *Ps. 37, 21*

Der Gerechte gibt und hält nicht zurück. *Spr. 21, 26*

Auch wenn du nur wenig besitzest, so scheue dich nicht, mit dem Wenigen Gutes zu tun! *Tob. 4, 8*

Eines Mannes Wohltätigkeit ist Gott wie ein Siegelring, und auf eines Menschen Güte hat er acht wie auf den Augenstern. *Sir. 17, 22*

Verliere lieber dein Geld um eines Bruders und Freundes willen, als daß du es unter Stein und Mauerwerk rosten lassest. *Sir. 29, 10*

Gib Gott so, wie er dir gab, mit frohem Auge und aus dem Erwerb deiner Hand. *Sir. 35, 12*

Umsonst habt ihr es empfangen, umsonst gebet es! *Mat. 10, 8*

Jedem, der dich bittet, gib, und von dem, der dir das Deine nimmt, fordere es nicht zurück! *Luk. 6, 30*

Wenn dein Feind hungert, so speise ihn; wenn er dürstet, so tränke ihn. Denn wenn du dies tust, wirst du feurige Kohlen auf sein Haupt sammeln. *Röm. 12, 20*

Wer mit vollen Händen sät, auf den wartet eine reiche Ernte.
*2. Kor. 9, 6 (GN)*

**Güte Gottes**

Deine Güte macht mich groß.
*2. Sam. 22, 36*

Wie groß ist deine Güte, die du aufgespart hast denen, die dich fürchten, die du vor aller Welt erwiesen denen, die auf dich vertrauen!
*Ps. 31, 20*

Schmecket und sehet, wie gütig der Herr ist. Wohl dem Manne, der auf ihn vertraut! *Ps. 34, 9*

Wie köstlich ist deine Güte, o Gott! Im Schatten deiner Flügel bergen sich die Menschenkinder. Sie laben sich am Überflusse deines Hauses, und mit dem Strome deiner Wonnen tränkst du sie. *Ps. 36, 8–9*

Mein Gott kommt mir entgegen mit seiner Güte. *Ps. 59, 11*

Danket dem Herrn, denn er ist freundlich und seine Güte währet ewig. *Ps. 106, 1*

Die Erde ist voll deiner Güte, o Herr; lehre mich deine Satzungen.
*Ps. 119, 64*

Der Herr ist gütig gegen alle, und sein Erbarmen waltet über all seinen Werken. *Ps. 145, 9*

Es wird mir eine Lust sein, ihnen Gutes zu tun. *Jer. 32, 41*

Der Herr ist gütig gegen den, der auf ihn hofft, gegen die Seele, die ihn sucht. *Klag. 3, 25*

Der Herr ist gütig gegen die, die auf ihn hoffen. *Nah. 1, 7*

Der Herr ist gütig, er kennt seine Geschöpfe; voll Erbarmen gibt er sie nicht auf und verläßt sie nicht.
*Sir. 17, 21*

Die Huld des Menschen gilt seinem Nächsten, die Huld des Herrn gilt allem Fleisch. *Sir. 18, 13*

Alle gute Gabe und alles vollkommene Geschenk kommt von oben herab. *Jak. 1, 17*

**Gutes**

Gutes und Barmherzigkeit werden mir folgen mein Leben lang, und ich werde bleiben im Hause des Herrn immerdar. *Ps. 23, 6 (L)*

Suchet das Gute und nicht das Böse, damit ihr lebet! *Am. 5, 14*

Wer das Gute liebt, der wird von ihm geleitet. *Sir. 3, 26*

Fürchte dich vor dem Bösen, aber des Guten in deiner Seele schäme dich nicht. *Sir. 4, 20*

Niemand ist gut außer Gott allein. *Mark. 10, 18*

Verabscheut das Schlechte und laßt nicht ab vom Guten. *Röm. 12, 9 (GN)*

Nun möchte ich, daß ihr immer vertrauter werdet mit dem Guten und euch von allem Schlechten rein haltet. *Röm. 16, 19 (GN)*

Der Geist Gottes läßt eine Fülle von Gutem wachsen: Liebe, Freude, Frieden, Geduld, Freundlichkeit, Güte, Treue, Demut und Selbstbeherrschung. *Gal. 5, 22–23 (GN)*

Alles, was Gott geschaffen hat, ist gut. *1. Tim. 4, 4 (GN)*

Ich bete darum, daß der Glaube, an dem du teilhast, in dir wirksam wird. Dann wirst du erkennen, wieviel Gutes durch Christus in uns wachsen kann. *Philem. 6 (GN)*

Prüft alles und nehmet nur an, was gut ist. *1. Thess. 5, 21 (GN)*

**Gutes tun**

Hoffe auf den Herrn und tue, was gut ist; und er gibt dir, was dein Herz begehrt. *Ps. 37, 3–4*

Die Seele, die wohltut, wird reichlich gesättigt; wer andre erquickt, wird auch selber erquickt. *Spr. 11, 25*

Wer auf das Gute bedacht ist, der sucht Gottes Wohlgefallen. *Spr. 11, 27*

Wer Gutes tut, dem begegnet es wieder auf seinen Wegen, und zur Zeit, da er wankt, findet er eine Stütze. *Sir. 3, 31*

Mein Sohn, wenn du Gutes tust, schilt nicht; wenn du schenkst, füge nie kränkende Worte hinzu. *Sir. 18, 15*

Wenn du ein Essen gibst, dann lade nicht deine Freunde ein, deine Brüder, Verwandten oder reiche Nachbarn. Sie laden dich dann nur wieder ein, und damit hast du deinen Lohn.

Wenn du ein Festessen gibst, dann lade lieber Arme, Krüppel, Lahme und Blinde ein. Du darfst dich darüber freuen, daß sie es dir nicht vergelten können. Denn Gott selbst wird es dir vergelten, wenn er die vom Tode erweckt, die getan haben, was ihm gefällt. *Luk. 14, 12–14 (GN)*

Wer Gutes tut, soll es fröhlich tun. *Röm. 12, 8 (GN)*

Lasset uns so, wie wir Gelegenheit haben, das Gute vollbringen gegen jedermann, am meisten aber gegen die Genossen des Glaubens! *Gal. 6, 10*

Durch Jesus Christus hat Gott uns so geschaffen, daß wir nun Gutes tun können. Er will, daß wir diese Möglichkeit auch nutzen. *Eph. 2, 10 (GN)*

Euer Leben wird als Frucht viele gute Taten hervorbringen, und ihr werdet Gottes Willen immer besser verstehen. *Kol. 1, 10 (GN)*

Werdet nicht müde, das Gute zu tun. *2. Thess. 3, 13 (GN)*

Ein Mensch, der Gott gehört, wird zu allen guten Taten fähig. *2. Tim. 3, 17 (GN)*

Vergeßt nicht, Gutes zu tun und euch gegenseitig zu helfen. Das sind die Opfer, die Gott Freude machen. *Heb. 13, 16 (GN)*

Wer könnte euch Böses antun, wenn ihr euch bemüht, Gutes zu tun? *1. Pet. 3, 13 (GN)*

Es ist besser, für gute Taten zu leiden, wenn Gott es so will, als für schlechte. *1. Pet. 3, 17*

Setzt alles daran, daß euer Glaube sich entfaltet in guten Taten. *2. Pet. 1, 5 (GN)*

Wer Gutes tut, gehört zu Gott. Wer Schlechtes tut, kennt Gott nicht. *3. Joh. 11 (GN)*

**Gütigkeit**

Der Gütige tut sich selber Gutes, der Hartherzige schneidet ins eigne Fleisch. *Spr. 11, 17*

Ein Gewinn für den Menschen ist seine Güte. *Ps. 19, 22*

Wer gütig blickt, wird gesegnet werden; denn er gibt dem Armen von seiner Speise. *Spr. 22, 9*

Pflegt wahrhaftiges Recht und übt Güte und Barmherzigkeit gegeneinander! *Sach. 7, 9*

Die Frucht des Geistes ist Gütigkeit. *Gal. 5, 22*

# H

**Habsucht**

Deine Hand sei nicht ausgestreckt zum Nehmen, und geschlossen, wenn es gilt zurückzugeben.
*Sir. 4, 31*

Wer sich selbst nichts gönnt, sammelt für einen andern, und an seinem Gut wird ein Fremder sich sättigen.
*Sir. 14, 4*

Für das Auge des Habgierigen ist der eigne Besitz zu klein; wer aber den des Nächsten nimmt, läßt seine eigne Seele verschmachten. *Sir. 14, 9*

Dem Unverständigen nützt seine Gabe nichts, weil seine Augen siebenfach auf die Vergeltung sehen.
*Sir. 20, 14*

Habsucht ist soviel wie Götzendienst. *Kol. 3, 5 (GN)*

Geldgier ist eine Wurzel alles Bösen.
*1. Tim. 6, 10 (GN)*

Eure Wünsche werden nicht erfüllt, weil ihr Gott nicht darum bittet. Wenn ihr aber um etwas bittet, bekommt ihr es nicht, weil ihr schlechte Absichten habt; denn ihr bittet um Dinge, mit denen ihr doch nur eure unersättliche Gier befriedigen wollt.
*Jak. 4, 2–3 (GN)*

**Haltlosigkeit**

Sie sollten werden wie Stroh vor dem Wind und wie Spreu, die der Sturmwind davonträgt! *Hiob 21, 18*

**Handwerker**

Alle müssen sich auf ihre Hände verlassen können, und ein jeder muß geschickt sein bei seiner Arbeit.
*Sir. 38, 31*

Ohne sie gedeiht keine Stadt, und auch in der Fremde leiden sie nicht Hunger. *Sir. 38, 32*

**Handel**

Falsche Waage ist dem Herrn ein Greuel, aber volles Gewicht gefällt ihm wohl. *Spr. 11, 1*

Wer Getreide zurückhält, dem fluchen die Leute; wer es aber auf den Markt bringt, dessen Haupt wird gesegnet. *Spr. 11, 26*

Schlecht! schlecht! sagt der Käufer; ist er aber weg, so rühmt er sich. *Spr. 20, 14*

Wer Schätze erwirbt mit falscher Zunge, jagt Nichtigem nach. *Spr. 21, 6*

Dem Rebhuhn, das Eier brütet, das es nicht gelegt hat, gleicht der Mensch, der Reichtum erwirbt durch Unrecht. *Jer. 17, 11*

Nicht leicht bleibt ein Kaufmann vor Fehl bewahrt, und ein Händler ist nicht freizusprechen von Sünde. *Sir. 26, 29*

Wie ein Pfahl zwischen Steinfugen eingerammt wird, so drängt sich die Sünde zwischen Kauf und Verkauf. *Sir. 27, 2*

**Handeln**

Mit Gott werden wir Taten tun. *Ps. 60, 14*

Der gute Mensch genießt die Frucht seiner Taten. *Spr. 14, 14*

Kenntnis der Gebote des Herrn ist eine Belehrung zum Leben; die aber seinen Willen tun, ernten vom Baum der Unsterblichkeit. *Sir. 19, 19*

Wenn einer vor Gottes Gericht bestehen will, genügt es nicht, daß er das Gesetz kennt, vielmehr muß er auch danach handeln. *Röm. 2, 13 (GN)*

Seid beim Ausführen so eifrig wie beim Planen. *2. Kor. 8, 11 (GN)*

Seit Jesus Christus gekommen ist, geht es nur noch um das Vertrauen zu ihm, das sich in tätiger Liebe auswirkt. *Gal. 5, 6 (GN)*

Alle sollen sehen, wie freundlich und gütig ihr seid. *Phil. 4, 5 (GN)*

Betrügt euch nicht selbst, indem ihr das Wort nur anhört. Ihr müßt es in die Tat umsetzen! *Jak. 1, 22 (GN)*

Angenommen, es gibt Brüder und Schwestern bei euch, die nichts anzuziehen und nicht genug zu essen haben. Und dann sagt einer von euch zu ihnen: «Laßt es euch gutgehen, zieht euch warm an und eßt euch satt!», er gibt ihnen aber nicht, was sie zum Leben brauchen – was nützt das? *Jak. 2, 15–16 (GN)*

So ist es mit dem Glauben: Wenn er keine Taten hervorbringt, ist er tot. *Jak. 2, 17 (GN)*

Wie der Leib ohne Geist tot ist, so ist auch der Glaube ohne Werke tot. *Jak. 2, 26*

Gott will, daß ihr das dumme Gerede der unverständigen Menschen durch eure guten Taten zum Schweigen bringt. *1. Pet. 2, 15 (GN)*

Wer das Rechte tut, kann genauso wie Christus vor Gottes Urteil bestehen. *1. Joh. 3, 7 (GN)*

**Hartherzigkeit**
Sein Herz ist wie ein Stein so hart. *Hiob 41, 15*

Freche erdichten Lügen wider mich; ich aber halte deine Befehle von ganzem Herzen. Ihr Herz ist fühllos wie Fett; ich aber habe Lust an deinem Gesetze. *Ps. 119, 69–70*

Der Gütige tut sich selber Gutes, der Hartherzige schneidet ins eigne Fleisch. *Spr. 11, 17*

Flehentlich redet der Arme, der Reiche antwortet hart. *Spr. 18, 23*

Wer sein Herz verhärtet, gerät ins Unglück. *Spr. 28, 14*

**Haß**
Du sollst deinen Bruder nicht hassen in deinem Herzen. *3. Mos. 19, 17*

Derer, die mich ohne Ursache hassen, sind mehr als der Haare auf meinem Haupte. *Ps. 69, 5*

Haß weckt Streit. *Spr. 10, 12*

Gerechte Lippen begraben den Haß. *Spr. 10, 18*

Wer seinen Bruder haßt, der lebt in der Dunkelheit. Er tappt im Dunkeln und hat die Richtung verloren; denn die Dunkelheit hat ihn blind gemacht. *1. Joh. 2, 11 (GN)*

Wer seinen Bruder haßt, ist ein Mörder. *1. Joh. 3, 15 (GN)*

**Haus Gottes**
Deinem Hause gebührt heilige Scheu, o Herr, auf ewige Zeiten. *Ps. 93, 5*

Wir segnen euch vom Hause des Herrn her. *Ps. 118, 26*

Mein Haus soll ein Bethaus heißen für alle Völker. *Jes. 56, 7*

Es steht geschrieben: «Mein Haus soll ein Bethaus heißen»; ihr aber macht es zu einer Räuberhöhle. *Mat. 21, 13*

Machet nicht das Haus meines Vaters zu einem Kaufhause! *Joh. 2, 16*

**Haustyrann**
Sei nicht wie ein Löwe in deiner Familie und dafür träumerisch bei deinem Geschäft. *Sir. 4, 30*

**Heiligkeit Gottes**
Ihr sollt heilig sein, denn ich bin heilig, der Herr, euer Gott. *3. Mos. 19, 2*

Heilig ist der Herr, unser Gott! *Ps. 99, 9*

Der heilige Gott erweist sich heilig durch Gerechtigkeit. *Jes. 5, 16*

**Heimat**
Besser das Leben des Armen unter schirmendem Dache als herrliche Leckerbissen in fremdem Hause.
*Sir. 29, 22*

**Heimatlosigkeit**
Wie der Vogel, der fern irrt von seinem Neste, so ein Mann, der fern irrt von seiner Heimat. *Spr. 27, 8*

Schlimm ist ein Wanderleben von Haus zu Haus, und wo du fremd bist, darfst du den Mund nicht auftun.
*Sir. 29, 24*

Wer traut einer Kriegerschar, die sich von Stadt zu Stadt durchschlägt? So ist der Mann, der kein Heim hat, der Herberge nimmt, wo der Abend ihn trifft. *Sir. 36, 28*

Die Füchse haben ihren Bau, und die Vögel haben ihr Nest; aber der Menschensohn hat keinen Platz, wo er sich hinlegen und ausruhen kann.
*Mat. 8, 20*

**Heimweh**
Kühler Trunk für eine lechzende Seele ist gute Kunde aus fernem Lande. *Spr. 25, 25*

Wer sind diese, die daherfliegen wie Tauben nach ihren Schlägen?
*Jes. 60, 8*

**Heiterkeit**
Banne den Unmut von deinem Herzen! *Pred. 11, 10*

Der Tor lacht laut heraus, der Kluge lächelt still für sich. *Sir. 21, 20*

**Hereinfall**
Wer nach Bösem trachtet, den trifft es selbst. *Spr. 11, 27*

Wer eine Grube gräbt, fällt darein, und wer einen Stein wälzt, auf den rollt er zurück. *Spr. 26, 27*

Siehe, ihr alle, die ihr Feuer anzündet und Brandpfeile entflammt, geht hin in die Flamme eures Feuers und in die Brandpfeile, die ihr entzündet habt! *Jes. 50, 11*

Wer einen Stein emporwirft, auf den fällt er zurück. *Sir. 27, 25*

Schlechte Menschen und Schwindler werden immer tiefer sinken. Sie betrügen andere und werden selbst betrogen. *2. Tim. 3, 13 (GN)*

**Herodes**
Als Herodes (= der Heldenhafte) sah, daß er von den Weisen enttäuscht worden war, wurde er sehr zornig, sandte hin und ließ in Bethlehem und in dessen ganzem Gebiet alle Knäblein töten, die zweijährig und darunter waren. *Mat. 2, 16*

**Herumtreiberei**

Spähe nicht umher in den Straßen der Stadt, und auf ihren Plätzen streife nicht herum. *Sir. 9, 7*

**Herz**

Fröhlicher Blick erfreut das Herz. *Spr. 15, 30*

Banne den Unmut von deinem Herzen! *Pred. 11, 10*

Keine Freude geht über ein frohes Herz. *Sir. 30, 16*

Dem Menschen kündet das Herz die Stunden besser als sieben Wächter auf dem Wachtturm. *Sir. 37, 14*

**Herzeleid**

Salböl und Räucherwerk erfreuen das Herz; doch zerrissen wird die Seele von Leiden. *Spr. 27, 9*

Mein Herz ist gebrochen in meiner Brust, es zittern mir alle Glieder. *Jer. 23, 9*

Für die Wunde des Spötters gibt es keine Heilung. *Sir. 3, 28*

Verbirg dich nicht vor dem, der gebrochen Herzens ist. *Sir. 4, 2*

Jede Wunde ist erträglich – nur keine Herzenswunde. *Sir. 25, 13*

**Heuchelei**

Wollt ihr Gott täuschen, wie man Menschen täuscht? *Hiob 13, 9*

Treuer gemeint sind Schläge vom Freunde als freigebige Küsse des Feindes. *Spr. 27, 6*

Wer gar zu laut Glück wünscht am frühen Morgen, dem wird es als Verwünschung angerechnet. *Spr. 27, 14*

Und der Herr sprach: Weil dieses Volk mit dem Munde sich naht und mit den Lippen mich ehrt, sein Herz aber ferne von mir ist, so daß ihre Furcht vor mir nur angelernte Menschensatzung ist, darum will ich auch fernerhin mit diesem Volke wunderbar verfahren, wunderbar und wundersam, und die Weisheit seiner Weisen wird zunichte werden, und der Verstand seiner Verständigen wird sich verbergen. *Jes. 29, 13–14*

Du bist wohl nahe bei ihrem Munde, doch fern ihrem Herzen. *Jer. 12, 2*

Heuchle nicht Gottesfurcht, und nahe dich ihr nicht mit zwiespältigem Herzen. *Sir. 1, 28*

Hütet euch davor, Gutes nur deshalb zu tun, um von den Menschen bewundert zu werden. *Mat. 6, 1 (GN)*

Gott ist Licht; in ihm gibt es keine Spur von Finsternis. Wenn wir behaupten, mit Gott verbunden zu sein, und gleichzeitig im Dunkeln

leben, dann lügen wir, und unser ganzes Leben ist unwahr.
*1. Joh. 1, 5–6 (GN)*

**Heute**

Dies ist der Tag, den der Herr gemacht hat; laßt uns frohlocken und seiner uns freuen! *Ps. 118, 24*

Sprich nicht zum Nächsten: «Geh hin und komm wieder; morgen will ich dir geben» – da du's doch jetzt kannst. *Spr. 3, 28*

Es gibt nichts Besseres, als daß der Mensch fröhlich sei bei seinem Tun; das ist sein Teil. Denn wer will ihn dahin bringen, sich zu freuen an dem, was nach ihm sein wird.
*Pred. 3, 22*

Suchet den Herrn, jetzt da er sich finden läßt; rufet ihn an, jetzt da er nahe ist! *Jes. 55, 6*

Versage dir die Freude des Augenblicks nicht. *Sir. 14, 14*

Zerbrecht euch nicht den Kopf wegen morgen; der morgige Tag wird für sich selber sorgen. Ihr habt genug zu tragen an der Last von heute.
*Mat. 6, 34 (GN)*

Man sagt: Noch vier Monate, dann kommt die Ernte. Aber ich sage euch: Seht euch doch die Felder genau an! Das Korn ist schon reif für die Ernte. *Joh. 4, 35 (GN)*

**Hilfe**

Sieh, ist nicht das Wort trefflicher als das Geschenk? Dem begnadeten Manne aber steht beides zu Gebote.
*Sir. 18, 17*

Nicht die Gesunden brauchen den Arzt, sondern die Kranken
*Mat. 9, 12 (GN)*

Was ihr für einen meiner geringsten Brüder getan habt, das habt ihr für mich getan. *Mat. 25, 40 (GN)*

Wer Weisungen von Gott empfängt, kann sie an andere weitergeben. Er hat für sie Hilfe, Ermunterung und Trost. *1. Kor. 14, 3 (GN)*

**Hilfe Gottes**

Dem Herrn ist es ein leichtes, zu helfen, es sei durch viel oder durch wenig. *1. Sam. 14, 6*

Ich will Heil schaffen dem, den man verachtet. *Ps. 12, 6*

Blicket auf zu ihm, so strahlt euer Antlitz, und ihr müßt nicht zuschanden werden. *Ps. 34, 6*

Meine Seele wird dem Herrn frohlocken, wird sich freuen ob seiner Hilfe. *Ps. 35, 9*

Den Menschen und den Tieren hilfst du, Herr. *Ps. 36, 7*

Die Hilfe der Gerechten kommt von dem Herrn, er ist ihre Zuflucht in der

Zeit der Not. Der Herr steht ihnen bei und errettet sie. *Ps. 37, 39–40*

Gib mir wieder die Wonne deiner Hilfe und stütze mich durch einen willigen Geist. *Ps. 51, 14*

Du hast die Erde erbeben gemacht, hast sie zerrissen; heile ihre Risse, denn sie wankt. *Ps. 60, 4*

Uns trägt der Gott, der unsre Hilfe ist. *Ps. 68, 20*

Ich bin elend und voller Schmerzen; deine Hilfe, o Gott, wird mich erhöhen. *Ps. 69, 30*

Er rettet dich aus der Schlinge des Jägers, vor Tod und Verderben. *Ps. 91, 3*

Man stieß mich, daß ich fallen sollte; aber der Herr hat mir geholfen. *Ps. 118, 13*

Ich hebe meine Augen auf zu den Bergen: woher wird mir Hilfe kommen? Meine Hilfe kommt von dem Herrn, der Himmel und Erde gemacht hat. Er kann deinen Fuß nicht gleiten lassen; der dich behütet kann nicht schlummern! Nein, er schlummert nicht und schläft nicht. Der Herr ist dein Hüter, der Herr dein Schatten, er geht zu deiner Rechten: bei Tage wird dich die Sonne nicht stechen, noch der Mond des Nachts. Der Herr behütet dich vor allem Übel, er behütet dein Leben. Der Herr behütet deinen Ausgang und Eingang, jetzt und immerdar. *Ps. 121, 1–8*

Ich weiß, der Herr führt der Elenden Sache, er schafft den Armen ihr Recht. *Ps. 140, 13*

Der Herr stützt alle, die da fallen, und richtet alle Gebeugten auf. *Ps. 145, 14*

Der Herr erlöst die Gefangenen, der Herr öffnet den Blinden die Augen, der Herr richtet die Gebeugten auf, der Herr liebt die Gerechten. Der Herr behütet den Fremdling, Waisen und Witwen hilft er auf, doch in die Irre führt er die Gottlosen. *Ps. 146, 7–9*

Der Herr hat Wohlgefallen an seinem Volke; er krönt die Gebeugten mit Sieg. *Ps. 149, 4*

Du warst eine Zuflucht dem Schwachen, eine Zuflucht dem Armen in seiner Not, ein Obdach vor dem Unwetter, ein Schatten vor der Hitze. *Jes. 25, 4*

Der Herr ist unser Richter, der Herr unser Gesetzgeber; der Herr ist unser König, er wird uns helfen. *Jes. 33, 22*

Singet dem Herrn, lobpreiset den Herrn! denn er hat das Leben des Armen aus der Hand der Übeltäter errettet. *Jer. 20, 13*

Ich werde ihnen ein anderes Herz und einen andern Wandel geben, daß sie mich fürchten allezeit ihnen selbst zum Heil und ihren Kindern, die nach ihnen kommen. *Jer. 32, 39*

Er rettet und er befreit, er tut Zeichen und Wunder am Himmel und auf Erden. *Dan. 6, 27*

Die Hilfe steht bei dem Herrn. *Jon. 2, 10*

Ich will erretten, was hinkt, und was versprengt ist, will ich sammeln. *Zeph. 3, 19*

Freuen dürfen sich alle, die unter der Not der Welt leiden; denn Gott wird ihnen ihre Last abnehmen. *Mat. 5, 4 (GN)*

Weil Christus mir zu Hilfe kommt, freue ich mich über meine Leiden, über Mißhandlungen, Notlagen, Verfolgungen und Schwierigkeiten. Denn gerade, wenn ich schwach bin, bin ich stark. *2. Kor. 12, 10 (GN)*

## Hilflosigkeit

Leidige Tröster seid ihr alle! *Hiob 16, 2*

Wie eine Schwalbe, so zwitscherte ich, girrte wie eine Taube. Meine Augen tränten. *Jes. 38, 14*

Du hast, o Herr, meine Unbill gesehen; hilf mir zu meinem Rechte! *Klag. 3, 59*

Wie Freudenmusik in der Trauer ist Zuspruch zur Unzeit. *Sir. 22, 6*

## Hilfsbereitschaft

Wenn dein Volksgenosse neben dir verarmt und sich nicht mehr zu halten vermag, so sollst du ihn aufrechthalten. *3. Mos. 25, 35*

Wenn bei dir ein Armer ist, so sollst du nicht hartherzig sein und deine Hand vor deinem armen Bruder nicht verschließen, sondern willig sollst du deine Hand für ihn auftun und ihm gerne leihen, so viel er nur bedarf. *5. Mos. 15, 7–8*

Auge wurde ich dem Blinden, und Fuß war ich dem Lahmen. *Hiob 29, 15*

Weigre dich nicht, dem Bedürftigen Gutes zu tun, wenn es in deiner Macht steht. *Spr. 3, 27*

Gib deinen und deines Vaters Freund nicht auf. *Spr. 27, 10*

Edler ist's, Wohltätigkeit zu üben, als Gold aufzuhäufen. *Tob. 12, 8*

Wie Wasser loderndes Feuer löscht, so tilgt Mildtätigkeit Sünde. *Sir. 3, 30*

Reize nicht das Gemüt des Bedrückten, und verweigere dem Dürftigen die Gabe nicht. *Sir. 4, 3*

Auch dem Armen tue deine Hand

auf, damit du vollen Segen empfangest. *Sir. 7, 32*

Wer seinem Nächsten hilfreich Hand bietet, hält die Gebote. *Sir. 29, 1*

Wie es geboten ist, nimm dich des Armen an, und weil er bedürftig ist, so schicke ihn nicht leer von dannen. *Sir. 29, 9*

Ich gebe euch keinen Befehl. Ich sage euch nur, wie hilfsbereit andere sind, um euch dadurch anzuspornen. Ihr sollt zeigen, wie ernst es euch mit eurer Liebe ist. *2. Kor. 8, 8 (GN)*

Traget einer des andern Lasten, und so werdet ihr das Gesetz Christi erfüllen. *Gal. 6, 2*

Seid freundlich und hilfsbereit zueinander. *Eph. 4, 32 (GN)*

Macht euch gegenseitig Mut! Einer soll dem anderen weiterhelfen, wie ihr es ja schon tut. *1. Thess. 5, 11 (GN)*

Helft den Schwachen und habt mit allen Geduld. *1. Thess. 5, 14 (GN)*

Vergeßt nicht, Gutes zu tun und euch gegenseitig zu helfen. *Heb. 13, 16 (GN)*

**Hingabe**

Alles, was du tun kannst, das tue nach deinem Vermögen. *Pred. 9, 10*

Die den Herrn fürchten, suchen zu ergründen, was ihm wohlgefällt, und die ihn lieben, finden ihr Genüge an seinem Gesetz. *Sir. 2, 16*

Wenn jemand mit mir gehen will, verleugne er sich selbst und nehme sein Kreuz auf sich und folge mir nach! *Mat. 16, 24*

Wer unter euch groß sein will, sei euer Diener, und wer unter euch der Erste sein will, sei euer Knecht, wie der Sohn des Menschen nicht gekommen ist, damit ihm gedient werde, sondern damit er diene und sein Leben gebe als Lösegeld für viele. *Mat. 20, 26–27*

Wenn das Weizenkorn nicht in die Erde fällt und erstirbt, bleibt es allein; wenn es aber erstirbt, trägt es viel Frucht. *Joh. 12, 24*

Größere Liebe hat niemand als die, daß einer sein Leben hingibt für seine Freunde. *Joh. 15, 13*

Es geht mir nur noch um Christus, denn ich möchte die Kraft seiner Auferstehung erfahren. Ich teile seine Leiden und sterbe mit ihm seinen Tod, damit ich auch an der Auferstehung vom Tod teilhabe. *Phil. 3, 10–11 (GN)*

Gott will, daß ihm euer ganzes Leben gehört. *1. Thess. 4, 3 (GN)*

Gib dein Bestes im Glaubenskampf,

damit du das ewige Leben gewinnst, zu dem Gott dich berufen hat.
*1. Tim. 6, 12 (GN)*

Ein Sportler, der an einem Wettkampf teilnimmt, kann den Preis nur gewinnen, wenn er sich genau an die Regeln hält. *2. Tim. 2, 5 (GN)*

**Hinterlist**

Die Schlange aber war listiger als alle Tiere des Feldes, die Gott der Herr gemacht hatte. *1. Mos. 3, 1*

Verflucht ist, wer einen Blinden auf den falschen Weg führt.
*5. Mos. 27, 18*

Siehe da die Gottlosen! sie spannen den Bogen und legen den Pfeil auf die Sehne, daß sie im Dunkel schießen auf die, die aufrichtigen Herzens sind. *Ps. 11, 2*

Wer krumme Wege geht, wird ertappt. *Spr. 10, 9*

Ins Unglück gerät, wer arglistig ist mit der Zunge. *Spr. 17, 20*

Sie brüten Natterneier aus und weben Spinnfäden. *Jes. 59, 5*

Führe nicht jedermann in dein Haus ein, denn viele Wunden schlägt der Ränkeschmied. *Sir. 11, 29*

Mancher geht gebeugt und traurig einher, aber inwendig ist er voller Tücke; er neigt das Antlitz und stellt sich taub, und unversehens überfällt er dich. *Sir. 19, 26–27*

Wer mit den Augen zwinkert, der schmiedet Böses, und wer ihn durchschaut, hält sich ferne von ihm.
*Sir. 27, 22*

Ein hinterlistiger Hieb verwundet den, der ihn führt. *Sir. 27, 25*

Wehe denen, die Arges sinnen auf ihren Lagern. *Mi. 2, 1*

**Der gute Hirt**

Der Herr ist mein Hirte, mir wird nichts mangeln. Auf grünen Auen läßt er mich lagern, zur Ruhstatt am Wasser führt er mich. Er stillt mein Verlangen; er leitet mich auf rechtem Pfade um seines Namens willen. Und ob ich schon wanderte im finstern Tal, ich fürchte kein Unglück; denn du bist bei mir, dein Stecken und Stab, der tröstet mich.
*Ps. 23, 1–4*

Siehe da, Gott der Herr, er zieht einher in Kraft, und sein Arm schafft ihm den Sieg. Siehe, die er gewonnen, kommen mit ihm; die er sich erworben, gehen vor ihm her. Er weidet seine Herde wie ein Hirte, sammelt sie mit seinem Arm; die Lämmer trägt er an seinem Busen, die Mutterschafe leitet er sanft.
*Jes. 40, 10–11*

Ich bin der gute Hirt; der gute Hirt gibt sein Leben hin für die Schafe.
*Joh. 10, 11*

Ich bin der gute Hirt und kenne die Meinen, und die Meinen kennen mich. *Joh. 10, 14*

**Hochmut**

Durch unsre Zunge sind wir gewaltig; unser Mund ist für uns, wer will uns meistern? *Ps. 12, 5*

Hoffart und Hochmut und bösen Wandel und trugvolle Rede hasse ich. *Spr. 8, 13*

Jeder Hochmütige ist dem Herrn ein Greuel; die Hand darauf! Er bleibt nicht ungestraft. *Spr. 16, 5*

Hochmut kommt vor dem Verderben, und hoffärtiger Sinn vor dem Fall. *Spr. 16, 18*

Wer seine Türe zu hoch macht, will den Einsturz. *Spr. 17, 19*

Hochmütig die Augen und aufgeblasen der Sinn – die Leuchte der Gottlosen ist Sünde. *Spr. 21, 4*

Hochmut bringt den Menschen herunter; der Demütige aber kommt zu Ehren. *Spr. 29, 23*

Die Augen der Hochmütigen werden gedemütigt. *Jes. 5, 15*

Hochmut bringt Verderben und viel Zerrüttung. *Tob. 4, 13*

Verhaßt bei Gott und Menschen ist hochfahrender Sinn. *Sir. 10, 7*

Des Hochmuts Anfang ist es, wenn ein Mensch sich auflehnt und sein Herz von seinem Schöpfer abfällt. *Sir. 10, 12*

Wer hochmütig auftritt, wird gehaßt. *Sir. 20, 8*

Wer sich über den andern erhebt, obwohl er doch gar keine Ursache dazu hat, betrügt sich selbst. *Gal. 6, 3 (GN)*

Jetzt rühmt ihr euch in euren Prahlereien. Jedes darartige Rühmen ist böse. *Jak. 4, 16*

**Hoffnung**

Befiehl dem Herrn deine Wege und hoffe auf ihn, er wird's wohl machen. *Ps. 37, 5*

Und nun, worauf harre ich, Herr? Meine Hoffnung, sie steht zu dir. *Ps. 39, 8*

Zu Gott allein sei stille, meine Seele! denn von ihm kommt mir Hoffnung. *Ps. 62, 6*

Du bist meine Hoffnung, Herr, mein Gott, meine Zuversicht seit meiner Jugend. *Ps. 71, 5*

Ich hoffe auf dich, o Herr, meine Seele hofft auf dein Wort. *Ps. 130, 5*

Wohl dem, dessen Hoffnung der Herr, sein Gott, ist, der Gott, der Himmel und Erde gemacht hat, das

Meer und alles, was in ihnen ist, der ewiglich Treue hält, der Recht schafft den Unterdrückten, der den Hungernden Brot gibt. *Ps. 146, 5–7*

Wer noch zu der Schar der Lebenden gehört, der hat noch etwas zu hoffen. *Pred. 9, 4*

Höret auf mich, ihr Verzagten, die ihr fern seid vom Heil: Schon lasse ich nahen mein Heil, es ist nicht fern, und meine Rettung wird nicht verziehen. *Jes. 46, 12–13*

Gesegnet ist der Mann, der auf den Herrn vertraut und dessen Hoffnung der Herr ist! *Jer. 17, 7*

Der Herr ist mein Teil, spricht meine Seele, darum will ich auf ihn hoffen. *Klag. 3, 24*

Wohl dem Manne, den die eigne Seele nicht verurteilt und dessen Hoffnung nicht aufgehört hat. *Sir. 14, 2*

Wer den Herrn fürchtet, braucht nicht zu erschrecken; er verzagt nicht, weil ja Gott seine Hoffnung ist. *Sir. 34, 16*

Wir rühmen uns auch der Trübsale, da wir wissen, daß die Trübsal Geduld wirkt, die Geduld aber Bewährung, die Bewährung aber Hoffnung; die Hoffnung aber läßt nicht zuschanden werden, weil die Liebe Gottes ausgegossen ist in unsre Herzen. *Röm. 5, 3–5*

Eine Hoffnung, die man sieht, ist keine Hoffnung. *Röm. 8, 24*

Dies ist das Geheimnis: Christus lebt in euch, und um seinetwillen dürft ihr darauf warten, daß Gott euch an seiner Herrlichkeit Anteil gibt. *Kol. 1, 27 (GN)*

Wir haben unsere Hoffnung auf den lebendigen Gott gesetzt. Er ist der Retter aller Menschen. *1. Tim. 4, 10 (GN)*

Gepriesen sei Gott, der Vater unsres Herrn Jesus Christus, der nach seiner großen Barmherzigkeit uns wiedergeboren hat zu einer lebendigen Hoffnung durch die Auferstehung Jesu Christi von den Toten. *1. Pet. 1, 3*

**Hoffnungslosigkeit**

Meine Tage fliegen schneller als ein Weberschifflein; sie schwinden dahin ohne Hoffnung. *Hiob 7, 6*

Nie wieder erschaut mein Auge das Glück. *Hiob 7, 7*

Wenn der Gottlose stirbt, so ist es aus mit der Hoffnung. *Spr. 11, 7*

Die Hoffnung des Gottlosen ist wie Spreu, vom Winde fortgetragen, wie zarter Meeresschaum, vom Sturm gejagt, wie Rauch, vom Winde verweht. *Sal. 5, 14*

Ohne Hoffnung und ohne Gott habt ihr in der Welt gelebt. *Eph. 2, 12 (GN)*

**Hohn**
Wie Fraß in meinen Gebeinen ist mir der Hohn meiner Dränger, da sie täglich zu mir sagen: «Wo ist nun dein Gott?» *Ps. 42, 11*

Sie gaben mir Gift zur Speise und Essig zu trinken für meinen Durst. *Ps. 69, 22*

Die Soldaten des Gouverneurs brachten Jesus in den Gouverneurspalast und riefen die ganze Mannschaft zusammen. Sie zogen ihn aus und hängten ihm einen roten Mantel um, flochten eine Krone aus Dornenzweigen und drückten sie ihm auf den Kopf. Sie gaben ihm einen Stock in die Hand, knieten vor ihm nieder und machten sich über ihn lustig. «Der König der Juden lebe hoch!» riefen sie. Dann spuckten sie ihn an, nahmen ihm den Stock wieder weg und schlugen ihn damit auf den Kopf. Als sie ihn genug verspottet hatten, nahmen sie ihm den Mantel ab, zogen ihm seine eigenen Kleider wieder an und führten ihn hinaus, um ihn ans Kreuz zu nageln. *Mat. 27, 27–31 (GN)*

Andre hat er gerettet, sich selbst kann er nicht retten. *Mat. 27, 42*

Er hat auf Gott vertraut, der helfe ihm jetzt heraus, wenn er ihn liebhat. *Mat. 27, 43*

**Honig**
Ein schönes, weites Land, wo Milch und Honig fließt. *2. Mos. 3, 8*

Was ist süßer als Honig? *Richt. 14, 18*

Wie süß ist deine Rede meinem Gaumen, süßer als Honig meinem Munde! *Ps. 119, 103*

Zuviel Honig essen ist nicht gut; drum sei sparsam mit ehrenden Worten. *Spr. 25, 27*

Iß Honig, mein Sohn, denn er ist gut, und süß ist Honigseim für deinen Gaumen. *Spr. 24, 13*

Johannes hatte ein Kleid von Kamelhaaren und um seine Lenden einen ledernen Gürtel; seine Speise aber waren Heuschrecken und wilder Honig. *Mat. 3, 4*

**Hund**
Ein lebender Hund ist besser als ein toter Löwe. *Spr. 9. 4*

Einen streifenden Hund packt bei den Ohren, wer sich in einen Streit mischt, der ihn nichts angeht. *Spr. 26, 17*

Gebet das Heilige nicht den Hunden. *Mat. 7, 6*

Es kamen die Hunde und beleckten seine (Lazarus) Geschwüre. *Luk. 16, 21*

# I

**Idole**

Die Götzen der Heiden sind Silber und Gold, ein Machwerk von Menschenhänden. Sie haben einen Mund und können nicht reden, haben Augen und können nicht sehen. Sie haben Ohren und hören nicht; auch ist kein Odem in ihrem Munde. Ihnen werden gleich sein, die sie machen, alle, die auf sie vertrauen. *Ps. 135, 15–18*

Und die Götzen – das fährt alles dahin! *Jes. 2, 18*

Wie kann ein Mensch sich Götter machen! – Die sind ja nicht Gott! *Jer. 16, 20*

Die an nichtige Götzen sich halten, verlassen ihre Zuflucht. *Jon. 2, 9*

Es ist ganz richtig, daß es keine Götzen gibt, sondern nur einen einzigen Gott, auch wenn es im Himmel und auf der Erde Mächte gibt, die als Götter verehrt werden. *1. Kor. 8, 4–5 (GN)*

Hütet euch vor den Götzen! *1. Joh. 5, 21*

**Illusionen**

Wird dir der Wildochs dienen wollen, wird er des Nachts an deiner Krippe liegen? *Hiob 39, 9*

O hätte ich Flügel wie die Taube! Wie wollte ich fliegen, bis ich Ruhe fände! Ja, fernhin wollte ich flüchten, wollte herbergen in der Wüste. Ich wollte hineilen, wo ich sicher wäre vor dem Sturmwind, vor dem Wetter. *Ps. 55, 7–9*

Dem Reichen sind seine Güter eine feste Burg, sind wie eine hohe Mauer – in seiner Einbildung. *Spr. 18, 11*

Wo viele Träume sind und viele Worte, ist auch viel Nichtiges. Gott sollst du fürchten. *Pred. 5, 6*

Wer auf den Wind achtet, kommt nicht zum Säen, und wer nach den Wolken schaut, kommt nicht zum Ernten. *Pred. 11, 4*

Vielerlei Einbildungen haben die Menschenkinder, und müßige Wahngebilde führen irre. *Sir. 3, 24*

Wie einer, der nach dem Schatten greift und dem Winde nachjagt, so ist der, der sich auf Träume verläßt. *Sir. 34, 2*

**Image**
Hörte mich ein Ohr, so pries es mich glücklich, und sah mich ein Auge, so gab es mir Beifall. *Hiob 29, 11*

Besser ein guter Ruf als Wohlgeruch. *Pred. 7, 2*

Mein Sohn, bei aller Bescheidenheit ehre dich selbst, und gewähre dir die Achtung, die du verdienst. Wer wird dem Recht geben, der sich selbst Unrecht gibt, und wer wird den ehren, der sich selbst verachtet? *Sir. 10, 28–29*

Bemüht euch darum, daß alle Menschen Gutes von euch denken. *Röm. 12, 14 (GN)*

**Impulse**
Was das Salz für die Nahrung ist, das seid ihr für die Welt. Wenn aber das Salz seine Kraft verliert, wie soll es sie wiederbekommen? Man kann es zu nichts mehr gebrauchen. Darum wirft man es weg, und die Menschen treten es in den Schmutz. *Mat. 5, 13 (GN)*

Ein Feuer auf die Erde zu bringen, bin ich gekommen, und wie sehr wünschte ich, es wäre schon entfacht. *Luk. 12, 49*

**Individualismus**
Gott gab jedem seine besondere Gabe, dem einen diese, dem andern jene. *1. Kor. 7, 7 (GN)*

**Instinkt**
Frage doch das Vieh, daß es dich belehre. *Hiob 12, 7*

Der Ochse kennt seinen Meister, und der Esel die Krippe seines Herrn. *Jes. 1, 3*

**Internationalität**
Jetzt begreife ich, daß es bei Gott keine Unterschiede gibt. Er liebt alle Menschen, ganz gleich, zu welchem Volk sie gehören, wenn sie ihn nur fürchten und nach seinem Willen leben. *Apg. 10, 34–35 (GN)*

**Intrige**
Sie haben scharfe Zungen wie eine Schlange; Otterngift ist unter ihren Lippen. *Ps. 140, 4*

Ein ränkesüchtiger Mensch stiftet Hader. *Spr. 16, 28*

Ins Unglück gerät, wer arglistig ist mit der Zunge. *Spr. 17, 20*

Viele Wunden schlägt der Ränkeschmied. *Sir. 11, 29*

**Ironie**

Wahrhaftig, ja, ihr seid die Rechten, und mit euch wird die Weisheit sterben! *Hiob 12, 2*

**Irrwege**

Manch ein Weg dünkt den Menschen der rechte, zuletzt aber ist es ein Weg des Todes. *Spr. 16, 25*

Wer das Geld liebt, den führt es irre. *Sir. 31, 5*

**Ismael**

Weiter sprach der Engel des Herrn zu ihr (Hagar): Siehe, du bist schwanger und wirst einen Sohn gebären, den sollst du Ismael (d.i. Gott hört) nennen, weil der Herr gehört hat, wie du littest. *1.Mos. 16, 11*

**Isolation**

Ein Bruder der Schakale bin ich geworden und ein Genoß der Strauße. *Hiob 30, 29*

Ach, daß ich einen hätte, der mich hörte! *Hiob 31, 35*

Niemand fragt nach meinem Leben. *Ps. 142, 5*

Das Herz allein kennt seinen Kummer, und seine Freude kann kein Fremder teilen. *Spr. 14, 10*

Wehe dem Einzelnen, wenn er fällt und kein andrer da ist, ihm aufzuhelfen! *Pred. 4, 10*

Ihr steht nur deshalb draußen, weil ihr euch selbst ausschließt. *2. Kor. 6, 12 (GN)*

**Israel**

Du sollst nicht mehr Jakob heißen, sondern Israel (d.i. Gottesstreiter). Denn du hast mit Gott und mit Menschen gestritten und hast obgesiegt. *1. Mos. 32, 28*

# J

**Jähzorn**
Ein Tor, wer seinen Ärger auf der Stelle zeigt; wer den Schimpf einsteckt, der ist klug. *Spr. 12, 16*

Der Zornmütige begeht Torheit, der besonnene Mann bleibt ruhig. *Spr. 14, 17*

Der Jähzornige erregt Zank, der Langmütige beschwichtigt den Streit. *Spr. 15, 18*

Wer stark zum Zorn neigt, muß Buße zahlen. *Spr. 19, 19*

Mache nicht Freundschaft mit dem Zornmütigen, mit dem Jähzornigen gehe nicht um, daß du dich nicht an seine Pfade gewöhnest und dir einen Fallstrick für dein Leben holest. *Spr. 22, 24–25*

Der Tor läßt all seinem Zorn den Lauf. *Spr. 29, 11*

Der Zornmütige erregt Streit, und der Hitzige begeht viel Sünde. *Spr. 29, 22*

Falle nicht deinem Jähzorn anheim; er würde wie ein Stier deine Kraft aufzehren, deine Blätter fressen, deine Früchte vernichten und dich zurücklassen als dürren Baum. *Sir. 6, 2–3*

Einem Jähzornigen biete nicht die Stirn, und reite nicht mit ihm durch die Wüste; denn leicht wiegt in seinem Urteil eine Blutschuld: wenn kein Retter da ist, bringt er dich um. *Sir. 8, 16*

**Jedem das Seine**
Gebt dem Kaiser, was des Kaisers ist, und Gott, was Gottes ist! *Mat. 22, 21*

**Jerusalem**
Jerusalem, Jerusalem (= Herd des Friedens?), das die Propheten tötet und die steinigt, die zu ihm gesandt sind, wie oft habe ich deine Kinder sammeln wollen, wie eine Henne ihre Küchlein unter ihre Flügel sammelt, und ihr habt nicht gewollt! *Mat. 23, 37*

**Jesus**
Sie wird einen Sohn gebären, und du sollst ihm den Namen Jesus (= Gott ist Rettung) geben, denn er wird sein Volk erretten von ihren Sünden.
*Mat. 1, 21*

Als Jesus getauft worden war, stieg er alsbald aus dem Wasser; und siehe, die Himmel taten sich auf, und er sah den Geist Gottes wie eine Taube herabschweben und auf ihn kommen. Und siehe, eine Stimme aus dem Himmel sprach: «Dies ist mein geliebter Sohn, an dem ich Wohlgefallen gefunden habe.» *Mat. 3, 16–17*

Alles, was ihr tut oder sagt, soll im Namen des Herrn Jesus geschehen.
*Kol. 3, 17 (GN)*

**Joseph**
Joseph (= vollständig), Sohn Davids, scheue dich nicht, Maria, dein Weib, zu dir zu nehmen; denn was in ihr gezeugt ist, das ist vom heiligen Geiste. *Mat. 1, 20*

**Jubel**
Du schaffst Jubel, wo der Morgen aufgeht und wo der Abend anbricht.
*Ps. 65, 9*

Jauchzet Gott, alle Lande! Singet vom Ruhm seines Namens, machet herrlich sein Lob! *Ps. 66, 1–2*

Frohlocken und Siegesjubel erschallt in den Hütten der Gerechten: «Die Rechte des Herrn schafft Sieg!»
*Ps. 118, 15*

Jauchzet, ihr Himmel, und frohlocke, du Erde! Brechet aus in Jubel, ihr Berge! denn der Herr tröstet sein Volk, und seiner Elenden erbarmt er sich. *Jes. 49, 13*

**Judas**
Da ging einer der Zwölf namens Judas (= gepriesen sei Gott) Ischariot (= der Betrüger?) zu den Hohenpriestern und sagte: Was wollt ihr mir geben, daß ich ihn euch verrate? Sie aber wogen ihm dreißig Silberlinge dar. *Mat. 26, 14–15*

**Jugend**
Freue dich, Jüngling, in deiner Jugend, sei guter Dinge in der Blüte des Lebens! *Pred. 11, 9*

Sei deines Schöpfers eingedenk in der Blüte des Lebens, ehe die bösen Tage kommen und die Jahre sich einstellen, von denen du sagen wirst: «Sie gefallen mir nicht.» *Pred. 12, 1*

Es ist dem Manne gut, ein Joch zu tragen in seiner Jugend. *Klag. 3, 27*

Hast du in deiner Jugend nicht Einsicht gesammelt, wie solltest du's in deinem Alter erreichen? *Sir. 25, 3*

Keiner soll dich verachten, weil du noch jung bist. *1. Tim. 4, 12 (GN)*

**Junggeselle**
Wo der Zaun fehlt, wird der Weinberg geplündert; wo die Frau fehlt – unstet und flüchtig ist der Mann.
*Sir. 36, 27*

# K

**Kaltblütigkeit**
Ein gelassenes Herz ist Leben für den Leib. *Spr. 14,30*

Wer Einsicht hat, hält mit seinen Worten zurück, und der Kaltblütige ist ein verständiger Mann.
*Spr. 17,27*

**Karfreitag**
Unterwegs trafen sie einen Mann aus Zyrene namens Simon. Den zwangen sie, das Kreuz zu tragen. So kamen sie an die Stelle, die Golgotha heißt, das bedeutet «Schädel». Dort gaben sie ihm Wein mit einem bitteren Zusatz; aber als Jesus gekostet hatte, wollte er ihn nicht trinken.
Sie nagelten ihn ans Kreuz und losten untereinander seine Kleider aus. Danach setzten sie sich und bewachten ihn. Über seinem Kopf brachten sie ein Schild an, auf dem der Grund für seine Hinrichtung geschrieben stand: «Dies ist Jesus, der König der Juden!» Neben Jesus nagelten sie zwei Verbrecher an Kreuze, einen links und einen rechts von ihm.
Die Leute, die vorbeikamen, schüttelten höhnisch den Kopf und beschimpften Jesus: «Du wolltest den Tempel niederreißen und in drei Tagen wieder aufbauen! Wenn du Gottes Sohn bist, dann befreie dich doch und komm herunter vom Kreuz!» Genauso machten sich die führenden Priester und die Gesetzeslehrer und Ratsältesten über ihn lustig: «Anderen hat er geholfen, aber sich selbst kann er nicht helfen! Wenn er wirklich der König von Israel ist, soll er doch vom Kreuz heruntersteigen! Dann werden wir ihm glauben. Er hat sich auf Gott verlassen und gesagt, er sei Gottes Sohn. Wenn das wahr ist, dann soll Gott ihm doch jetzt helfen!» Sogar die beiden Verbrecher, die mit ihm gekreuzigt worden waren, beschimpften ihn.
Von zwölf Uhr mittags bis um drei Uhr wurde es im ganzen Land dunkel. Gegen drei Uhr schrie Jesus laut auf: «Eli, eli, lema sabachtani» – das

heißt: Mein Gott, mein Gott, warum hast du mich verlassen? Einige von den Leuten, die dabeistanden und es hörten, sagten: «Er ruft nach Elija.» Einer lief schnell nach einem Schwamm, tauchte ihn in Essig, steckte ihn auf eine Stange und gab Jesus zu trinken. Die anderen riefen: «Halt! Wir wollen doch sehen, ob Elija kommt und ihm hilft.» Aber Jesus schrie noch einmal laut auf und starb.
Da zerriß der Vorhang vor dem Allerheiligsten im Tempel von oben bis unten. Die Erde bebte, Felsen spalteten sich, und Gräber brachen auf. Viele aus dem Volk Gottes, die gestorben waren, erwachten vom Tod und verließen die Gräber. Später, als Jesus auferstanden war, gingen sie nach Jerusalem hinein. Dort wurden sie von vielen Leuten gesehen.
Als der römische Offizier und die Soldaten, die mit ihm zusammen Jesus bewachten, das Erdbeben und alles andere miterlebten, erschraken sie sehr und sagten: «Er war wirklich Gottes Sohn!» Es waren auch viele Frauen da, die alles aus der Ferne beobachteten. Sie waren mit Jesus aus Galiläa gekommen, um für ihn zu sorgen, darunter Maria aus Magdala, Maria, die Mutter des Jakobus und Josef, sowie die Mutter der beiden Zebedäussöhne.
Am Abend kam ein reicher Mann aus Arimatäa; er hieß Josef und war ein Anhänger Jesu. Er ging zu Pilatus und bat ihn, den Leichnam Jesu freizugeben. Da befahl Pilatus, ihn auszuliefern. Josef nahm den Toten, wickelte ihn in ein sauberes Leinentuch und legte ihn in sein eigenes Grab, das in einen Felsen gehauen und noch unbenutzt war. Dann rollte er einen schweren Stein vor den Grabeingang und ging fort. Maria aus Magdala und die andere Maria blieben dort und setzten sich dem Grab gegenüber nieder.

*Mat. 27, 32–61 (GN)*

**Kephas**

Du bist Simon, der Sohn des Johannes; du wirst Kephas genannt werden (das heißt übersetzt: Fels.)

*Joh. 1, 42*

**Killer**

Verflucht ist, wer seinen Nächsten heimlich erschlägt. *5. Mos. 27, 24*

Verflucht ist, wer sich bestechen läßt, einen unschuldigen Menschen zu töten. *5. Mos. 27, 25*

Wer seinen Bruder haßt, ist ein Mörder. *1. Joh. 3, 15 (GN)*

**Kinder**

Weit ab vom Glück sind des Toren Kinder. *Hiob 5, 4*

Siehe, Söhne sind eine Gabe des Herrn, ein Lohn ist die Frucht des Leibes. *Ps. 127, 3*

Ein weiser Sohn macht dem Vater Freude, aber ein törichter Mensch verachtet seine Mutter. *Spr. 15, 20*

Wer seinem Vater und seiner Mutter flucht, dessen Leuchte erlischt in der Zeit der Finsternis. *Spr. 20, 20*

Des Vaters Segen gibt feste Wurzel, aber der Mutter Fluch reißt die junge Pflanze aus. *Sir. 3, 9*

Was für ein Nachkomme ist für einen Mann ein ehrenvoller Sproß? Ein ehrenvoller Sproß ist der, welcher Gott fürchtet. *Sir. 10, 19*

Habe kein Verlangen nach nichtsnutzigen Söhnen, und freue dich nicht über gottlose Kinder. *Sir. 16, 1*

Ein ungeratener Sohn ist eine Schande für den Vater, und eine mißratene Tochter bringt ihm Schaden. *Sir. 22, 3*

Glücklich, wer sich an seinen Kindern freuen darf. *Sir. 25, 7*

Lasset die Kinder, und wehret ihnen nicht, zu mir zu kommen; denn solchen gehört das Reich der Himmel. *Mat. 19, 14*

Ihr Kinder, gehorcht euren Eltern! So will es Gott. «Du sollst Vater und Mutter ehren» ist das erste Gebot, dem ein Versprechen hinzugefügt ist: «dann wird es dir gut gehen, und du wirst lange leben auf dieser Erde. *Eph. 6, 1–3 (GN)*

**Kinder Gottes**

So viele ihn aufnahmen, denen gab er Anrecht darauf, Kinder Gottes zu werden, denen, die an seinen Namen glauben. *Joh. 1, 12*

Alle, die sich von Gottes Geist leiten lassen, sind Gottes Kinder. *Röm. 8, 14 (GN)*

Ihr alle seid Söhne Gottes durch den Glauben an Christus Jesus. *Gal. 3, 26*

Seht doch, wie sehr uns der Vater geliebt hat! Seine Liebe ist so groß, daß wir Kinder Gottes genannt werden. Und wir sind es wirklich! *1. Joh. 3, 1 (GN)*

Wer glaubt, daß Jesus der versprochene Retter ist, der ist ein Kind Gottes. *1. Joh. 5, 1 (GN)*

**Klarheit**

Sende dein Licht und deine Treue, daß sie mich leiten. *Ps. 43, 3*

Wer das Gesetz beobachtet, ist Herr über seine Gedanken, und vollendete Gottesfurcht ist Weisheit. *Sir. 21, 11*

Ich bin das Licht der Welt. Wer mir nachfolgt, wird nicht in der Finsternis wandeln, sondern er wird das Licht des Lebens haben. *Joh. 8, 12*

Ich laufe so wie einer, der nicht ins Ungewisse läuft; ich kämpfe so wie einer, der nicht in die Luft schlägt. *1. Kor. 9, 26*

**Klassenschranken**
Weisheit ist besser als Stärke; doch die Weisheit des Armen ist verachtet, und auf seine Worte hört man nicht. *Pred. 9, 16*

**Klatsch**
Wer eine Sache weitererzählt, vertreibt den Freund. *Spr. 17, 9*

Der Nordwind bringt Regen, heimliches Geschwätz verdrießliche Gesichter. *Spr. 25, 23*

Achte nicht auf alles, was geredet wird. *Pred. 7, 22*

Wer Geschwätz weiterträgt, ist unvernünftig. *Sir. 19, 6*

Schäme dich, weiterzusagen, was du gehört hast. *Sir. 42, 1*

Wenn sich jemand für fromm hält, aber seine Zunge nicht in Zaum halten kann, ist seine Frömmigkeit wertlos. *Jak. 1, 26 (GN)*

**Kleinglaube**
Wer bist du, daß du dich fürchtest vor Menschen, die sterben, vor Menschenkindern, die dahingehen werden wie Gras? und vergissest des Herrn, deines Schöpfers? *Jes. 51, 12–13*

Wenn Gott sogar die Feldblumen so ausstattet, die heute blühen und morgen verbrannt werden, wird er sich dann nicht erst recht um euch kümmern? Habt doch mehr Vertrauen! *Mat. 6, 30 (GN)*

Du Kleingläubiger, warum hast du gezweifelt? *Mat. 14, 31*

**Kleinigkeiten**
Wer das Geringste mißachtet, kommt in kurzem herunter. *Sir. 19, 1*

Wenn jemand dem Geringsten von meinen Anhängern auch nur einen Schluck kaltes Wasser gibt, wird ihm das nicht vergessen werden. *Mat. 10, 42 (GN)*

Wer im Kleinsten treu ist, der ist auch im Großen treu. *Luk. 16, 10*

**Klugheit**
Lehre uns unsre Tage zählen, daß wir ein weises Herz gewinnen. *Ps. 90, 12*

Wer seine Lippen im Zaum hält, handelt klug. *Spr. 10, 19*

Der Kluge tut alles mit Vorbedacht, aber der Narr kramt Torheit aus. *Spr. 13, 16*

Das ist die Weisheit des Klugen, daß er seinen Weg verstehe; aber die Torheit der Narren führt irre. *Spr. 14, 8*

Der Kluge achtet auf seine Schritte. *Spr. 14, 15*

Wer auf Rüge hört, der erwirbt Verstand. *Spr. 15, 32*

Der Kluge sieht das Unglück kommen und birgt sich; die Einfältigen gehen fürbaß und müssen es büßen. *Spr. 22, 3*

Mein Sohn, wenn dein Herz weise wird, so freue auch ich mich von Herzen, und mein Innerstes wird frohlocken, wenn deine Lippen reden, was recht ist. *Spr. 23, 15–16*

Wird das Eisen stumpf und man schärft seine Schneide nicht, so muß man desto mehr Kraft aufwenden; ein Vorteil ist es, die Sache mit Weisheit recht zu machen. *Pred. 10, 10*

Wenn du nur guten Willen hast, mein Sohn, so wirst du weise, und wenn du deinen Sinn darauf richtest, wirst du klug. *Sir. 6, 32*

Wer meine Worte hört und sich nach ihnen richtet, ist wie ein Mann, der überlegt, was er tut, und deshalb sein Haus auf felsigen Grund baut. Wenn dann ein Wolkenbruch niedergeht, die Flüsse über die Ufer treten und der Sturm tobt und an dem Haus rüttelt, so stürzt es nicht ein, weil es auf Fels gebaut ist. *Mat. 7, 24–25 (GN)*

**Knausrigkeit**
Wer gegen sich selbst schlecht ist, wem sollte der wohltun? *Sir. 14, 5*

Wer gegen sich selbst schlecht ist – niemand ist schlechter als er, an sich selber ist er gestraft für seine Schlechtigkeit. *Sir. 14, 6*

Wenn du Gutes tust, schilt nicht, wenn du schenkst, füge nie kränkende Worte hinzu. *Sir. 18, 15*

Wer spärlich sät, wird nur wenig ernten. *2. Kor. 9, 6 (GN)*

**Konkurrenz**
Eisen wird durch Eisen geschärft; so schärft ein Mann den andern. *Spr. 27, 17*

Ich sah, daß alles Mühen und alles Gelingen nur Eifersucht des einen gegen den andern ist. *Pred. 4, 4*

**Kosmos**
Dein ist der Himmel, dein auch die Erde; der Erdkreis und was ihn erfüllt – du hast sie gegründet. *Ps. 89, 12*

Der Herr ist's, der die Erde durch seine Kraft erschaffen, der durch seine Weisheit den Erdkreis gegründet und den Himmel ausgespannt hat durch seine Einsicht. Beim Rollen seines Donners erbrausen die Wasser am Himmel; auf sein Geheiß ziehen Wolken herauf vom Ende der Erde, Blitze schafft er zum Regen und holt den Wind hervor aus seinen Kammern. *Jer. 10, 12–13*

Hier zeigt sich der ganze Reichtum

Gottes. Wer ihn ausschöpfen und Gott begreifen will, kommt an kein Ende. *Röm. 11, 33 (GN)*

Die Welt ist durch Gottes Wort erschaffen worden; das Sichtbare ist aus dem Unsichtbaren entstanden. *Heb. 11, 3 (GN)*

**Kraft**

Wer reine Hände hat, nimmt zu an Kraft. *Hiob 17, 9*

Stärket die schlaffen Hände und festigt die wankenden Knie! Saget zu denen, die verzagten Herzens sind: Seid getrost, fürchtet euch nicht! Siehe da euer Gott! Er selbst kommt und hilft euch. *Jes. 35, 3–4*

Jünglinge werden müde und matt, Krieger straucheln und fallen; aber die auf den Herrn harren, empfangen immer neue Kraft, daß ihnen Schwingen wachsen wie Adlern, daß sie laufen und nicht ermatten, daß sie wandeln und nicht müde werden. *Jes. 40, 30–31*

Mein Gott ward meine Stärke. *Jes. 49, 5*

Werdet nicht müde, euch im Herrn zu stärken, damit auch er euch Kraft verleihe. *Sir. 24, 24*

Laßt uns Gott danken! Denn er kann euch im Glauben fest machen. *Röm. 16, 25 (GN)*

Ihr werdet erkennen, wie überwältigend groß die Kraft ist, mit der Gott in uns, den Glaubenden, wirkt. *Eph. 1, 19 (GN)*

Ich kann alles ertragen, weil Christus mir die Kraft dazu gibt. *Phil. 4, 13 (GN)*

Der Geist, den Gott uns gegeben hat, macht uns nicht zaghaft, sondern gibt uns Kraft, Liebe und Selbstbeherrschung. *2. Tim. 1, 7 (GN)*

**Krankheit**

Der Herr stützt ihn auf dem Siechbette; sein ganzes Krankenlager wandelst du. *Ps. 41, 4*

Weigere dich nicht, den Kranken zu besuchen, denn dafür wirst du geliebt werden. *Sir. 7, 35*

Werde nicht gleichgültig in der Krankheit, bete zu Gott, denn er kann dich heilen. *Sir. 38, 9*

**Kreatur**

Hast du mich nicht hingegossen wie Milch und wie Käse mich gerinnen lassen? Mit Haut und Fleisch hast du mich umkleidet und mich durchflochten mit Knochen und Sehnen. Leben und Lebenskraft hast du in mich gelegt, und deine Fürsorge hat meinen Odem behütet. *Hiob 10, 10–12*

Den Menschen und den Tieren hilfst du, Herr. *Ps. 36, 7*

Mein ist alles Getier des Waldes, das Wild auf meinen Bergen zu Tausenden. Ich kenne alle Vögel des Himmels, und was auf dem Felde sich regt, ist mir kund. *Ps. 50, 10–11*

Deine Hände haben mich gemacht und bereitet; gib mir Einsicht, daß ich deine Gebote lerne. *Ps. 119, 73*

Es preisen dich, Herr, all deine Werke. *Ps. 145, 10*

Der Menschenkinder wegen, sie zu prüfen, hat Gott es so gefügt, damit sie sehen, daß sie nicht mehr sind als das Tier. Denn das Geschick der Menschenkinder ist gleich dem Geschick des Tiers; ein Geschick haben sie beide. Wie dieses stirbt, so sterben auch jene, und einen Odem haben sie alle. Der Mensch hat vor dem Tier keinen Vorzug. Denn alle gehen an einen Ort; alle sind sie aus Staub geworden, und alle werden sie wieder zu Staub. Wer weiß, ob der Odem der Menschenkinder emporsteigt, der Odem des Tieres aber hinabfährt zur Erde? *Pred. 3, 18–21*

Wir sind der Ton und du unser Bildner, und wir alle sind das Werk deiner Hände. *Jes. 64, 8*

Wir selbst sind ganz und gar Gottes Werk. *Eph. 2, 10 (GN)*

**Kreter**

Einer von ihren eigenen Landsleuten war ein Prophet, als er sagte: «Die Kreter lügen immer. Sie sind Raubtiere, liegen auf der faulen Haut und denken nur ans Fressen.» *Tit. 1, 12 (GN)*

**Kreuzigung**

In der neunten Stunde rief Jesus mit lauter Stimme: «Elohi, Elohi, lama sabachthani?» (das heißt übersetzt: Mein Gott, mein Gott, warum hast du mich verlassen?) *Mark. 15, 34*

Als der Hauptmann, der ihm gegenüber in der Nähe stand, sah, daß er auf diese Weise verschieden war, sprach er: Dieser Mensch war in Wahrheit Gottes Sohn. *Mark. 15, 39*

Vater vergib ihnen; denn sie wissen nicht, was sie tun! *Luk. 23, 34*

Wahrlich, ich sage dir: Heute wirst du mit mir im Paradiese sein. *Luk. 23, 43*

Vater, in deine Hände befehle ich meinen Geist. *Luk. 23, 46*

Als Jesus den Essig genommen hatte, sprach er: Es ist vollbracht, und neigte das Haupt und gab den Geist auf. *Joh. 19, 30*

Denkt an Christus, der einmal – und das gilt für immer – für die Schuld der Menschen gestorben ist. Er, der Schuldlose, starb für die Schuldigen. Das tat er, um euch den Weg zu Gott freizumachen. *1. Pet. 3, 18 (GN)*

**Kritiklosigkeit**

Manch ein Weg dünkt den Menschen der rechte, zuletzt aber ist es ein Weg des Todes. *Spr. 14, 12*

Den Menschen dünken alle seine Wege rein, aber der Herr prüft die Geister. *Spr. 16, 2*

**Kritisch sein**

Soll nicht das Ohr die Worte prüfen, der Gaumen sich die Speise kosten? *Hiob 12, 11*

Das Ohr soll die Rede prüfen, wie der Gaumen die Speise kostet. *Hiob 34, 3*

Der Leib verzehrt jegliche Speise, doch ist eine Speise angenehmer als die andere. *Sir. 36, 20*

**Kummer**

Gram im Herzen eines Mannes beugt ihn nieder. *Spr. 12, 25*

Bei Kummer im Herzen ist der Geist gedrückt. *Spr. 15, 13*

Wie die Motte am Kleid und der Wurm am Holz, so frißt der Kummer am Herzen des Mannes. *Spr. 25, 20*

Verachte keinen Menschen, der bekümmert ist; gedenke, daß einer ist, der erhöht und erniedrigt. *Sir. 7, 11*

Der Kummer hat viele getötet, und kein Nutzen ist in ihm. *Sir. 30, 23*

**Kunst**

Allen Kunstverständigen habe ich künstlerischen Sinn verliehen. *2. Mos. 31, 6*

Wie es widrig ist, Wein allein und ebenso hernach Wasser allein zu trinken, während eine Mischung von Wein und Wasser köstlich schmeckt und Genuß bereitet, so ergötzt auch eine kunstvolle Darstellung der nüchternen Geschichte das Ohr derer, die diese Erzählung vernehmen. *2. Makk. 15, 40*

Du willst, daß die Werke deiner Weisheit nicht unbenützt bleiben. *Sal. 14, 5*

**Kurzsichtigkeit**

Weißt du es nicht von uralters her, seit Menschen gesetzt sind auf die Erde, daß der Gottlosen Frohlocken kurz währt und einen Augenblick die Freude des Frevlers? *Hiob 20, 4–5*

Den Toren wird die eigne Sorglosigkeit zum Verderben. *Spr. 1, 32*

Die von der Belehrung lassen, preisen den Gottlosen; die aber die Belehrung bewahren, bekämpfen ihn. *Spr. 28, 4*

# L

**Landwirtschaft**
Abel ward ein Schäfer, Kain aber ward ein Ackerbauer. *1. Mos. 4, 2*

Noah, der Landmann, war der erste, der Weinreben pflanzte.
*1. Mos. 9, 20*

Wer sein Feld bebaut, der hat Brot genug. *Spr. 12, 11*

Sie freuen sich vor dir, wie man sich freut in der Ernte. *Jes. 9, 3*

Die Arbeit im Acker hat aufgehört, weil der Regen nicht kam; enttäuscht ist der Landmann, verhüllt ist sein Haupt. *Jer. 14, 4*

Laß dich die Mühsal des Ackerbaus nicht verdrießen, denn er ist von Gott verordnet. *Sir. 7, 15*

Wer pflügt und erntet, soll damit rechnen können, selbst einen Teil vom Ertrag zu bekommen.
*1. Kor. 9, 10 (GN)*

Wer spärlich sät, wird nur wenig ernten. Aber wer mit vollen Händen sät, auf den wartet eine reiche Ernte.
*2. Kor. 9, 6 (GN)*

Der Bauer muß hart arbeiten, bevor er als erster vom Ertrag des Feldes essen darf. *2. Tim. 2, 6 (GN)*

Seht, wie der Bauer darauf wartet, daß sein Land kostbares Getreide hervorbringt. Er wartet geduldig, bis im Herbst und Frühjahr der Regen fällt. Auch ihr müßt Geduld haben.
*Jak. 5, 7–8 (GN)*

**Launenhaftigkeit**
Den Toren mordet sein Unmut.
*Hiob 5, 2*

Hadre nicht mit jemandem ohne Ursache. *Spr. 3, 30*

**Lauterkeit**
Freut euch des Herrn und frohlockt, ihr Gerechten, und jauchzet alle, die ihr aufrichtigen Herzens seid!
*Ps. 32, 11*

Siehe, an Wahrheit im Innersten hast du Gefallen. *Ps. 51, 8*

**Leben**

Der Geist Gottes hat mich geschaffen, und der Odem des Allmächtigen gibt mir Leben. *Hiob 33, 4*

Siehe, Gott ist mein Helfer; der Herr ist es, der mein Leben erhält. *Ps. 54, 6*

Unser Leben währet siebzig Jahre, und wenn es hoch kommt, sind es achtzig Jahre, und das meiste daran (oder: was ihr Stolz war,) ist Mühsal und Beschwer; denn eilends geht es vorüber, und wir fliegen dahin. *Ps. 90, 10*

Nimmst du ihren Odem hin, so verscheiden sie und werden wieder zu Staub. Sendest du deinen Odem aus, so werden sie geschaffen, und du erneust das Antlitz der Erde. *Ps. 104, 29–30*

Wer das Gebot bewahrt, der bewahrt sein Leben; wer das Wort verachtet, kommt um. *Spr. 19, 16*

Was hat ein Mensch davon, wenn er die ganze Welt gewinnt, am Ende aber doch sein Leben verliert? Ein verlorenes Leben kann man durch nichts zurückkaufen. *Mat. 16, 26 (GN)*

Durch Gottes Gnade bin ich, was ich bin. *1. Kor. 15, 10*

Wer den Sohn Gottes hat, der hat das Leben. Wer aber den Sohn nicht hat, der hat auch das Leben nicht. *1. Joh. 5, 13 (GN)*

**Ewiges Leben**

Die Seelen der Gerechten sind in Gottes Hand, keine Qual kann sie berühren. In den Augen der Toren scheinen sie tot zu sein, ihr Hinschied gilt als ein Unglück, ihr Weggang von uns als Vernichtung; doch sie sind in Frieden. *Sal. 3, 1–3*

Wer glaubt, hat ewiges Leben. *Joh. 6, 47*

Wie mächtig Gottes Liebe ist, zeigt sich am Leben, das keinen Tod mehr kennt. *Röm. 5, 21 (GN)*

Der Sünde Sold ist der Tod; die Gnadengabe Gottes aber ist das ewige Leben in Christus Jesus, unserm Herrn. *Röm. 6, 23*

Darauf dürfen wir uns verlassen: Wenn wir mit Christus gestorben sind, werden wir auch mit ihm leben. *2. Tim. 2, 11 (GN)*

**Lebenserfahrung**

Bei den Wohlbetagten findet man Weisheit, und langes Leben ist Einsicht. *Hiob 12, 12*

Wer nichts erfahren hat, kennt wenig, wer aber weit herumgekommen ist, bringt es zu großer Klugheit. *Sir. 34, 10–11*

**Lebensfreude**

Wenn du dich zum Allmächtigen bekehrst in Demut, dann wirst du dich am Allmächtigen erfreuen und dein Angesicht zu Gott erheben. *Hiob 22, 23 + 26*

Gott hat mein Leben bewahrt vor der Grube, und meine Seele schaut mit Lust das Licht. *Hiob 33, 28*

Sättige uns frühe mit deiner Gnade, daß wir frohlocken und uns freuen unser Leben lang. *Ps. 90, 14*

Ich will dem Herrn singen mein Leben lang, will meinem Gott spielen, solange ich bin. *Ps. 104, 33*

Es gibt nichts Besseres für den Menschen, als daß er esse und trinke und sich gütlich tue bei seiner Mühsal. Doch auch das, sah ich, kommt aus der Hand Gottes. Denn wer kann essen und wer genießen ohne ihn? *Pred. 2, 24–25*

Was ich als gut befunden habe und was als schön, ist das: Essen und Trinken und Genießen bei all der Mühe, womit einer sich abmüht unter der Sonne, die kurze Zeit seines Lebens, die Gott ihm vergönnt hat; denn das ist sein Teil. *Pred. 5, 17*

Wenn einer viele Jahre lebte, bis ins hohe Alter, aber er könnte sein Glück nicht genießen – ich müßte sagen: Glücklicher als er ist die Fehlgeburt. *Pred. 6, 3*

Darum pries ich die Freude; denn es gibt für den Menschen nichts Gutes unter der Sonne als essen und trinken und fröhlich sein. *Pred. 8, 15*

Geh, iß mit Freuden dein Brot und trink deinen Wein mit fröhlichem Herzen; denn längst hat Gott dein Tun gebilligt. *Pred. 9, 7*

Wenn der Mensch viele Jahre lebt, so freue er sich an ihnen allen! *Pred. 11, 8*

Die die Weisheit lieben, lieben das Leben, und die sie suchen, erlangen des Herrn Wohlgefallen. *Sir. 4, 12*

Mein Sohn, wenn du's vermagst, so laß es dir wohlsein und pflege dich, so gut du kannst. Bedenke, daß der Tod nicht verzieht und die Frist bis zum Eintritt ins Totenreich dir nicht bekannt ist. *Sir. 14, 11–12*

Versage dir die Freude des Augenblicks nicht, und verschmähe nicht deinen Anteil am Genuß. *Sir. 14, 14*

**Lebensgestaltung**

Dir gebe ich dein Leben zur Beute allerorten, wohin du gehst. *Jer. 45, 5*

Jesus Christus brachte uns die Gnade Gottes, die jetzt unser Leben bestimmt. *Röm. 5, 2 (GN)*

An meiner ganzen Lebensführung soll man erkennen, daß ich im Dienst Gottes stehe. *2. Kor. 6, 4 (GN)*

**Lebensgrundlage**
Wächst hoch das Schilfrohr, wo kein Sumpf ist? Wird das Nilgras groß ohne Wasser? *Hiob 8, 11*

Bei dir ist der Quell des Lebens, in deinem Lichte schauen wir das Licht. *Ps. 36, 10*

Die Furcht des Herrn ist eine Quelle des Lebens, so daß man den Schlingen des Todes entgeht. *Spr. 14, 27*

Gottes unvergänglicher Geist ist in allem. *Sal. 12, 1*

Gib uns, was wir heute zum Leben brauchen. *Mat. 6, 11 (GN)*

Durch Gott leben, handeln und sind wir. *Apg. 17, 28 (GN)*

Gott hat alle Dinge geschaffen. Sie bestehen durch ihn und haben in ihm ihr Ziel. *Röm. 11, 36 (GN)*

Alles, was ihr tut, soll von der Liebe bestimmt sein! *1. Kor. 16, 14*

Gott hat uns zusammen mit euch auf diesen festen Grund gestellt: auf Christus. *2. Kor. 1, 21 (GN)*

Ich baue nicht auf das, was man sieht, sondern auf das, was jetzt noch keiner sehen kann. Denn was wir jetzt sehen, besteht nur eine gewisse Zeit. Das Unsichtbare aber besteht ewig. *2. Kor. 4, 18 (GN)*

Solange ich noch in dieser Welt lebe, tue ich es im Vertrauen auf den Sohn Gottes, der mir seine Liebe erwiesen und sein Leben für mich gegeben hat. *Gal. 2, 20 (GN)*

Gott hat uns durch seinen Geist ein neues Leben geschenkt. Nun soll dieser Geist auch unser Leben bestimmen. Prahlerei, Geltungssucht und Neid haben darin keinen Platz mehr. *Gal. 5, 25–26 (GN)*

Ich bete darum, daß Christus durch das Vertrauen, das ihr zu ihm habt, von euch Besitz ergreift und daß ihr fest in der Liebe wurzelt und euer ganzes Leben auf sie baut. *Eph. 3, 17 (GN)*

Der Friede, den Christus schenkt, soll euer Leben bestimmen. In diesen Frieden hat Gott euch alle miteinander gerufen, damit ihr eins seid. Dankt ihm dafür! *Kol. 3, 15 (GN)*

Das sichere Fundament, das Gott gelegt hat, kann nicht erschüttert werden. Auf ihm steht geschrieben: «Der Herr kennt die, die zu ihm gehören». *2. Tim. 2, 19 (GN)*

Darin ist die Liebe Gottes zu uns offenbar geworden, daß Gott seinen einzigen Sohn in die Welt gesandt hat, damit wir durch ihn leben. *1. Joh. 4, 9*

**Lebenshilfe**
Ein tiefes Wasser ist das Vorhaben im Herzen des Menschen; ein kluger Mann aber weiß es zu schöpfen. *Spr. 20, 5*

Die Freude am Herrn ist eure Zuflucht. *Neh. 8, 10*

Ein treuer Freund ist Lebensbalsam; der Gottesfürchtige erlangt ihn. *Sir. 6, 16*

Die Augen des Herrn ruhen auf denen, die ihn lieben. Er ist ein starker Schild und eine kraftvolle Stütze, ein Schirm vor dem Glutwind und ein Schatten vor der Mittagshitze, er bewahrt vor dem Straucheln und schützt vor dem Fallen; er stärkt den Mut und erleuchtet die Augen, schenkt Heilung, Leben und Segen. *Sir. 34, 19–20*

Nicht vom Brot allein wird der Mensch leben, sondern von jedem Wort, das aus dem Munde Gottes hervorgeht. *Mat. 4, 4*

Merkt ihr nicht, daß Gott euch durch seine Freundlichkeit zur Umkehr bringen will? *Röm. 2, 4 (GN)*

Wir kennen den Herrn, der uns berufen hat, um uns an seiner eigenen Kraft und Herrlichkeit Anteil zu geben. Mit dieser Erkenntnis hat seine göttliche Macht uns alles geschenkt, was wir brauchen, um ihm gehorsam zu sein und das wahre Leben zu erlangen. *2. Pet. 1, 3 (GN)*

**Lebenskampf**
Ist nicht ein Kriegsdienst des Menschen Los auf Erden? *Hiob 7, 1*

Wenn du nun dein Herz bereitest und zu Gott deine Hände erhebst – ja, dann wirst du der Mühsal vergessen, und wie an Wasser, das zerronnen, wirst du daran denken. Und heller als der Mittag geht dir das Leben auf, die Finsternis wird wie der Morgen sein. *Hiob 11, 13, 16, 17*

Gott hat große Mühsal bereitet, und ein schweres Joch liegt auf den Menschenkindern von dem Tag an, wo einer aus dem Mutterleibe hervorgeht, bis zu dem Tag, wo er zurückkehrt zur Mutter alles Lebens: Überlegungen und Angst des Herzens und Sorge um die Zukunft bis zum Tage des Todes. *Sir. 40, 1–2*

Ich bin nicht gekommen, Frieden zu bringen, sondern das Schwert. *Mat. 10, 34*

Wachet und betet, daß ihr nicht in Versuchung kommt! Der Geist zwar ist willig, das Fleisch aber ist schwach. *Mat. 26, 41*

Jeder muß die Feuerprobe bestehen. *Mark. 9, 49 (GN)*

Laß dich vom Bösen nicht überwinden, sondern überwinde das Böse durch das Gute! *Röm. 12, 21*

**Lebenskraft**
Wende meine Augen ab, daß sie nicht schauen nach Eitlem; belebe mich durch dein Wort. *Ps. 119, 37*

In der Furcht des Herrn liegt ein starker Verlaß; noch den Kindern ist er eine Zuflucht. *Spr. 14, 26*

Der Weise vermag mehr als der Starke, und der Einsichtige mehr als der Kraftvolle. *Spr. 24, 5*

Glaubt ihr nicht, so bleibt ihr nicht. *Jes. 7, 9*

Die den Herrn fürchten, machen ihr Herz fest und demütigen vor ihm ihre Seele. *Sir. 2, 17*

Wo die Furcht des Herrn ist, da ist kein Mangel, und wer sie hat, braucht keinen Halt zu suchen. *Sir. 40, 26*

Alles ist möglich dem, der glaubt. *Mark. 9, 23*

Gott ist jedem von uns nahe; denn durch ihn leben, handeln und sind wir. *Apg. 17, 27–28*

Ich schäme mich des Evangeliums nicht; denn es ist eine Kraft Gottes zum Heil einem jeden, der daran glaubt. *Röm. 1, 16*

Steht im Glauben fest! Seid mutig und stark! *1. Kor. 16, 13 (GN)*

Lob sei Gott, dem Vater unseres Herrn Jesus Christus! Er ist ein Vater, dessen Güte unerschöpflich ist und der uns nie verzweifeln läßt. Auch wenn ich viel durchstehen muß, gibt er mir immer wieder Mut. Darum kann ich auch anderen Mut machen, die auf irgendeine Weise leiden müssen. Ich gebe ihnen die Hilfe weiter, die ich selbst von Gott erhalten habe. *2. Kor. 1, 3–4 (GN)*

Obwohl ich von allen Seiten bedrängt bin, werde ich nicht erdrückt. Obwohl ich oft nicht mehr weiter weiß, verliere ich nicht den Mut. Ich werde verfolgt, aber Gott verläßt mich nicht. Ich werde niedergeworfen, aber ich komme wieder auf. *2. Kor. 4, 8–9 (GN)*

Ich lebe, aber nicht mehr ich, sondern Christus lebt in mir. *Gal. 2, 20*

Werdet stark durch die Verbindung mit dem Herrn! Laßt euch von seiner Kraft stärken! *Eph. 6, 10 (GN)*

Durch unsern Glauben haben wir die Welt schon besiegt. Denn wer kann die Welt besiegen? Nur wer glaubt, daß Jesus der Sohn Gottes ist. *1. Joh. 5, 4–5 (GN)*

**Lebensqualität**

Ausgewoben habe ich mein Leben wie ein Weber. *Jes. 38, 12*

Nicht durch lange Dauer wird das Leben ehrenwert, und nicht nach der Zahl der Jahre wird es bemessen. Das wahre Silberhaar für die Menschen ist gute Gesinnung. *Sal. 4, 8–9*

Die wahre Lebensreife ist ein fleckenloser Wandel. *Sal. 4, 9*

**Lebensregeln**

1. Wer Gott vertraut, kann ohne Angst leben.
2. Wer Gott vertraut, braucht keinen Aberglauben.
3. Wer Gott vertraut, darf beten.
4. Wer Gott vertraut, findet Kraft und Mut.
5. Wer Gott vertraut, ist dankbar.
6. Wer Gott vertraut, kümmert sich um den Mitmenschen.
7. Wer Gott vertraut, dient der Gemeinschaft.
8. Wer Gott vertraut, ist bescheiden.
9. Wer Gott vertraut, bleibt bei der Wahrheit.
10. Wer Gott vertraut, überwindet den Neid.

*(Freie Übersetzung der 10 Gebote 2. Mos. 20, 2–17)*

Was dir selbst zuwider ist, das tue niemandem an! *Tob. 4, 15*

Sag mit wenig viel, gleich dem, der beides kann: wissen und schweigen. *Sir. 32, 8*

Siehe, ich sende euch wie Schafe mitten unter die Wölfe. Darum seid klug wie die Schlangen und ohne Falsch wie die Tauben! *Mat. 10, 16*

In all deinem Tun bleibe Herr der Lage, und laß keinen Makel auf deine Ehre kommen. *Sir. 33, 23*

Seid fröhlich in der Hoffnung, geduldig in der Trübsal, beharrlich im Gebet! *Röm. 12, 12*

Weg mit aller Verbitterung, mit Aufbrausen, Zorn und jeder Art von Beleidigung! Schreit einander nicht an. Legt jede feindselige Gesinnung ab. Seid freundlich und hilfsbereit zueinander und verzeiht euch gegenseitig. Auch Gott hat euch ja durch Christus eure Schuld vergeben. *Eph. 4, 31–32 (GN)*

Gebt euch Mühe, im Umgang miteinander und mit allen Menschen zu tun, was recht ist. *1. Thess. 5, 15 (GN)*

Bemühe dich um Gerechtigkeit, Gottesfurcht, Glauben, Liebe, Geduld und Freundlichkeit. *1. Tim. 6, 11 (GN)*

**Lebensrhythmus**

Sechs Tage sollst du deine Arbeit tun, am siebenten Tage aber sollst du feiern, damit dein Rind und dein Esel ruhen und der Sohn deiner Sklavin und der Fremdling aufatmen können. *2. Mos. 23, 12*

Gott darf ich vertrauen, grenzenlos;
mir wirds an nichts fehlen.
In einem Land läßt er mich
wohnen, wo die Wirtschaft gedeiht,
in den Geschäften bereitliegt, was
ich zum Leben brauche. Er hat
mich geführt, daß ich Arbeit
gefunden, aus der mein
Einkommen fließt und ich meine
Bedürfnisse stillen kann.

Er gibt mir in Freizeit und Urlaub
meine Lebenskraft zurück, wenn
ich erschöpft von der Arbeit nach

Hause zu meiner Familie komme.
Er führt mich in meinem Leben auf die richtigen Wege, er zeigt mir seinen Willen, daß ich die richtigen Entscheidungen treffe und für seine Ehre in der Welt wirke.

Auch wenn ich hinein muß in eine schreckliche Krise, im Kreis meiner Lieben, im Gefüge unserer Wirtschaft, in der Weltpolitik, fürchte ich kein Unheil;
denn du bist bei mir, Christus.
Deine Macht schützt besser als die Aufrüstung der Großmächte, und mit den Schlägen des Schicksals holst du mich zu dir zurück.

Du deckst vor mir einen Tisch in deinem Hause.
Draußen zerreibt mich der Streit, der Unfriede zerreißt die Gemeinschaft der Menschen und der Mächte.
Du aber fügst mich und die anderen hier durch das Brot deines Mahles und die Gemeinschaft deines Leibes zusammen.
Du füllst uns den Kelch und läßt uns zugute kommen das Blut, das du am Kreuze vergossen.

Nur Gutes wird mir zuteil alle Tage meines Lebens, weil Gott so zu mir hält und er durch Christus zu mir spricht.

Darum will ich bleiben mit den anderen zusammen in der Gemeinschaft mit Christus, solange ich lebe.
*(Freie Übersetzung von Psalm 23)*

Die Liebe, die Christus uns erwiesen hat, bestimmt mein ganzes Handeln. *2. Kor. 5, 14 (GN)*

**Lebensüberdruß**
Meiner Seele ekelt ob meines Lebens. *Hiob 10, 1*

Warum ließest du mich kommen aus dem Mutterschoß, mich nicht verscheiden, daß kein Auge mich sah? *Hiob 10, 18*

O Tod, wie gut ist dein Entscheid für einen voller Leid und ohne Kraft!, für den, der allenthalben strauchelt und anstößt, der hadert und ohne Hoffnung ist! *Sir. 41, 2*

**Lebenswandel**
Ich bin der allmächtige Gott, wandle vor mir, dann wirst du unsträflich sein. *1. Mos. 17, 1*

Wer unsträflich wandelt, den lasse ich schauen mein Heil. *Ps. 50, 23*

Wie wird ein Jüngling seinen Pfad rein erhalten? – Wenn er sich hält nach deinem Wort. *Ps. 119, 9*

Unterweise mich, nach deinen Befehlen zu wandeln. *Ps. 119, 27*

Von seinem Wandel bekommt genug, wer abtrünnigen Herzens ist. *Spr. 14, 14*

Der Kluge achtet auf seine Schritte. *Spr. 14, 15*

Ich werde ihnen ein andres Herz geben und einen neuen Geist in ihr Inneres legen; ich werde das steinerne Herz aus ihrem Leibe herausnehmen und ihnen ein fleischernes Herz geben, damit sie nach meinen Geboten wandeln und meine Satzungen halten und darnach tun.
*Ez. 11, 19–20*

Habe auf dich acht in allen deinen Werken, und zeige dich wohlerzogen in deinem ganzen Wandel. *Tob. 4, 14*

Wohlgeratene Kinder, die ihr Auskommen haben, lassen die niedrige Herkunft ihrer Eltern vergessen; aber Kinder, die sich mit dünkelhafter Zuchtlosigkeit brüsten, bringen Schande über ihre vornehme Familie. *Sir. 22, 9–10*

Zieht euch nicht selber das Verderben zu durch eurer Hände Werk.
*Sal. 1, 12*

Wie Christus durch die wunderbare Macht Gottes, des Vaters, aus dem Tod zurückgerufen wurde, so können auch wir jetzt ein neues Leben führen. *Röm. 6, 4 (GN)*

Achtet genau auf eure Lebensweise. Lebt nicht wie Unwissende, sondern wie Menschen, die wissen, worauf es ankommt. *Eph. 5, 15 (GN)*

Vor allem kommt es darauf an, daß ihr mit eurem Verhalten der Guten Nachricht von Christus Ehre macht.
*Phil. 1, 27 (GN)*

Gibt es unter euch jemand, der sich für klug und weise hält? Dann muß man das an seiner guten Lebensführung erkennen. Was er tut, soll von der Bescheidenheit zeugen, die einem Weisen ansteht.
*Jak. 3, 13 (GN)*

Führt euer ganzes Leben als heilige Menschen; denn Gott, der euch berufen hat, ist heilig. *1. Pet. 1, 15 (GN)*

**Lebensweisheit**

Kaufe Wahrheit und verkaufe sie nicht, Weisheit und Zucht und Einsicht. *Spr. 23, 23*

Kenntnis der Gebote des Herrn ist eine Belehrung zum Leben.
*Sir. 19, 19*

Nach drei Dingen trägt meine Seele Begehr, und sie sind wohlgefällig vor Gott und den Menschen: Eintracht unter Brüdern, Liebe unter Freunden, und daß Mann und Weib sich ineinander schicken. *Sir. 25, 1*

Wer mit den Augen zwinkert, der schmiedet Böses, und wer ihn durchschaut, hält sich ferne von ihm.
*Sir. 27, 22*

Ich bete zu Gott, daß er euch Weisheit und Einsicht schenkt, damit eure Liebe immer vollkommener wird. Dann könnt ihr in jeder Lage entscheiden, was das Rechte ist.
*Phil. 1, 9–10 (GN)*

Wenn einem von euch Lebensweisheit fehlt, soll er Gott darum bitten. Gott wird sie ihm geben, denn er gibt gern und teilt an alle großzügig aus. Ihr müßt ihn aber in festem Vertrauen bitten und dürft nicht im geringsten zweifeln. *Jak. 1, 5–6 (GN)*

Die Weisheit von oben hat teil an der Vollkommenheit Gottes; sie ist friedlich, freundlich und nachgiebig. Sie ist voller Anteilnahme und bringt viele gute Taten hervor. Sie kennt weder Vorurteile noch Scheinheiligkeit. *Jak. 3, 17 (GN)*

**Leerlauf**

Leeres Geschwätz bringt nur Verlust. *Spr. 14, 23*

Er ließ meine Zähne an Kies sich zerreiben. *Klag. 3, 16*

Warum gebt ihr Geld aus für das, was nicht nährt, und tut Arbeit, davon ihr nicht satt werden könnt? Hört mir doch zu – so wird eure Seele leben! *Jes. 55, 2*

Ihre Fäden taugen nicht zum Kleide, und mit ihrem Gewirke kann man sich nicht bedecken. *Jes. 59, 6*

Du wirst säen, aber nicht ernten; du wirst Oliven keltern, aber mit Öl dich nicht salben, Trauben keltern, und doch keinen Wein trinken. *Mi. 6, 15*

Völker arbeiten fürs Feuer, und Nationen mühen sich ab für nichts. *Hab. 2, 13*

Alles, was aus dem Nichts kommt, kehrt zum Nichts zurück; so der Verruchte: aus dem Leeren ins Leere. *Sir. 41, 10*

Die Weisheit und Zucht gering achten, sind unglücklich, und eitel ist ihre Hoffnung, ihre Mühen nutzlos und vergeblich ihre Werke. *Sal. 3, 11*

**Leichtsinn**

Wer nichtigen Dingen nachjagt, der leidet Mangel. *Spr. 12, 11*

Ein lässiger Mensch muß Hunger leiden. *Spr. 19, 15*

Wer schnell vertraut, ist leichtsinnig. *Sir. 19, 4*

Wenn der Verständige ein weises Wort hört, so lobt er es und fügt noch eins hinzu; hört es der Leichtsinnige, so lacht er darüber und wirft es hinter seinen Rücken. *Sir. 21, 15*

Als Mitarbeiter Gottes bitte ich euch: Ihr habt die Gnade Gottes empfangen; verspielt sie nicht! *1. Kor. 6, 1 (GN)*

**Leiden**

Auf meinem Rücken haben die Pflüger gepflügt und ihre Furchen lang gezogen. *Ps. 129, 3*

Besser der Tod als Siechtum und besser die ewige Ruhe als ständiges Leiden. *Sir. 30, 17*

Freuen dürfen sich alle, die verfolgt werden, weil sie tun, was Gott verlangt; denn sie werden mit Gott in der neuen Welt leben.
*Mat. 5, 10 (GN)*

Ich teile die Leiden Christi in reichem Maß. Aber ebenso reich ist die Hilfe, die mir durch ihn geschenkt wird. *2. Kor. 1, 5 (GN)*

Die Leiden, die ich jetzt ertragen muß, wiegen nicht schwer und gehen vorüber. Sie werden mir eine Herrlichkeit bringen, die alle Vorstellungen übersteigt und kein Ende hat.
*2. Kor. 4, 17 (GN)*

Jeder wird seine eigene Bürde zu tragen haben. *Gal. 6, 5*

Nimm es auf dich, als treuer Kämpfer Jesu Christi mit mir für ihn zu leiden. *2. Tim. 2, 3 (GN)*

Denkt an die Propheten, die im Auftrag des Herrn redeten. Nehmt euch ein Beispiel daran, wie geduldig sie ihre Leiden ertrugen. *Jak. 5, 10 (GN)*

Müßt ihr einmal leiden, weil ihr tut, was Gott will, so dürft ihr euch freuen. Habt keine Angst vor Menschen; laßt euch nicht verwirren.
*1. Pet. 3, 14 (GN)*

**Leidenschaft**

Leidenschaft ist Wurmfraß in den Gebeinen. *Spr. 14, 30*

Wende dein Auge ab von einem anmutigen Weibe, und betrachte keine Schönheit, die dir nicht zugehört. An Frauenschönheit sind schon viele zugrunde gegangen, und Liebesleidenschaft verzehrt wie Feuer.
*Sir. 9, 8*

**Lernbereitschaft**

Belehret mich, und ich will schweigen. *Hiob 6, 24*

Unterweise mich, nach deinen Befehlen zu wandeln. *Ps. 119, 27*

Höre, mein Sohn, die Belehrung deines Vaters und verwirf nicht die Weisung deiner Mutter; denn sie sind deinem Haupte ein lieblicher Kranz und ein Geschmeide für deinen Hals. *Spr. 1, 8–9*

Wer auf guten Rat hört, der ist weise.
*Spr. 12, 15*

Höre auf Rat und nimm Zucht an, auf daß du in Zukunft weise seiest.
*Spr. 19, 20*

Mein Kind, sei der Belehrung zugänglich von Jugend an, so wirst du bis ins Greisenalter der Weisheit nicht ermangeln. *Sir. 6, 18*

Frage, so wirst du's ergründen; suche, so wirst du's finden; und hast du die Weisheit ergriffen, so laß sie nicht mehr los. *Sir. 6, 27*

Halte dich zur Versammlung der Alten, und wer weise ist – dem hange an. Jedes Lehrgespräch wünsche zu hören, und kein einsichtsvoller Spruch entgehe dir. Gewahrst du einen Verständigen, so suche ihn auf, und dein Fuß trete seine Schwelle aus. *Sir. 6, 34–36*

Wer Gott sucht, empfängt Belehrung. *Sir. 32, 14*

**Licht des Lebens**

Du hast mein Leben vom Tode errettet, ja, meine Füße vom Sturze, daß ich vor Gott wandle im Lichte des Lebens. *Ps. 56, 14*

Spräche ich: Lauter Finsternis soll mich bedecken, und Nacht sei das Licht um mich her, so wäre auch die Finsternis nicht finster für dich, die Nacht würde leuchten wie der Tag. *Ps. 139, 11–12*

Das Licht der Frommen brennt fröhlich, aber die Leuchte der Gottlosen erlischt. *Spr. 13, 9*

Ich bin das Licht der Welt. Wer mir nachfolgt, wird nicht in der Finsternis wandeln, sondern er wird das Licht des Lebens haben. *Joh. 8, 12*

**Liebe**

Laß Liebe und Treue nicht von dir weichen; binde sie dir an den Hals, schreibe sie auf die Tafel deines Herzens, so wirst du Gunst und Beifall finden vor Gott und den Menschen. *Spr. 3, 3–4*

Liebe deckt alle Vergehen zu. *Spr. 10, 12*

Besser ein Gericht Gemüse mit Liebe als ein gemästeter Ochse mit Haß. *Spr. 15, 17*

Wer Liebe sucht, deckt Fehler zu. *Spr. 17, 9*

Stark wie der Tod ist die Liebe. *H. L. 8, 6*

Große Wasser können die Liebe nicht löschen, Ströme sie nicht überfluten. *H. L. 8, 7*

Ein Sohn oder eine Stadt geben dem Namen Bestand, aber mehr als beide ist eine Frau, die man liebt. *Sir. 40, 19*

Ein neues Gebot gebe ich euch, daß ihr einander lieben sollt, wie ich euch geliebt habe. *Joh. 13, 34*

Größere Liebe hat niemand als die, daß einer sein Leben hingibt für seine Freunde. *Joh. 15, 13*

Die Erkenntnis bläht auf, die Liebe aber baut auf. *1. Kor. 8, 1*

Wer liebt, hat Geduld. Er ist gütig und ereifert sich nicht; er prahlt nicht und spielt sich nicht auf. Wer liebt, ist nicht taktlos, selbstsüchtig und reizbar. Er trägt keinem etwas nach. Er freut sich nicht, wenn der andere Fehler macht, sondern wenn er das Rechte tut. *1. Kor. 13, 4–6 (GN)*

Wer liebt, gibt niemals jemanden auf. In jeder Lage vertraut und hofft er für ihn. Alles nimmt er geduldig auf sich. *1. Kor. 13, 7 (GN)*

Liebe behält ihren Wert.
*1. Kor. 13, 8 (GN)*

Alles wird aufhören; nur Glaube, Hoffnung und Liebe nicht. Diese drei bleiben; aber die Liebe steht am höchsten. *1. Kor. 13, 13 (GN)*

Wer nicht liebt, kennt Gott nicht. Denn Gott ist Liebe.
*1. Joh. 4, 8 (GN)*

Gott ist Liebe. Wer in der Liebe lebt, der lebt in Gott, und Gott lebt in ihm.
*1. Joh. 4, 16 (GN)*

**Liebe Gottes**
Der Herr ist gütig; ewig währt seine Gnade und seine Treue von Geschlecht zu Geschlecht. *Ps. 100, 5*

Barmherzig und gnädig ist der Herr, langmütig und reich an Güte.
*Ps. 103, 8*

Mein Sohn, verwirf nicht die Züchtigung des Herrn und sei nicht unmutig ob seiner Strafe; denn wen der Herr lieb hat, den züchtigt er wie ein Vater den Sohn, dem er wohlwill.
*Spr. 3, 11–12*

Wer der Gerechtigkeit nachjagt, den hat Gott lieb. *Spr. 15, 9*

Mit ewiger Liebe habe ich dich geliebt; darum habe ich dich zu mir gezogen aus Güte. *Jer. 31, 3*

So sehr hat Gott die Welt geliebt, daß er seinen einzigen Sohn gab, damit jeder, der an ihn glaubt, nicht verloren gehe, sondern ewiges Leben habe. *Joh. 3, 16*

Gott hat uns seinen Geist geschenkt und uns dadurch gezeigt, wie sehr er uns liebt. *Röm. 5, 5 (GN)*

**Liebe zu Gott**
Die Gott lieben, sind wie die Sonne, wenn sie aufgeht in ihrer Pracht.
*Richt. 5, 31*

Ich liebe den Herrn, denn er erhört mein flehentlich Rufen; ja, er hat sein Ohr zu mir geneigt – ich will ihn anrufen mein Leben lang.
*Ps. 116, 1–2*

Mit aller deiner Kraft liebe deinen Schöpfer, und seine Diener laß nicht im Stich. *Sir. 7, 30*

Du sollst den Herrn, deinen Gott, lieben aus deinem ganzen Herzen und mit deiner ganzen Seele und mit deiner ganzen Kraft und mit deinem ganzen Denken und deinen Nächsten wie dich selbst. *Luk. 10, 27*

**Liebeserklärung**
Du, meine Taube in Felsenklüften, im Versteck an der Bergwand, laß mich schauen deine Gestalt, laß

deine Stimme mich hören; denn deine Stimme ist süß, und deine Gestalt ist lieblich. *H. L. 2, 14*

Wie schön bist du, meine Freundin, wie schön! Deine Augen glänzen wie Tauben hinter dem Schleier hervor. Dein Haar ist wie eine Herde Ziegen, die vom Gebirge Gilead herabwallt. Deine Zähne sind wie eine Herde frischgeschorener Schafe, die von der Schwemme heraufsteigen. Einem Karmesinband gleich sind deine Lippen, und dein Plaudermund ist lieblich. Gleich dem Riß im Granatapfel schimmert deine Schläfe hinter deinem Schleier hervor. Dein Hals ragt gleich dem Davidsturme. Deine Brüste sind gleich zwei Böcklein, Zwillingen der Gazelle, die auf Lilienauen weiden.
*H. L. 4, 1–5*

Alles ist schön an dir, meine Freundin, an dir ist kein Fehl. *H. L. 4, 7*

**Liebeskummer**

Ich bin krank vor Liebe. *H. L. 2, 5*

Wenn ihr meinem Geliebten begegnet, was sollt ihr ihm sagen? Daß ich krank bin vor Liebe! *H. L. 5, 8*

**Lieblosigkeit**

Der Hieb der Geißel bringt Striemen hervor, der Hieb der Zunge aber zerbricht die Knochen. *Sir. 28, 17*

Wenn einer alle Sprachen der Menschen und sogar der Engel spricht, aber keine Liebe hat, ist er doch nur ein dröhnender Gong oder eine lärmende Pauke. *1. Kor. 13, 1 (GN)*

Wenn einer göttliche Eingebungen hat und alle Geheimnisse Gottes kennt, wenn er den Glauben hat, der Berge versetzt, aber ohne Liebe ist, hat das alles keinen Wert.
*1. Kor. 13, 2 (GN)*

Wenn einer seinen ganzen Besitz verteilt und den Feuertod auf sich nimmt, aber die Liebe nicht hat, ist alles umsonst. *1. Kor. 13, 3 (GN)*

**Liederlichkeit**

Wer Lustbarkeit liebt, verfällt dem Mangel; wer Wein und Salböl liebt, wird nicht reich. *Spr. 21, 17*

Halte dich nicht zu den Trunkenbolden, zu denen, die mit Prassen sich gütlich tun! Denn Säufer und Prasser geraten in Armut. *Spr. 23, 20–21*

Wer die Belehrung bewahrt, ist ein verständiger Sohn; wer aber mit Schlemmern umgeht, macht seinem Vater Schande. *Spr. 28, 7*

**Lob Gottes**

Ich will den Herrn preisen allezeit, sein Lob soll immerdar in meinem Munde sein. *Ps. 34, 2*

Herr, tue meine Lippen auf, daß mein Mund dein Lob verkünde.
*Ps. 51, 17*

Gelobt sei der Herr in Ewigkeit!
*Ps. 89, 53*

Lobe den Herrn, meine Seele, und alles, was in mir ist, seinen heiligen Namen! Lobe den Herrn, meine Seele, und vergiß nicht, was er dir Gutes getan! Der dir all deine Schuld vergibt und alle deine Gebrechen heilt, der dein Leben vom Verderben erlöst, der dich krönt mit Gnade und Barmherzigkeit, der mit Gutem dein Verlangen stillt. *Ps. 103, 1–5*

Lobet den Herrn, denn er ist gütig; lobsingt seinem Namen, denn er ist lieblich. *Ps. 135, 3*

Es preisen dich, Herr, all deine Werke, und deine Frommen loben dich. *Ps. 145, 10*

Lobet Gott in seinem Heiligtum, lobet ihn in seiner starken Feste! Lobet ihn ob seiner mächtigen Taten, lobet ihn nach der Fülle seiner Hoheit! Lobet ihn mit dem Schall der Posaunen; lobet ihn mit Psalter und Harfe! Lobet ihn mit Handpauken und Reigen, lobet ihn mit Saitenspiel und Schalmei! Lobet ihn mit klingenden Zimbeln, lobet ihn mit schallenden Zimbeln! Alles, was Odem hat, lobe den Herrn!
*Ps. 150, 1–6*

Danket dem Herrn, rufet an seinen Namen, tut kund unter den Völkern seine Taten, verkündet, daß sein Name erhaben ist! Lobsinget dem Herrn; denn Großes hat er getan, kund sei das in aller Welt!
*Jes. 12, 4–5*

O Herr, mein Gott bist du; ich will dich erheben, will deinen Namen preisen; denn du hast Wunderbares vollbracht. *Jes. 25, 1*

Dem Gott, der allein weise ist und den wir durch Jesus Christus kennen, sei Lob für immer und ewig. Amen.
*Röm. 16, 27 (GN)*

Das ist gewiß: Lob und Herrlichkeit, Weisheit und Dank, Ehre, Macht und Stärke gehören unserm Gott für immer und ewig. Amen.
*Off. 7, 12 (GN)*

**Lohn**

Seid tapfer und lasset eure Hände nicht schlaff werden! Denn euer Tun wird schon seinen Lohn finden.
*2. Chr. 15, 7*

Bei aller sauren Arbeit stellt sich Gewinn ein. *Spr. 14, 23*

Wer einen Feigenbaum hütet, genießt seine Frucht. *Spr. 27, 18*

Wer sein Feld bebaut, der hat Brot die Fülle. *Spr. 28, 19*

Die Toten haben keinen Lohn mehr.
*Pred. 9, 5*

Gute Arbeit gibt herrlichen Lohn.
*Sal. 3, 15 (L)*

Der Herr ist der Gerechten Lohn.
*Sal. 5, 16 (L)*

Freuen dürft ihr euch, wenn man euch beschimpft und verfolgt und euch zu Unrecht alles Schlechte nachsagt, weil ihr zu mir gehört. Freut euch und seid froh, denn Gott wird euch reich belohnen.
*Mat. 5, 11–12*

Wie könnt ihr von Gott eine Belohnung erwarten, wenn ihr nur die liebt, die euch auch lieben?
*Mat. 5, 46 (GN)*

Hütet euch davor, Gutes nur deshalb zu tun, um von den Menschen bewundert zu werden. Denn dann habt ihr keinen Lohn mehr von eurem Vater im Himmel zu erwarten.
*Mat. 6, 1 (GN)*

Wer einen Boten Gottes bei sich aufnimmt, weil er Gottes Bote ist, der wird auch belohnt werden wie ein Bote Gottes. Und wer einen frommen Menschen aufnimmt, eben weil er fromm ist, der wird entsprechend belohnt werden. *Mat. 10, 41 (GN)*

Der Arbeiter ist seines Lohnes wert.
*Luk. 10, 7*

Der, welcher erntet, empfängt Lohn.
*Joh. 4, 36*

Ein Arbeiter bekommt seinen Lohn nicht als Geschenk, sondern weil er einen Anspruch darauf hat.
*Röm. 4, 4 (GN)*

Gott wird jeden nach seinem persönlichen Einsatz belohnen.
*1. Kor. 3, 8 (GN)*

Wer pflügt und erntet, soll damit rechnen können, selbst einen Teil vom Ertrag zu bekommen.
*1. Kor. 9, 10 (GN)*

Nehmt euch in acht, damit ihr nicht verliert, was ihr erarbeitet habt, sondern den vollen Lohn bekommt.
*2. Joh. 8 (GN)*

**Lügen**

Ihr sollt bei meinem Namen nicht falsch schwören und so den Namen eures Gottes entweihen.
*3. Mos. 19, 12*

Ihr übertüncht die Wahrheit mit Lügen, und Pfuschärzte seid ihr alle.
*Hiob 13, 4*

Verschwunden ist die Treue unter den Menschenkindern. Lügen reden sie einer zum andern; mit glatter Zunge, mit doppeltem Herzen reden sie. *Ps. 12, 2–3*

Wer krumme Wege geht, wird ertappt. *Spr. 10, 9*

Ein wahrhaftiger Zeuge lügt nicht; aber ein falscher Zeuge bringt Lügen hervor. *Spr. 14, 5*

Der falsche Zeuge bleibt nicht ungestraft, und wer Lügen vorbringt, entrinnt nicht. *Spr. 19, 5*

Wenn ein Herrscher auf Lügen hört, so werden alle seine Diener zu Schurken. *Spr. 29, 12*

Laß dich nicht herbei, eine Lüge zu reden, denn es ist nichts Gutes von ihr zu erwarten. *Sir. 7, 13*

Ein Schandfleck am Menschen ist die Lüge; im Munde der Unerzogenen fehlt sie nie. *Sir. 20, 24*

Ein lügnerischer Mund bringt die Seele ins Verderben. *Sal. 1, 11*

# M

**Machtmißbrauch**

Willst du ein verwehtes Blatt erschrecken und einen dürren Halm verfolgen? *Hiob 13, 25*

Folge nicht deinem Kraftgefühl, daß du bösen Gelüsten nachgebest. Sage nicht: «Wer will es mir wehren?» Denn der Herr ist ein Rächer der Verfolgten. *Sir. 5, 2–3*

Versucht nicht, die, die euch anvertraut sind, zu beherrschen.
*1. Pet. 5, 3 (GN)*

**Gegen die Managerkrankheit**

Der Herr gibt mir für meine Arbeit das Tempo an.
Ich brauche nicht zu hetzen.
Er gibt mir immer wieder einen Augenblick der Stille, eine Atempause, in der ich zu mir komme.
Er stellt mir Bilder vor die Seele, die mich sammeln und mir Gelassenheit geben.
Oft läßt er mir mühelos irgend etwas gelingen, und es überrascht mich selbst, wie zuversichtlich ich sein kann.
Ich merke: Wenn man sich diesem Herrn anvertraut, bleibt das Herz ruhig.
Obwohl ich viel zuviel Arbeit habe, brauche ich doch den Frieden nicht zu verlieren.
Er ist in jeder Stunde da und in allen Dingen, und so verliert alles andere sein bedrohliches Gesicht.
Oft – mitten im Gedränge – gibt er mir ein Erlebnis, das mir Mut macht.
Das ist, als ob mir einer eine Erfrischung reichte, und dann ist der Friede da und eine tiefe Geborgenheit.
Ich spüre, wie meine Kraft dabei wächst, wie ich ausgeglichen werde und mir mein Tagwerk gelingt.
Darüber hinaus ist es einfach schön zu wissen, daß ich meinem Herrn auf der Spur und daß ich, jetzt und immer, bei ihm zu Hause bin.

*(Freie Übersetzung von Psalm 23)*

Besser eine Hand voll Ruhe, als beide Hände voll Mühe und Haschen nach Wind. *Pred. 4, 6*

Banne den Unmut von deinem Herzen! *Pred. 11, 10*

Mancher wird reich, indem er sich abquält, und dies ist der Gewinn, den er davon hat: Wenn er sagt: «Nun habe ich Ruhe gefunden, und jetzt will ich essen von meinem Gute», so weiß er doch nicht, wie wenig Zeit verstreicht, bis er es andern lassen muß und stirbt. *Sir. 11, 18–19*

Ein fröhlicher Mensch verlängert seine Tage. *Sir. 30, 22*

Sprich deinem Gemüte zu und ermuntre dich, aber den Ärger halte fern von dir. *Sir. 30, 23*

Ein reicher Bauer hatte eine besonders gute Ernte gehabt. «Was soll ich nur tun?» überlegte er. «Ich weiß nicht, wo ich das alles unterbringen soll! Ich hab's», sagte er, «ich reiße meine Scheunen ab und baue größere! Dann kann ich das ganze Getreide und alle meine Vorräte dort unterbringen und kann zu mir selbst sagen: Gut gemacht! Jetzt bist du auf viele Jahre versorgt! Iß und trink nach Herzenslust und genieße das Leben!» Aber Gott sagte zu ihm: «Du Narr, noch in dieser Nacht mußt du sterben! Wem gehört dann dein Besitz?» *Luk. 12, 17–20 (GN)*

**Maria**

Maria (= prächtig? oder bitter?) behielt alle diese Worte und erwog sie in ihrem Herzen. *Luk. 2, 19*

**Maßhalten**

Die Worte der Verständigen sind abgewogen. *Sir. 21, 25*

Setze nur selten den Fuß ins Haus deines Nächsten; sonst bekommt er dich satt und haßt dich. *Spr. 25, 17*

Wer im Essen maßhält, hat gedeihlichen Schlaf, steht er in der Frühe auf, so fühlt er sich frisch. *Sir. 31, 20*

Zum Wasser des Lebens wird der Wein dem Menschen, wenn er ihn mit rechtem Maße trinkt. *Sir. 31, 27*

Überschreite das Maß gegen keinen Menschen. *Sir. 33, 30*

Bei keiner Freude sei unersättlich, und bei keinem Genuß laß dich gehen. *Sir. 37, 29*

**Maßstab**

Ihr werdet mit demselben Maß gemessen werden, das ihr bei andern anlegt. *Mat. 7, 2*

Behandelt die Menschen so, wie ihr selbst von ihnen behandelt werden wollt – das ist der Inhalt des Gesetzes und die Lehre der Propheten. *Mat. 7, 12 (GN)*

**Medikamente**

Ein fröhliches Herz ist die beste Arznei. *Spr. 17, 22*

Gott bringt aus der Erde Arzneien hervor, und ein verständiger Mann verachtet sie nicht. *Sir. 38, 4*

Den Menschen schenkte Gott Einsicht, daß sie seiner Wunderkräfte sich rühmen. Mit ihnen stillen die Ärzte den Schmerz und bereiten die Apotheker ihre Salben, damit sein Werk kein Ende finde und Hilfe erstehe aus seinem Erdreich. *Sir. 38, 6–8*

Du solltest nicht nur Wasser trinken, sondern auch ein wenig Wein nehmen wegen deines Magens. Du bist ja so oft krank. *1. Tim. 5, 23 (GN)*

**Mensch**

Da bildete Gott der Herr den Menschen aus Erde vom Ackerboden und hauchte ihm Lebensodem in die Nase; so ward der Mensch ein lebendes Wesen. *1. Mos. 2, 7*

Was ist doch der Mensch, daß du ihn groß achtest und daß du dich um ihn bekümmerst? *Hiob 7, 17*

Wenn ich schaue deine Himmel, das Werk deiner Finger, den Mond und die Sterne, die du hingesetzt hast: Was ist doch der Mensch, daß du seiner gedenkst? Und des Menschen Kind, daß du dich seiner annimmst? Du machtest ihn wenig geringer als Engel, mit Ehre und Hoheit kröntest du ihn. Du setztest ihn zum Herrscher über das Werk deiner Hände, alles hast du ihm unter die Füße gelegt. *Ps. 8, 4–7*

**Menschenkenntnis**

Der Gottlose zeigt ein freches Gesicht, der Fromme aber einen festen Wandel. *Spr. 21, 29*

Das Gewissen verändert des Menschen Angesicht, sei es zum Guten oder zum Schlimmen. *Sir. 13, 25*

Wer die Augen zukneift, sinnt auf Ränke, wer die Lippen hämisch verzieht, hat Böses vollbracht. *Spr. 16, 30*

Am Blick erkennt man den Mann, und den Verständigen an der Weise seines Auftretens. *Sir. 19, 29*

Die Art sich zu kleiden läßt erkennen, wie ein Mann handelt, und der Gang des Menschen offenbart, was an ihm ist. *Sir. 19, 30*

Der Weise erkennt, wen er vor sich hat, und im Augenblick durchschaut er den Frevler. *Sir. 21, 7*

Den unzüchtigen Sinn einer Frau kann man erkennen am Augenaufschlag und am Wimperzucken. *Sir. 26, 9*

Wer mit den Augen zwinkert, der

schmiedet Böses, und wer ihn durchschaut, hält sich ferne von ihm.
*Sir. 27, 22*

**Menschenlos**
So ist um deinetwillen der Erdboden verflucht. Mit Mühsal sollst du dich von ihm nähren dein Leben lang. Dornen und Disteln soll er dir tragen, und das Kraut des Feldes sollst du essen. Im Schweiße deines Angesichtes sollst du dein Brot essen, bis du wieder zur Erde kehrst, von der du genommen bist. *1. Mos. 3, 17–19*

Ist nicht ein Kriegsdienst des Menschen Los auf Erden? *Hiob 7, 1*

Gedenke doch, daß du wie Ton mich gebildet! Und zu Staube willst du mich wieder machen? *Hiob 10, 9*

Ja, ein Hauch nur ist alles, was Mensch heißt. *Ps. 39, 6*

Der Jünglinge Zier ist ihre Kraft, und der Schmuck der Greise das graue Haar. *Spr. 20, 29*

Ich werde geehrt und beleidigt. Man redet über mich Schlechtes und Gutes. Die einen halten mich für einen Betrüger, die anderen glauben mir, daß ich es ehrlich meine. Für die einen bin ich undurchschaubar, aber die anderen haben mir ins Herz gesehen. Ich bin ein Sterbender, und trotzdem lebe ich.
*2. Kor. 6, 8–9 (GN)*

**Menschenrechte**
Befreie, die zum Tode geschleppt werden, und die zur Schlachtbank wanken, rette sie doch! *Spr. 24, 11*

Daß man mit Füßen tritt alle Gefangenen der Erde, daß man das Recht des Mannes beugt vor dem Höchsten, daß man den Menschen bedrückt in seinem Rechtsstreit, sollte der Herr das nicht sehen?
*Klag. 3, 34–36*

Achtet alle Menschen.
*1. Pet. 2, 17 (GN)*

**Messias**
Ich sehe ihn, doch nicht schon jetzt, ich erschaue ihn, doch nicht schon nah: es geht auf ein Stern aus Jakob, ein Szepter erhebt sich aus Israel.
*4. Mos. 24, 17*

Siehe, das junge Weib ist schwanger und gebiert einen Sohn, und sie gibt ihm den Namen Immanuel (d. h. Gott mit uns). *Jes. 7, 14*

Ein Kind ist uns geboren, ein Sohn ist uns gegeben, und die Herrschaft kommt auf seine Schulter, und er wird genannt: Wunderrat, starker Gott, Ewigvater, Friedefürst.
*Jes. 9, 6*

Ein Reis wird hervorgehen aus dem Stumpfe Isais, und ein Schoß aus seinen Wurzeln Frucht tragen. Auf ihm wird ruhen der Geist des Herrn, der Geist der Weisheit und der Einsicht, der Geist des Rates und der

Stärke, der Geist der Erkenntnis und der Furcht des Herrn. *Jes. 11, 1–2*

Siehe da, mein Knecht, an dem ich festhalte, mein Erwählter, an dem meine Seele Wohlgefallen hat. Ich habe meinen Geist auf ihn gelegt, daß er die Wahrheit unter die Völker hinaustrage. *Jes. 42, 1*

Ich, der Herr, habe dich in Treuen berufen und bei der Hand gefaßt, ich habe dich gebildet und zum Bundesmittler für das Menschengeschlecht, zum Lichte der Völker gemacht, blinde Augen aufzutun, Gebundene herauszuführen aus dem Gefängnis, und die in der Finsternis sitzen, aus dem Kerker. *Jes. 42, 6–7*

Höret auf mich, ihr Gestade, und merket auf, ihr Völker von fernher! Von Geburt an hat mich der Herr berufen, meinen Namen genannt von Mutterschoß an. Er machte meinen Mund wie ein scharfes Schwert, barg mich im Schatten seiner Hand; er machte mich zum glatten Pfeil, versteckte mich in seinem Köcher und sprach zu mir: Du bist mein Knecht, durch den ich mich verherrliche. *Jes. 49, 1–3*

So will ich dich denn zum Lichte der Völker machen, daß mein Heil reiche bis an das Ende der Erde. *Jes. 49, 6*

Gott der Herr hat mir eines Jüngers Zunge verliehen, daß ich den Müden durch das Wort zu erquicken wisse. *Jes. 50, 4*

Siehe, mein Knecht wird Glück haben; er wird emporsteigen, wird hochragend und erhaben sein. Wie sich viele über ihn entsetzten – so entstellt, nicht mehr menschlich war sein Aussehen und seine Gestalt nicht wie die der Menschenkinder – so wird er viele Völker in Erstaunen setzen, und Könige werden vor ihm ihren Mund verschließen. Denn was ihnen nie erzählt ward, schauen sie, und was sie nie gehört, das werden sie gewahr. *Jes. 52, 13–15*

Wahrlich, unsre Krankheiten hat er getragen und unsre Schmerzen auf sich geladen; wir aber wähnten, er sei gestraft, von Gott geschlagen und geplagt. Und er war doch durchbohrt um unsrer Sünden, zerschlagen um unsrer Verschuldungen willen; die Strafe lag auf ihm zu unsrem Heil, und durch seine Wunden sind wir genesen. Wir alle irrten umher wie Schafe, wir gingen jeder seinen eigenen Weg; ihn aber ließ der Herr treffen unser aller Schuld. Er ward mißhandelt und beugte sich und tat seinen Mund nicht auf wie ein Lamm, das zur Schlachtbank geführt wird, und wie ein Schaf, das vor seinen Scherern verstummt. *Jes. 53, 4–7*

Der Geist Gottes des Herrn ruht auf mir, dieweil mich der Herr gesalbt hat; er hat mich gesandt, den Elenden frohe Botschaft zu bringen, zu heilen, die gebrochenen Herzens sind, den Gefangenen Befreiung zu verkünden und den Gebundenen Lösung der Bande. *Jes. 61, 1*

Siehe, es kommen Tage, spricht der Herr, da werde ich dem David einen gerechten Sproß erwecken; der wird als König herrschen und weise regieren und Recht und Gerechtigkeit üben im Lande. *Jer. 23, 5*

Ich werde über sie einen einzigen Hirten bestellen, der sie weiden soll, meinen Knecht David; der wird sie weiden, und der wird ihr Hirte sein. *Ez. 34, 23*

Und du, Bethlehem-Ephrat, du kleinster unter den Gauen Judas, aus dir soll mir hervorgehen, der Herrscher in Israel werden soll; sein Ursprung ist in der Vorzeit, in unvordenklichen Tagen. *Mi. 5, 2*

Dann tritt er auf und weidet sie in der Kraft des Herrn, in dem erhabenen Namen des Herrn, seines Gottes, und sie wohnen ruhig; denn nun wird er groß sein bis an die Enden der Erde. Und das wird das Heil sein. *Mi. 5, 4–5*

Siehe, auf den Bergen die Füße des Friedensboten, der Heil verkündet! *Nah. 2, 1*

Frohlocke laut, Tochter Zion! Jauchze, Tochter Jerusalem! Siehe, dein König kommt zu dir; gerecht und siegreich ist er. Demütig ist er und reitet auf einem Esel, auf dem Füllen einer Eselin. *Sach. 9, 9*

Wir haben den Messias gefunden (das ist übersetzt: der Gesalbte). *Joh. 1, 41*

**Mißbrauch**

Wehe den Hirten, welche die Schafe meiner Weide verkommen lassen, so daß sie sich zerstreuen! *Jer. 23, 1*

Rennen auch Rosse über Felsen, oder pflügt man mit Rindern das Meer? Daß ihr das Recht in Gift verwandelt und die Frucht der Gerechtigkeit in Wermut! *Am. 6, 12*

Wehe denen, die Arges sinnen auf ihren Lagern, und, wenn der Morgen tagt, es vollbringen, weil es in ihrer Macht steht. *Mi. 2, 1*

Schäme dich, weiterzusagen, was du gehört hast, und zu verraten, was man im stillen beschloß. *Sir. 42, 1*

Seht zu, daß eure Freiheit nicht in Verruf gerät. *Röm. 14, 16 (GN)*

**Mißerfolg**

Der Böse hat keine Zukunft. *Spr. 24, 20*

Wie eine Stadt mit durchbrochenem Wall ist der Mann, der sich selbst nicht beherrscht. *Spr. 25, 28*

Falle nicht deinem Jähzorn anheim; er würde wie ein Stier deine Kraft aufzehren, deine Blätter fressen, deine Früchte vernichten und dich zurücklassen als dürren Baum. *Sir. 6, 2–3*

Wie dem Entmannten, der bei einer Jungfrau nächtigt, so geht es dem, der das Recht mit Gewalt durchsetzen will. *Sir. 20, 4*

Jeder Baum, der keine guten Früchte trägt, wird umgehauen und verbrannt. *Mat. 7, 19 (GN)*

Wenn ein Blinder einen Blinden führt, werden beide in eine Grube fallen. *Mat. 15, 14*

**Mission**

Verkünden will ich deinen Namen meinen Brüdern, inmitten der Gemeinde will ich dich preisen. *Ps. 22, 23*

Erzählt bei den Heiden von seiner Hoheit, bei allen Völkern von seinen Wundern! *Ps. 96, 3*

Ich will dich preisen unter den Völkern, o Herr, will dir lobsingen unter den Nationen. Denn groß bis zum Himmel ist deine Güte und deine Treue bis an die Wolken. *Ps. 108, 4–5*

Gehet hin und machet alle Völker zu Jüngern und taufet sie auf den Namen des Vaters und des Sohnes und des heiligen Geistes, und lehret sie alles halten, was ich euch befohlen habe! und siehe, ich bin bei euch alle Tage bis an das Ende der Welt. *Mat. 28, 19–20*

Gehet hin in alle Welt und prediget das Evangelium allen, die erschaffen sind. *Mark. 16, 15*

Die Gute Nachricht wird unter euch auf vielerlei Weise verkündet, und eure Erkenntnis nimmt stetig zu. *1. Kor. 1, 6 (GN)*

Alles ertragen wir, damit wir dem Evangelium von Christus kein Hindernis bereiten. *1. Kor. 9, 12*

Überall soll die Gnade Gottes bekannt gemacht werden, damit immer mehr Menschen Gott danken und ihm die Ehre geben. *2. Kor. 4, 15 (GN)*

Diese Gute Nachricht ist nicht nur bei euch, sondern in der ganzen Welt bekannt. Überall breitet sie sich aus und bringt Frucht. *Kol. 1, 6 (GN)*

Verhaltet euch klug gegenüber denen, die nicht zur Gemeinde gehören, und nutzt die Zeit. Redet immer so, daß sie gerne zuhören. Für jeden sollt ihr die rechte Antwort bereit haben. *Kol. 4, 5–6 (GN)*

Du hast die Worte gehört, die ich vor vielen Zeugen gesprochen habe. Vertraue sie fähigen und zuverlässigen Leuten an, die sie an andere weitergeben können. *2. Tim. 2, 2 (GN)*

**Mitarbeiter Gottes**

Die Ernte ist groß, aber der Arbeiter sind wenige. Bittet daher den Herrn der Ernte, daß er Arbeiter in seine Ernte sende! *Mat. 9, 37–38*

Wie mich der Vater gesandt hat, sende auch ich euch. *Joh. 20, 21*

Gott soll euch mit all euren Fähigkeiten als Waffe im Kampf für das Gute benutzen können.
*Röm. 6, 13 (GN)*

Als Gottes Mitarbeiter bewähre ich mich durch ein einwandfreies Leben, durch meine Erkenntnisse, durch Geduld und Freundlichkeit.
*2. Kor. 6, 6 (GN)*

Sei treu im Dienst für den Herrn und erfülle die Aufgabe, die du erhalten hast. *Kol. 4, 17 (GN)*

Ich danke unserem Herrn Jesus Christus, der mir für meinen Auftrag Kraft gegeben hat, daß er mich für würdig gehalten und dazu bestimmt hat, für ihn zu arbeiten.
*1. Tim. 1, 12 (GN)*

**Mitgefühl**
Wohl dem, der sich des Schwachen annimmt! *Ps. 41, 2*

Verbirg dich nicht vor dem, der gebrochenen Herzens ist. *Sir. 4, 2*

Seid barmherzig wie euer Vater barmherzig ist! *Luk. 6, 36*

Freut auch ihr euch und teilt meine Freude. *Phil. 2, 18 (GN)*

Habt Mitgefühl füreinander. Seid freundlich und zuvorkommend zueinander. *1. Pet. 3, 8 (GN)*

**Mitmenschlichkeit**
Willig sollst du deinem armen Bruder geben und nicht mißmutig sein, wenn du ihm gibst; denn dafür wird der Herr, dein Gott, dich segnen in all deinem Tun und in allem Beginnen deiner Hand. *5. Mos. 15, 10*

Wer andre erquickt, wird auch selber erquickt. *Spr. 11, 25*

Wenn du dem Hungrigen dein Brot darreichst und die gebeugte Seele sättigst: dann wird dein Licht aufstrahlen in der Finsternis und dein Dunkel werden wie der helle Mittag.
*Jes. 58, 10*

Laß die Augen des Verzweifelten nicht verschmachten. *Sir. 4, 1*

Sei nicht Feind, wo du Freund sein solltest. *Sir. 6, 1*

Überschreite das Maß gegen keinen Menschen, und tue nichts gegen das Recht. *Sir. 33, 30*

Ihr wißt, daß es heißt: «Auge um Auge, Zahn um Zahn.» Ich aber sage euch: Ihr sollt euch überhaupt nicht gegen das Böse wehren. Wenn dich einer auf die rechte Backe schlägt, dann halte ihm auch die linke hin. Wenn jemand mit dir um dein Hemd prozessieren will, dann gib ihm noch die Jacke dazu. Und wenn einer dich zwingt, ein Stück weit mit ihm zu gehen, dann geh mit ihm doppelt so weit. Wenn einer dich um etwas bittet, dann gib es ihm; wenn einer etwas von dir borgen möchte, dann leih es ihm. *Mat. 5, 38–42 (GN)*

Jeder von uns lebe dem Nächsten zu Gefallen. *Röm. 15, 2*

Kümmert euch umeinander, dann tut ihr, was Gott haben will. *Gal. 6, 2 (F)*

Sucht in Liebe miteinander auszukommen. *Eph. 4, 2*

In der Demut achte einer den andern höher als sich selbst. *Phil. 2, 3*

**Mord**

Verflucht ist, wer seinen Nächsten heimlich erschlägt. *5. Mos. 27, 24*

Den Nächsten mordet, wer ihn ums Brot bringt, und Blut vergießt, wer dem Arbeiter den Lohn entzieht. *Sir. 34, 26–27*

Wer seinen Bruder haßt, ist ein Mörder. *1. Joh. 3, 15 (GN)*

**Mose**

Als der Knabe groß geworden war, brachte sie ihn der Tochter des Pharao. Die nahm ihn als Sohn an und nannte ihn Mose, indem sie sprach: Ich habe ihn ja aus dem Wasser gezogen. *2. Mos. 2, 10*

**Mündigkeit**

Warum urteilt ihr nicht auch von euch selbst aus darüber, was recht ist? *Luk. 12, 57*

Prüft euch selbst, ob ihr im Glauben steht. Macht selbst die Probe! *2. Kor. 13, 5 (GN)*

Lebt nicht wie Unwissende, sondern wie Menschen, die wissen, worauf es ankommt. *Eph. 5, 15 (GN)*

**Musik**

Lobet den Herrn des Kosmos, das Weltall ist sein Heiligtum mit einem Radius von hunderttausend Millionen Lichtjahren;
lobet ihn, den Herrn der Sterne und der interstellaren Räume;
lobet ihn, den Herrn der Milchstraßen und der Räume zwischen den Milchstraßen;
lobet ihn, den Herrn der Atome und der Vakuen zwischen den Atomen;
lobet ihn mit Geigen, mit Flöten und Saxophonen;
lobet ihn mit Klarinetten und Englisch-Horn, mit Waldhörnern und Posaunen, mit Flügelhörnern und Trompeten;
lobet ihn mit Bratschen und Violoncelli, mit Klavieren und Pianolen;
lobet ihn mit Blues und Jazz und Sinfonieorchestern, mit den Spirituals der Neger und der Fünften von Beethoven, mit Gitarren und Xylophonen;
lobet ihn mit Plattenspielern und Tonbändern;
alles was atmet, lobe den Herrn, jede lebendige Zelle –
Halleluja!

*(Freie Übersetzung von Psalm 150)*

**Mut**
Ein mutiger Mann erträgt sein Leiden; aber gedrücktes Gemüt, wer richtet es auf? *Spr. 18, 14*

In der Höhe und als Heiliger throne ich und bei den Zerschlagenen und Demütigen, daß ich den Geist der Gebeugten belebe und das Herz der Zerschlagenen erquicke. *Jes. 57, 15*

Darum verliere ich nicht den Mut. Mein natürliches Leben geht zugrunde. Aber das Leben, das Gott mir schenkt, erneuert sich jeden Tag. *2. Kor. 4, 16 (GN)*

Ermutigt die Ängstlichen. *1. Thess. 5, 14 (GN)*

**Mutlosigkeit**
Leiden ohne Zahl haben mich umgeben, meine Sünden haben mich ereilt, und ich kann nicht aufsehn; ihrer sind mehr als die Haare meines Hauptes, und mein Mut hat mich verlassen. Laß es dir gefallen, Herr, mich zu erretten; eile, o Herr, mir zu helfen! *Ps. 40, 13–14*

Wehe dem verzagten Herzen und den lässigen Händen! *Sir. 2, 12*

**Mutter**
Verachte nicht deine alte Mutter. *Spr. 23, 22*

Schätze sammelt, wer seine Mutter hochhält. *Sir. 3, 4*

Schwer sündigt, wer seiner Mutter flucht. *Sir. 3, 11*

Seinen Schöpfer kränkt, wer seiner Mutter flucht. *Sir. 3, 16*

Vergiß nicht, wie deine Mutter dich mit Schmerzen gebar. *Sir. 7, 27*

**Mutterschaft**
Wenn eine Frau ein Kind zur Welt bringt, leidet sie Schmerzen; aber wenn das Kind geboren ist, vergißt sie die Schmerzen und ist nur noch glücklich, daß ein Mensch zur Welt gekommen ist. *Joh. 16, 21 (GN)*

# N

**Nachbarschaft**
Sinne nicht Böses wider den Nächsten, während er arglos neben dir wohnt. *Spr. 3, 29*

Besser ein Nachbar in der Nähe als ein Bruder in der Ferne. *Spr. 27, 10*

**Nachlässigkeit**
Schon wer nachlässig ist bei seinem Geschäfte, der ist ein Bruder des Verderbers. *Spr. 18, 9*

Sei nicht nachsichtig gegen dich, dir selbst zum Schaden. *Sir. 4, 22*

Wer weiß, was er zu tun hat, und es unterläßt, der macht sich schuldig. *Jak. 4, 17 (GN)*

**Nächstenliebe**
Du sollst dich nicht rächen, auch nicht deinen Volksgenossen etwas nachtragen, sondern du sollst deinen Nächsten lieben wie dich selbst; ich bin der Herr. *3. Mos. 19, 18*

Sprich nicht zum Nächsten: «Geh hin und komm wieder; morgen will ich dir geben» – da du's doch jetzt kannst. *Spr. 3, 28*

Wohltun errettet vom Tode. *Spr. 10, 2*

Wer seinen Nächsten verachtet, der sündigt, aber wohl dem, der sich der Elenden erbarmt! *Spr. 14, 21*

Wer den Geringen bedrückt, der schmäht dessen Schöpfer; doch ehrt ihn, wer sich des Armen erbarmt. *Spr. 14, 31*

Wer seinem Nächsten hilfreiche Hand bietet, hält die Gebote. *Sir. 29, 1*

Lege dein Vermögen so an, wie es den Geboten des Höchsten entspricht, das wird dir mehr Nutzen bringen, als Gold es könnte. Häufe in deinen Schatzkammern Mildtätigkeit an, und sie wird dich aus allem Ungemach erretten. *Sir. 29, 11–12*

Liebt eure Feinde und betet für die, die euch verfolgen. So erweist ihr euch als Kinder eures Vaters im Himmel. Denn er läßt die Sonne scheinen auf böse wie auf gute Menschen, und er läßt es regnen auf alle, ob sie ihn ehren oder verachten. Wie könnt ihr von Gott eine Belohnung erwarten, wenn ihr nur die liebt, die euch auch lieben? Das bringen sogar die gewissenlosesten Menschen fertig. Was ist denn schon Besonderes daran, wenn ihr nur zu euren Brüdern freundlich seid? Das tun auch die, die Gott nicht kennen. Nein, ihr sollt vollkommen sein, weil euer Vater im Himmel vollkommen ist.
*Mat. 5, 44–48 (GN)*

Barmherzigkeit will ich und nicht Opfer. *Mat. 9, 13*

Wer euch aufnimmt, der nimmt mich auf; und wer mich aufnimmt, der nimmt den auf, der mich gesandt hat.
*Mat. 10, 40*

Einer soll den andern als Bruder herzlich lieben und ihn höher stellen als sich selbst. *Röm. 12, 10 (GN)*

Wer den andern liebt, hat den Willen Gottes erfüllt. *Röm. 13, 8 (GN)*

Vor allem laßt nicht nach in der Liebe zueinander. Denn die Liebe macht viele Sünden wieder gut.
*1. Pet. 4, 8 (GN)*

Wer behauptet, im Licht zu leben, aber seinen Bruder haßt, der ist immer noch im Dunkeln. Nur wer seinen Bruder liebt, lebt wirklich im Licht. In ihm ist nichts, was einen andern an Gott irre werden läßt.
*1. Joh. 2, 9–10 (GN)*

**Nacktheit**

Die beiden, der Mensch und sein Weib, waren nackt und schämten sich nicht. *1. Mos. 2, 25*

Da (nach dem Sündenfall) gingen den beiden die Augen auf, und sie wurden gewahr, daß sie nackt waren; und sie hefteten Feigenblätter zusammen und machten sich Schurze.
*1. Mos. 3, 7*

**Nähe Gottes**

Mir ist es köstlich, Gott nahe zu sein; ich setze meine Zuversicht auf Gott, den Herrn, und verkünde alle deine Werke. *Ps. 73, 28*

Der Herr ist nahe allen, die ihn anrufen, allen, die ihn aufrichtig anrufen.
*Ps. 145, 18 (F)*

Ich rufe dich bei deinem Namen, mein bist du! *Jes. 43, 1*

Du bist doch, o Herr, in unserer Mitte, und deinen Namen tragen wir. *Jer. 14, 9*

Ich bin mit dir, dir zu helfen, dich zu retten, spricht der Herr. *Jer. 15, 20*

Du warst nahe, als ich dich anrief; du hast gesprochen: Fürchte dich nicht!
*Klag. 3, 57*

Ich bin mit euch, spricht der Herr, und mein Geist bleibt mitten unter euch; fürchtet euch nicht.
*Hag. 2, 4–5*

Selbst wenn wir sündigen, sind wir ja dein. *Sal. 15, 2*

Gott ist jedem von uns nahe; denn durch ihn leben, handeln und sind wir. *Apg. 17, 27–28 (GN)*

Der Herr sei mit euch allen!
*2. Thess. 3, 16*

Nahet euch Gott, so wird er sich euch nahen. *Jak. 4, 8*

**Namenchristen**
Sie geben sich zwar einen frommen Anschein, aber die Kraft wirklicher Frömmigkeit kennen sie nicht.
*2. Tim. 3, 5 (GN)*

Wer die Botschaft Gottes nur hört, aber nicht danach handelt, ist wie ein Mensch, der in einen Spiegel blickt: Er sieht sich, wie er ist, und betrachtet sich kurz. Aber dann geht er weg und vergißt sofort, wie er aussieht.
*Jak. 1, 23–24 (GN)*

Was hat es für einen Wert, wenn jemand behauptet: «Ich glaube!», und seine Taten bestätigen das nicht?
*Jak. 2, 14 (GN)*

Wenn einer behauptet: «Ich liebe Gott», und dabei seinen Bruder haßt, dann lügt er. Wenn er seinen Bruder, den er sieht, nicht liebt, dann kann er Gott, den er nicht sieht, erst recht nicht lieben. Christus gab uns dieses Gebot: Wer Gott liebt, der muß auch seinen Bruder lieben.
*1. Joh. 4, 20–21 (GN)*

**Namengebung**
Da bildete Gott der Herr aus Erde alle Tiere des Feldes und alle Vögel des Himmels und brachte sie zum Menschen, um zu sehen, wie er sie nennen würde; und ganz wie der Mensch sie nennen würde, so sollten sie heißen. *1. Mos. 2, 19*

**Natur**
Solange die Erde steht, soll nicht aufhören Saat und Ernte, Frost und Hitze, Sommer und Winter, Tag und Nacht. *1. Mos. 8, 22*

Die Himmel erzählen die Ehre Gottes, und die Feste verkündigt das Werk seiner Hände. Ein Tag sagt es dem andern, und eine Nacht tut es der andern kund – ohne Sprache, ohne Worte, mit unhörbarer Stimme. Ihr Klingen geht aus durch alle Lande, ihr Reden bis zum Ende der Welt. *Ps. 19, 2–5*

Es triefen die Anger der Steppe, und mit Jubel gürten sich die Hügel; die Berge bekleiden sich mit Herden, und die Täler hüllen sich in Korn, jauchzen sich zu und singen.
*Ps. 65, 13–14*

**Neid**
Nach einem Vorwand sucht, wer sich absondert; wider alles, was glückhaft, bricht er los. *Spr. 18, 1*

Iß nicht am Tische des Mißgünstigen und laß dich nicht nach seinen Lekkerbissen gelüsten. *Spr. 23, 6*

Wer mißgünstig ist, ist auch schlecht gegen sich selbst. *Sir. 14, 8*

Neid und Zorn verkürzen die Tage. *Sir. 30, 24*

Berate dich nicht mit dem, der dir mißgünstig ist, und dem, der dich beneidet, verbirg deinen Entschluß. *Sir. 37, 10*

Das Auge gibt dem Menschen Licht. Wenn das Auge klar ist, dann ist der ganze Mensch von Licht erfüllt. Wenn aber das Auge schlecht ist, dann ist auch der ganze Mensch im Dunkeln. Wenn nun das an euch dunkel wird, was euch Licht geben soll, wie schrecklich wird dann die Dunkelheit sein. *Mat. 6, 22–23 (GN)*

Ist dein Auge neidisch, weil ich gütig bin? *Mat. 20, 15*

Wo Streit und Neid herrschen, gibt es Unordnung und jede Art von Schlechtigkeit. *Jak. 3, 16 (GN)*

**Neidlosigkeit**
Erhitze dich nicht über den, dem alles wohlgerät. *Ps. 37, 7*

Laß dich's nicht anfechten, wenn einer auch reich wird und die Herrlichkeit seines Hauses sich mehrt. Denn im Tode nimmt er das alles nicht mit. *Ps. 49, 17–18*

**Neugier**
Belaure nicht die Wohnstatt des Frommen, verstöre sein Ruhelager nicht! *Spr. 24, 15*

Der Törichte späht bei der Tür ins Haus hinein; wer Lebensart hat, schlägt das Angesicht nieder. *Sir. 21, 22–23*

Von Unerzogenheit zeugt es, wenn ein Mensch an der Türe horcht, der Gesittete macht seine Ohren taub. *Sir. 21, 24*

**Nostalgie**
Frage nicht: Wie kommt es, daß die früheren Zeiten besser waren als die jetzigen? Denn das wäre nicht eine weise Frage. *Pred. 7, 11*

**Not**
Warum verbirgst du dein Angesicht, vergissest unsres Elends und unsrer Drangsal? Denn in den Staub ist gebeugt unsre Seele, und unser Leib klebt an der Erde. *Ps. 44, 25–26*

Aus der Tiefe rufe ich, Herr, zu dir, höre auf meine Stimme! Laß deine Ohren merken auf mein lautes Flehen! *Ps. 130, 1–2*

Wendet man sich nach oben und blickt auf die Erde: siehe, da ist Angst und Finsternis, Dunkel der Drangsal, und in die Nacht ist man hinabgestoßen. Denn ist nicht Dunkel, was bedrängt ist? *Jes. 8, 21–9, 1*

**Nutzlosigkeit**

Wie der Sperling wegflattert und die Schwalbe entfliegt, so ein unverdienter Fluch: er trifft nicht ein.
*Spr. 26, 2*

Es ist alles umsonst! Was hat der Mensch für Gewinn von all der Mühe, womit er sich abmüht unter der Sonne? *Pred. 1, 2–3*

Verdeckte Weisheit und vergrabner Schatz, was bringen die beiden für Nutzen? *Sir. 20, 30*

# O

**Oberflächlichkeit**
Der Mensch sieht auf den äußern Schein, der Herr aber sieht auf das Herz. *1. Sam. 16, 7*

Den Toren wird die eigne Sorglosigkeit zum Verderben. *Spr. 1, 32*

Je mehr Worte, desto mehr Nichtiges. *Pred. 6, 11*

Viel hast du gesehen, doch nicht beachtet, hast mit geöffneten Ohren nicht gehört. *Jes. 42, 20*

Lobe keinen Menschen seines schönen Aussehens wegen, und verabscheue keinen wegen seiner geringen Erscheinung. *Sir. 11, 2*

Einem Toren zusprechen heißt mit einem Schlaftrunkenen reden; schließlich sagt er bloß: «Was gibt's?» *Sir. 22, 8*

Wer Nichtigkeit sucht, findet Trug. *Sir. 34, 1*

Der Gottlose meint, unser Leben sei ein Kinderspiel, unser Dasein ein gewinnbringender Jahrmarkt; denn – so sagt er – man müsse doch auf irgendeine Weise verdienen, sei's auch auf schlechte Art. *Sal. 15, 12*

Das Aussehen versteht ihr zu beurteilen, aber bei den Zeichen der Zeit könnt ihr's nicht. *Mat. 16, 3*

Sie liebten die Ehre bei den Menschen mehr als die Ehre bei Gott. *Joh. 12, 43*

**Objektivität**
Du sollst das Recht nicht beugen, die Person nicht ansehen und nicht Bestechung annehmen. *5. Mos. 16, 19*

Ich will nicht die Person ansehen, will auch niemand zu Gefallen reden. *Hiob 32, 21*

Es ist nicht gut, die Person des Schuldigen anzusehen, um die Sache des Schuldlosen im Gericht zu beugen. *Spr. 18, 5*

Beuge dich nicht vor dem Toren, nimm aber auch keine Rücksicht auf den Gewalthaber. *Sir. 4, 27*

Man soll den rechtschaffenen Armen nicht verachten und keinen ruchlosen Mann ehren. *Sir. 10, 23*

Richtet nicht nach dem Schein, sondern übet gerechtes Gericht.
*Joh. 7, 24*

**Offenbarung**
Rufe mich an, so will ich dir antworten und dir Großes, Unfaßbares kundtun, Dinge, die du nicht weißt.
*Jer. 33, 3*

Uns hat Gott sein Geheimnis bekannt gemacht. Sein Geist, den er uns gab, hat es uns enthüllt. Denn dieser Geist erforscht alles, auch die geheimsten Gedanken Gottes.
*1. Kor. 2, 10 (GN)*

**Ohnmacht**
Ist denn dein Arm dem Arme Gottes gleich? *Hiob 40, 4*

Kannst du das Krokodil an der Angel ziehen? *Hiob 40, 20*

Was krumm ist, kann man nicht gerade machen, und was unzureichend, nicht voll. *Pred. 1, 15*

Es steht nicht in eurer Macht, daß auch nur ein einziges Haar auf eurem Kopf schwarz oder weiß wächst. *Mat. 5, 36 (GN)*

Wer von euch kann durch Sorgen sein Leben auch nur um einen Tag verlängern? *Mat. 6, 27 (GN)*

Wir bringen es zwar fertig, das Rechte zu wollen, aber wir sind zu schwach, es auch auszuführen. Wir tun nicht das Gute, das wir gerne tun möchten, sondern das Schlechte, das wir verabscheuen.
*Röm. 7, 18–19 (GN)*

**Ohren gellen**
Jedem, der davon hört, sollen die Ohren gellen. *Jer. 19, 3*

**Opfer**
Gehorsam ist besser als Opfer.
*1. Sam. 15, 22*

Recht und Gerechtigkeit üben gefällt dem Herrn besser als Opfer.
*Spr. 21, 3*

An Liebe habe ich Wohlgefallen und nicht an Schlachtopfern, und an Gotteserkenntnis mehr als an Brandopfern. *Hos. 6, 6*

Größere Liebe hat niemand als die, daß einer sein Leben hingibt für seine Freunde. *Joh. 15, 13*

Vergeßt nicht, Gutes zu tun und euch gegenseitig zu helfen. Das sind die Opfer, die Gott Freude machen.
*Heb. 13, 16 (GN)*

Christus opferte sein Leben für uns; daran haben wir erkannt, was Liebe ist. Auch wir müssen deshalb bereit sein, unser Leben für unsere Brüder zu opfern. *1. Joh. 3, 16 (GN)*

**Optimismus**

Am guten Tag sei guter Dinge, und am bösen Tage bedenke: Auch diesen hat Gott gemacht wie jenen. *Pred. 7, 15*

Seid fröhlich in der Hoffnung, geduldig in der Trübsal, beharrlich im Gebet! *Röm. 12, 12*

Wir wissen, daß denen, die Gott lieben, alle Dinge zum Guten mitwirken. *Röm. 8, 28*

**Ordnung**

Wenn die Pfeiler der Rechtsordnung stürzen, was hat der Gerechte ausgerichtet? *Ps. 11, 3*

Selbst der Storch am Himmel kennt seine Zeiten, und Turteltaube, Schwalbe, Kranich, sie halten ein die Zeit ihrer Heimkehr; aber mein Volk will nichts wissen von der Ordnung des Herrn. *Jer. 8, 7*

Ihr könnt doch einer nach dem andern sprechen. Dann haben alle etwas von eurer Unterweisung und Ermahnung. Gott will nicht Unordnung, sondern das, was für alle gut ist. *1. Kor. 14, 31 + 33 (GN)*

Betrachtet es als Ehrensache, daß ihr ein geregeltes Leben führt. Kümmert euch um eure eigenen Angelegenheiten und arbeitet für euren Lebensunterhalt. *1. Thess. 4, 11 (GN)*

Ermahnt die, die unordentlich leben. *1. Thess. 5, 14 (GN)*

Ein Sportler, der an einem Wettkampf teilnimmt, kann den Preis nur gewinnen, wenn er sich genau an die Regeln hält. *2. Tim. 2, 5 (GN)*

**Orientierung**

Über deine Befehle will ich sinnen und auf deine Pfade schauen. An deinen Satzungen habe ich meine Lust, ich vergesse deines Wortes nicht. *Ps. 119, 15–16*

Ich lasse mich nicht von menschlicher Klugheit leiten, sondern von der Gnade Gottes. *2. Kor. 1, 12 (GN)*

Wir wollen nicht den Menschen gefallen, sondern Gott, der unsere geheimsten Gedanken kennt. *1. Thess. 2, 4 (GN)*

Wie Säuglinge nach Milch verlangen, so sollt ihr nach dem unverfälschten Wort Gottes verlangen. *1. Pet. 2, 2 (GN)*

Die Liebe muß euer ganzes Leben bestimmen. *2. Joh. 6 (GN)*

**Ostern**

Nach dem Sabbat, am Sonntagmorgen, machten sich Maria aus Mag-

dala und die andere Maria schon sehr früh auf den Weg, um nach dem Grab zu sehen. Plötzlich gab es einen starken Erdstoß, und ein Engel Gottes kam vom Himmel herab. Er trat an das Grab, rollte den Stein weg und setzte sich darauf. Er leuchtete wie ein Blitz, und sein Gewand war schneeweiß. Die Soldaten erschraken vor ihm so sehr, daß sie zitterten und wie tot dalagen.
Der Engel sagte zu den Frauen: «Habt keine Angst! Ich weiß, ihr sucht Jesus, der ans Kreuz genagelt wurde. Er ist nicht hier, er ist auferstanden, so wie er selbst es vorausgesagt hat. Kommt her und seht die Stelle, wo er gelegen hat. Und jetzt geht schnell zu seinen Jüngern und sagt ihnen: ‹Gott hat ihn vom Tod erweckt! Er geht euch voraus nach Galiläa, dort werdet ihr ihn sehen.› Ihr könnt euch auf mein Wort verlassen.»
Erschrocken und doch voller Freude liefen die Frauen vom Grab weg. Sie eilten zu den Jüngern, um ihnen alles zu erzählen.
Plötzlich stand Jesus vor ihnen und sagte: «Seid gegrüßt!» Die Frauen fielen vor ihm nieder und umfaßten seine Füße. «Habt keine Angst!» sagte Jesus zu ihnen. «Geht und sagt meinen Brüdern, sie sollen nach Galiläa gehen. Dort werden sie mich sehen.» *Mat. 28, 1–10 (GN)*

# P

**Palmsonntag**
Kurz vor Jerusalem kamen sie zu der Ortschaft Betfage am Ölberg. Dort schickte Jesus zwei Jünger voraus und trug ihnen auf: «Geht in das Dorf da vorn! Dort werdet ihr eine Eselin und ihr Junges finden. Bindet beide los und bringt sie zu mir. Und wenn jemand etwas sagt, dann antwortet: ‹Der Herr braucht sie.› Dann wird man sie euch geben.» Damit traf ein, was der Prophet vorausgesagt hatte:
«Sagt der Stadt Jerusalem: Dein König kommt jetzt zu dir!
Er verzichtet auf Gewalt.
Er reitet auf einem Esel und auf einem Eselsfohlen.»
Die beiden Jünger gingen hin und taten, was Jesus ihnen befohlen hatte. Sie brachten die Eselin und ihr Junges, legten ihre Kleider darüber, und Jesus setzte sich darauf. Viele Menschen breiteten ihre Kleider als Teppich auf die Straße, andere rissen Zweige von den Büschen und legten sie auf den Weg. Die Menge, die vor Jesus herzog und ihm folgte, rief immer wieder: «Heil dem Sohn Davids! Heil dem, der im Auftrag des Herrn kommt! Lob sei Gott in der Höhe!»
Als Jesus in Jerusalem einzog, geriet alles in große Aufregung. «Wer ist dieser Mann?» fragten die Leute in der Stadt. Die Menge, die Jesus begleitete, rief: «Das ist der Prophet Jesus aus Nazaret in Galiläa!»
*Mat. 21, 1–11 (GN)*

**Paulus**
Paulus (= der Erbetene, griech. Form des hebr. Saulus) trat in die Mitte des Areopags und sprach: Ihr Männer von Athen, ich sehe an allem, daß ihr recht viel Scheu vor den Göttern habt. Denn als ich umherging und eure Heiligtümer besichtigte, fand ich auch einen Altar, an dem die Aufschrift stand: Dem unbekannten Gott. Was ihr nun, ohne es zu kennen, verehrt, das verkündige ich euch. *Apg. 17, 22–23*

**Pech**
Wenn die Schlange vor der Beschwörung beißt, so hat der Beschwörer von seiner Kunst keinen Vorteil.
*Pred. 10, 11*

**Pessimismus**
Der Arme wird von seinem Freunde verlassen. *Spr. 19, 4*

Was hat der Mensch von all dem Mühen und Streben, womit er sich abmüht unter der Sonne? Sein Leben lang hat er nur Schmerzen und Verdruß, auch bei Nacht hat sein Herz keine Ruhe. *Pred. 2, 22–23*

Hat der Mensch Glück, so ist auch der Feind ihm Freund, doch in seinem Unglück hält sich auch der Freund abseits. *Sir. 12, 9*

O Tod, wie gut ist dein Entscheid für einen voller Leid und ohne Kraft! für den, der allenthalben strauchelt und anstößt, der hadert und ohne Hoffnung ist! *Sir. 41, 2*

**Pfingsten**
Der Beistand, der heilige Geist, den der Vater in meinem Namen senden wird, der wird euch alles lehren und euch an alles erinnern, was ich euch gesagt habe. *Joh. 14, 26*

Am jüdischen Pfingstfest waren wieder alle versammelt. Plötzlich rauschte es vom Himmel wie bei einem Sturm. Das Rauschen erfüllte das ganze Haus, in dem sie waren. Dann sahen sie etwas, das sich wie Feuerzungen verteilte und sich auf jeden von ihnen niederließ. Alle wurden von Gottes Geist erfüllt und begannen in verschiedenen Sprachen zu reden, jeder wie es ihm der Geist Gottes eingab.
Nun lebten in Jerusalem fromme Juden aus aller Welt. Als sie den Sturm hörten, strömten sie in großer Zahl zusammen. Sie staunten; denn jeder hörte die Apostel in seiner eigenen Sprache reden. Voller Verwunderung riefen sie: «Die Leute, die da reden, sind doch alle aus Galiläa! Wie kommt es, daß wir sie in unserer Muttersprache reden hören? Unter uns sind Parther, Meder und Elamiter, Leute aus Mesopotamien und Kappadozien, aus Pontus und aus der Provinz Asien, aus Phrygien und Pamphylien, aus Ägypten, dem libyschen Zyrene und aus Rom, aus Kreta und Arabien, Menschen jüdischer Herkunft und solche, die sich der jüdischen Religion angeschlossen haben. Und trotzdem hört jeder sie in seiner eigenen Sprache von den großen Taten Gottes reden!»
Erstaunt und verwirrt fragten sie einander, was das zu bedeuten habe. Andere machten sich darüber lustig und meinten: «Die Leute sind doch betrunken!» *Apg. 2, 1–13 (GN)*

**Pflicht**
Im Eifer seid nicht lässig!
*Röm. 12, 11*

Leistet jedermann das, wozu ihr verpflichtet seid! *Röm. 13, 7*

**Pilatus**
Pilatus (= der Wehrhafte) nahm Wasser, wusch sich vor dem Volk die Hände und sagte: Ich bin unschuldig am Blute dieses Gerechten; sehet ihr zu! *Mat. 27, 24*

**Politik**
Wer gerecht herrscht über die Menschen, wer herrscht in der Furcht Gottes, der strahlt wie das Licht am Morgen, wie die Morgensonne ohne Wolken, die nach dem Regen Grün aus der Erde sprossen läßt.
*2. Sam. 23, 3–4*

Gar unfreundlich reden sie über die Stillen im Lande. *Ps. 35, 20*

Gelangen die Frommen zur Macht, so freut sich das Volk; regiert aber der Gottlose, so seufzen die Leute.
*Spr. 29, 2*

Die Regierenden erfüllen einen Auftrag Gottes, indem sie ständig über dem Rechten wachen.
*Röm. 13, 6 (GN)*

**Predigt**
Ich will dir danken in großer Gemeinde, unter vielem Volk will ich dich preisen. *Ps. 35, 18*

Herr, tue meine Lippen auf, daß mein Mund dein Lob verkünde.
*Ps. 51, 17*

Gott, du hast mich gelehrt von Jugend auf, und bis jetzt verkünde ich deine Wunder. Auch im Alter noch, wenn ich grau werde, verlaß mich nicht, o Gott, daß ich deinen Arm der Nachwelt verkünde, deine Kraft allen, die noch kommen werden, und deine Gerechtigkeit, o Gott, für und für. *Ps. 71, 17–19*

Was ich euch im Dunkeln sage, das saget im Licht, und was ihr ins Ohr hört, das prediget auf den Dächern!
*Mat. 10, 27*

Wo zwei oder drei in meinem Namen versammelt sind, da bin ich mitten unter ihnen. *Mat. 18, 20*

Prediget das Evangelium allen, die erschaffen sind! *Mark. 16, 15*

Alles, was in der Gemeinde gesagt wird, soll zur Liebe führen.
*1. Tim. 1, 5 (GN)*

**Profiteure**
Wo Aas liegt, da sammeln sich die Geier. *Mat. 24, 28 (GN)*

**Prophet**
Ich werde nicht sterben, ich werde leben und die Taten des Herrn verkünden. *Ps. 118, 17*

Und er sprach zu mir: Damit lege ich meine Worte in deinen Mund. Siehe, ich setze dich heute über die Völker und über die Königreiche, auszureißen und niederzureißen, zu verderben und zu zerstören, zu pflanzen und aufzubauen. *Jer. 1, 9–10*

Ein Prophet ist nirgends verachtet außer in seiner Vaterstadt und in seinem Hause. *Mat. 13, 57*

Die Volksmenge sagte: Das ist der Prophet Jesus aus Nazareth in Galiläa. *Mat. 21, 11*

# R

**Rache**
Wer sich rächt, wird auch des Herrn Rache erfahren. *Sir. 28, 1*

**Ratgeber**
Deine Vorschriften sind mein Ergötzen, sie sind meine Ratgeber. *Ps. 119, 24*

Wer auf guten Rat hört, der ist weise. *Spr. 12, 15*

Tiefe Wasser sind die Worte aus manches Munde, ein sprudelnder Bach ist der Quell der Weisheit. *Spr. 18, 4*

Wenn man Rat einholt, haben Pläne Erfolg. *Spr. 20, 18*

Suche Rat bei jedem verständigen Manne, und achte keinen nützlichen Ratschlag gering! *Tob. 4, 18*

Den Mund des Einsichtigen sucht man in der Versammlung, und seine Worte erwägt man im Herzen. *Sir. 21, 17*

Achte auf den Rat des Gewissens, denn einen treueren Berater hast du nicht. *Sir. 37, 13*

Da ist ein Weiser: für viele erzeigt er sich weise, aber für sich selber ist er ein Tor. *Sir. 37, 19*

Gold und Silber geben dem Fuße Halt, aber mehr als beide ein Rat voll Bedacht. *Sir. 40, 25*

**Ratlosigkeit**
Der Herr wandte sich an Hiob und sprach: Hadern will der Tadler mit dem Allmächtigen? Der Gott zurechtwies, gebe darauf Antwort! Da antwortete Hiob dem Herrn und sprach: Siehe, ich bin zu gering, was soll ich dir antworten? Ich lege die Hand auf meinen Mund. *Hiob 39, 31–34*

Wir brummen alle wie die Bären, seufzen und girren wie die Tauben; wir harren auf das Recht, und es will nicht kommen, auf Heil, und es ist ferne von uns. *Jes. 59, 11*

Was ist der Mensch und wozu taugt er? Was ist sein Glück und was sein Unglück? *Sir. 18, 8*

**Rätselhaftigkeit**

Abgründig ist das Herz über alles, und heillos ist es, wer kann es ergründen? *Jer. 17, 9*

O Trieb zum Bösen! Warum bist du geschaffen, den Erdkreis mit Bosheit zu erfüllen? *Sir. 37, 3*

Du darfst nicht fragen: «Was soll dies und wozu dies?» Denn alles wird zu seiner Zeit sich finden. *Sir. 39, 17*

Es steht schlimm in dieser Welt, weil es hier Dinge gibt, durch die Menschen den Glauben verlieren. Das ist unvermeidlich; aber wehe dem, der daran schuld ist! *Mat. 18, 7 (GN)*

**Rausch**

Ein Spötter ist der Wein, ein Lärmer der Rauschtrank; keiner, den er taumeln gemacht, wird weise. *Spr. 20, 1*

Halte dich nicht zu den Trunkenbolden! *Spr. 23, 20*

Bei wem ist Wehe? bei wem ist Ach? bei wem ist Zank? bei wem ist Klage? Wer kriegt Schläge ohne Ursache? wer hat rote Augen? Die bis spät beim Weine sitzen, die kommen den Mischtrank zu kosten. Schau nicht nach dem Wein, wie er rötlich spielt, wie er im Becher so herrlich funkelt! Glatt und angenehm geht er ein, hinterher aber beißt er wie eine Schlange, spritzt sein Gift aus wie eine Natter. Da werden deine Augen Seltsames sehen, und dein Herz wird verkehrte Dinge reden. Du wirst sein wie einer, der dahinfährt auf hoher See, wie ein Schiffer im heftigen Sturm. *Spr. 23, 29–34*

**Recht**

Meide das Böse und tue das Gute, so wirst du ewiglich bleiben; denn der Herr hat das Recht lieb und verläßt seine Frommen nicht. *Ps. 37, 27–28*

Ein Gott des Rechtes ist der Herr. Wohl allen, die auf ihn harren! *Jes. 30, 18*

Es ströme wie Wasser das Recht, und die Gerechtigkeit wie ein unversieglicher Bach! *Am. 5, 24*

**Rechthaberei**

Es gibt eine geriebene Gescheitheit, die ruchlos ist; und es gibt Leute, die alles verdrehen können, um ihr Recht zu beweisen. *Sir. 19, 25*

**Recht schaffen**

Schaffe mir Recht nach deiner Gerechtigkeit, Herr, mein Gott. *Ps. 35, 24*

O Gott, hilf mir durch deinen Namen und schaffe mir Recht durch deine Kraft. *Ps. 54, 3*

Taten des Heils vollbringt der Herr und schafft Recht allen Unterdrückten. *Ps. 103, 6*

Der Herr schafft einem jeden sein Recht. *Spr. 29, 26*

Schaffe Recht dem Elenden und Armen. *Spr. 31, 9*

Rette den Bedrängten vor seinen Bedrängern, und sei gerechtem Richterspruch nicht zuwider. *Sir. 4, 9*

**Rechtschaffenheit**

Untadelig sollst du dastehen vor dem Herrn, deinem Gott. *5. Mos. 18, 13*

Den Rechtschaffenen erstrahlt im Dunkel ein Licht. *Ps. 112, 4*

Die Rechtschaffenen werden das Land bewohnen. *Spr. 2, 21*

Wer in Gerechtigkeit wandelt und aufrichtig redet, wer erpreßten Gewinn verschmäht, wer seine Hände schüttelt, daß sie nicht Bestechung annehmen, wer sein Ohr verstopft, daß er nicht Blutschuld mitanhöre, wer seine Augen zudrückt, daß er an Bösem nicht seine Lust schaue, der wird auf Höhen wohnen, Felsenburgen sind seine Zuflucht, sein Brot ist ihm gereicht, das Wasser versiegt ihm nie. *Jes. 33, 15–16*

Bedrückt nicht Witwen und Waisen, Fremdlinge und Arme, und sinnt nicht auf Arges widereinander in eurem Herzen! *Sach. 7, 10*

Plane kein Unrecht wider deinen Bruder noch wider den Freund und Gefährten. *Sir. 7, 12*

Rechtschaffene Männer seien deine Tischgenossen, und in der Gottesfurcht bestehe dein Ruhm. *Sir. 9, 16*

Man soll den rechtschaffenen Armen nicht verachten. *Sir. 10, 23*

Ich möchte nicht nur vor dem Herrn, sondern auch vor den Menschen unbescholten dastehen. *2. Kor. 8, 21 (GN)*

Gebt euch Mühe, im Umgang miteinander und mit allen Menschen zu tun, was recht ist. *1. Thess. 5, 15 (GN)*

Wer das Rechte tut, kann genauso wie Christus vor Gottes Urteil bestehen. *1. Joh. 3, 7 (GN)*

**Reden**

Köstliches Silber ist die Rede des Frommen. *Spr. 10, 20*

Im Munde des Toren ist eine Rute für seinen Rücken, den Weisen aber behüten seine Lippen. *Spr. 14, 3*

An der Frucht seines Mundes muß

einer sich satt essen; was seine Lippen anrichten, das muß er auskosten. *Spr. 18, 20*

Weisheit tut sich kund im Wort, und Einsicht in dem, was die Zunge spricht. *Sir. 4, 24*

Ehre und Schmach stehen in der Macht des Redenden, und die Zunge ist oft des Menschen Verderben. *Sir. 5, 13*

Wohl dem Menschen, dem seine Worte nicht Kummer bereiten. *Sir. 14, 1*

Die Rede des Toren ist wie ein Bürde auf der Reise, auf den Lippen des Verständigen aber findet man Anmut. *Sir. 21, 16*

O läge doch eine Wache vor meinem Munde und ein Schloß der Klugheit vor meinen Lippen, damit ich mit meiner Zunge nicht listig rede und sie mich nicht ins Verderben bringe! *Sir. 22, 27*

Ein Mensch, der sich an schandbares Reden gewöhnt hat, bleibt sein Leben lang ungesittet. *Sir. 23, 15*

Sag mit wenig viel, gleich dem, der beides kann: wissen und schweigen. *Sir. 32, 8*

Ich sage euch aber, daß die Menschen von jedem unrechten Worte, das sie reden werden, am Tage des Gerichtes werden Rechenschaft geben müssen. Denn nach deinen Worten wirst du gerechtgesprochen werden, und nach deinen Worten wirst du verurteilt werden. *Mat. 12, 36–37*

Nicht was in den Mund hineinkommt, verunreinigt den Menschen, sondern was aus dem Munde herauskommt, das verunreinigt den Menschen. *Mat. 15, 11*

**Redlichkeit**

Der Herr ist gerecht, er hat Gerechtigkeit lieb; die Redlichen schauen sein Angesicht. *Ps. 11, 7*

Ein Licht erstrahlt dem Gerechten und Freude den redlichen Herzen. *Ps. 97, 11*

Wer Getreide zurückhält, dem fluchen die Leute; wer es aber auf den Markt bringt, dessen Haupt wird gesegnet. *Spr. 11, 26*

Zwischen Redlichen herrscht gutes Einvernehmen. *Spr. 14, 9*

Der Redlichen Bahn ist Meiden des Bösen. *Spr. 16, 17*

Lieber Weniges mit Recht besitzen als Vieles mit Unrecht. *Tob. 12, 8*

Halte deine Zusage und verfahre redlich mit deinem Nächsten, so wirst du allezeit erlangen, wessen du bedarfst. *Sir. 29, 3*

Seid klug wie die Schlangen und ohne Falsch wie die Tauben.
*Mat. 10, 16*

**Regenbogen**

Gott sprach: Dies ist das Zeichen des Bundes, den ich stifte zwischen mir und euch und allen Lebewesen, die bei euch sind, auf ewige Zeiten: meinen Bogen stelle ich in die Wolken; der soll ein Bundeszeichen sein zwischen mir und der Erde.
*1. Mos. 9, 12–13*

Sieh den Regenbogen an und preise den, der ihn schuf, denn er ist gar herrlich in seinem Glanze!
*Sir. 43, 11*

**Reich Gottes**

Gnade und Treue begegnen einander, Gerechtigkeit und Friede küssen sich. Treue sproßt auf aus der Erde, und Gerechtigkeit schaut hernieder vom Himmel. Dann spendet der Herr auch den Segen, und unser Land gibt seinen Ertrag. Gerechtigkeit geht vor ihm her, und Heil folgt der Spur seiner Schritte.
*Ps. 85, 11–14*

Dein Reich ist ein Reich für alle Ewigkeit, und deine Herrschaft währt von Geschlecht zu Geschlecht.
*Ps. 145, 13*

Alsdann werden die Augen der Blinden aufgeschlossen, und die Ohren der Tauben werden aufgetan. Alsdann wird der Lahme springen wie ein Hirsch, und die Zunge des Stummen wird jauchzen. *Jes. 35, 5–6*

Die Zeit ist erfüllt und das Reich Gottes ist genaht; tut Buße und glaubet an das Evangelium *Mark. 1, 15*

Wie schwer werden die Begüterten in das Reich Gottes kommen!
*Mark. 10, 23*

Das Reich Gottes besteht nicht in Essen und Trinken, sondern in Gerechtigkeit und Frieden und Freude im heiligen Geist. *Röm. 14, 17*

**Reichtum**

Wenn einer auch reich wird und die Herrlichkeit seines Hauses sich mehrt, im Tode nimmt er das alles nicht mit. *Ps. 49, 17–18*

Wenn der Reichtum wächst, hänget euer Herz nicht daran. *Ps. 62, 11*

Das Gesetz deines Mundes ist mir köstlicher als Tausende Goldes und Silbers. *Ps. 119, 72*

Reichtum hilft nicht am Tage des Zorns, Gerechtigkeit aber errettet vom Tode. *Spr. 11, 4*

Wer auf seinen Reichtum vertraut, welkt dahin; die Gerechten aber grünen wie junges Laub. *Spr. 11, 28*

Besser wenig mit Gerechtigkeit als großes Einkommen mit Unrecht.
*Spr. 16, 8*

Dem Reichen sind seine Güter eine feste Burg, sind wie eine hohe Mauer – in seiner Einbildung. *Spr. 18, 11*

Der Arbeiter hat einen süßen Schlaf, ob er viel oder wenig zu essen hat; den Reichen aber läßt sein Überfluß nicht ruhig schlafen. *Pred. 5, 11*

Wenn du reich bist, wandle in Demut, so wirst du mehr geliebt werden, als wer Geschenke gibt. *Sir. 3, 17*

Verlaß dich nicht auf dein Vermögen, und sage nicht: «Es steht in meiner Macht.» *Sir. 5, 1*

Vertraue nicht auf trügerische Reichtümer, denn sie helfen nicht am Tage des Zorns. *Sir. 5, 8*

Bist du dem Reichen nützlich, so macht er dich zum Sklaven; doch brichst du zusammen, so läßt er dich liegen. *Sir. 13, 4*

Jagen nach Reichtum macht mager, und die Sorge um ihn vertreibt den Schlaf. *Sir. 31, 1*

Wer nach Gold jagt, bleibt nicht ohne Schuld, und wer das Geld liebt, den führt es irre. *Sir. 31, 5*

Viele liegen in den Banden des Goldes und sind ins Netz geraten wegen Perlen. *Sir. 31, 6*

Wohl dem Mann, der untadelig befunden wird und dem Mammon nicht nachläuft! *Sir. 31, 8*

Sammelt keine Reichtümer hier auf der Erde! Denn ihr müßt damit rechnen, daß Motten und Rost sie auffressen oder Einbrecher sie stehlen. Sammelt lieber Reichtümer bei Gott. Dort werden sie nicht von Motten und Rost zerfressen und können auch nicht von Dieben gestohlen werden. Denn euer Herz wird immer dort sein, wo ihr euren Reichtum habt. *Mat. 6, 19–21 (GN)*

Ein Reicher wird nur schwer in das Reich der Himmel kommen. *Mat. 19, 23*

Es ist leichter, daß ein Kamel durch ein Nadelöhr geht als ein Reicher ins Reich Gottes. *Mat. 19, 24*

Wer unbedingt reich werden möchte, gerät in Versuchung. Er verfängt sich in dummen und schädlichen Wünschen, die ihn zugrunde richten und ins ewige Verderben stürzen. *1. Tim. 6, 9 (GN)*

Befiehl den Reichen dieser Welt, nicht stolz zu sein. Sie sollen ihre Hoffnung nicht auf so etwas Unsicheres wie den Reichtum setzen, sondern auf Gott, der uns alles reichlich gibt, damit wir es froh genießen. Sie sollen Gutes tun, großzügig sein und bereit, mit anderen zu teilen. Wenn sie an guten Taten reich werden, schaffen sie sich einen guten

Grundstock für die Zukunft, damit sie das wirkliche Leben gewinnen. *1. Tim. 6, 17–19 (GN)*

Wer reich ist, soll daran denken, daß er bei Gott kein Ansehen hat. Wie eine Feldblume wird er vergehen. Je höher die Sonne steigt, desto heißer wird es, und die Pflanze verdorrt. Die Blüte fällt ab, und ihre Schönheit ist dahin. Ebenso werden die Reichen mitten in ihrer Geschäftigkeit zugrunde gehen. *Jak. 1, 10–11 (GN)*

Hört zu, ihr Reichen! Weint und jammert über das Elend, das auf euch zukommt. Euer Reichtum verfault, eure Kleider werden von den Motten zerfressen, und euer Geld setzt Rost an. Dieser Rost wird euch anklagen und euer Fleisch wie Feuer verzehren. *Jak. 5, 1–3 (GN)*

**Wahrer Reichtum**
Ich freue mich, nach deinen Vorschriften zu wandeln, mehr als über jeglichen Reichtum. *Ps. 119, 14*

Besser ist's, Weisheit zu erwerben als Gold, und erwünschter, Einsicht zu erwerben als Silber. *Spr. 16, 16*

Hat man auch Gold und Korallen die Menge, das köstlichste Gerät sind doch verständige Lippen. *Spr. 20, 15*

Edler ist's, Wohltätigkeit zu üben, als Gold aufzuhäufen. *Tob. 12, 8*

Ein treuer Freund ist ein starker Hort, wer ihn findet, findet einen Schatz. *Sir. 6, 14*

Eine verständige Tochter wird für ihren Mann ein Schatz sein. *Sir. 22, 4*

Kein Reichtum geht über den Reichtum der Gesundheit. *Sir. 30, 16*

Besitz und Macht lassen das Herz aufjubeln, aber mehr als beide ist die Gottesfurcht. *Sir. 40, 26*

**Reifung**
Fürwahr, zum Heil ward mir die Bitternis, und du hast meine Seele bewahrt vor der Grube der Vernichtung; denn du hast hinter dich geworfen alle meine Sünden. *Jes. 38, 17*

Die wahre Lebensreife ist ein fleckenloser Wandel. *Sal. 4, 9*

Als ich ein Kind war, redete, fühlte und dachte ich wie ein Kind. Jetzt bin ich ein Mann und habe die kindlichen Vorstellungen abgelegt. *1. Kor. 13, 11 (GN)*

Denkt nicht wie Kinder! Im Handeln sollt ihr unschuldig wie Kinder sein, aber im Denken müßt ihr erwachsen sein. *1. Kor. 14, 20 (GN)*

**Reisen**
Der Herr hat meine Reise gelingen lassen. *1. Mos. 24, 56*

Die Straßen sind öde, der Wandersmann feiert. *Jes. 33, 8*

Ein Mann, der weit herumgekommen ist, hat reiche Kenntnisse, und ein Vielerfahrener wird verständig Aufschluß geben. *Sir. 34, 9*

**Resignation**

Bedenke, o Herr: was ist doch das Leben! wie nichtig alle Menschenkinder, die du geschaffen! Wo lebt der Mann, der den Tod nicht sieht, der seine Seele vor dem Totenreich rettet? *Ps. 89, 48–49*

Unsre Jahre gehen dahin wie ein Seufzer. *Ps. 90, 9*

Verlasset euch nicht auf Fürsten, nicht auf den Menschen, bei dem doch keine Hilfe ist. Fährt sein Odem aus, so kehrt er wieder zur Erde, und alsbald ist's aus mit seinen Plänen. *Ps. 146, 3–4*

Der Arme ist auch seinem Nächsten verhaßt, der Reiche aber hat viele Freunde. *Spr. 14, 20*

Geh nicht in des Bruders Haus, wenn du in Not bist. *Spr. 27, 10*

Es gibt nichts Neues unter der Sonne. *Pred. 1, 9*

Was hat der Weise vor dem Toren voraus? was der Dulder vor dem, der vor der Welt zu wandeln versteht? *Pred. 6, 8*

Siehe, wie Ton in der Hand des Töpfers, so seid ihr in meiner Hand. *Jer. 18, 6*

Wem soll ich dieses Geschlecht vergleichen? Es ist Kindern gleich, die auf den Marktplätzen sitzen und den andern zurufen und sagen: Wir haben euch aufgespielt, und ihr habt nicht getanzt; wir haben Klagelieder gesungen, und ihr habt nicht getrauert. *Mat. 11, 16–17*

Herr, wer glaubt denn unserer Botschaft? *Röm. 10, 16 (GN)*

**Rettung**

Jetzt bin ich arm und elend; o Herr, eile zu mir! Meine Hilfe und mein Retter bist du; mein Gott säume nicht! *Ps. 40, 18*

O Gott, eile, mich zu erretten, eile, o Herr, mir zu helfen! *Ps. 70, 2*

Ich danke dir, daß du mich erhört hast und mir zum Retter geworden bist. *Ps. 118, 21*

Wendet euch zu mir und laßt euch retten, alle Enden der Erde, denn ich bin Gott und keiner sonst. *Jes. 45, 22*

Barmherzig und gnädig ist der Herr; er vergibt Sünden und rettet in Drangsalszeit. *Sir. 2, 11*

Jesus Christus kam in dieser Welt, um die Sünder zu retten. *1. Tim. 1, 15 (GN)*

Gott will, daß alle Menschen gerettet werden und zur Erkenntnis der Wahrheit kommen. *1. Tim. 2, 4*

**Reue**
Mein Herz kehrt sich um in mir, weil ich so trotzig war. *Klag. 1, 20*

Dem Reuigen gestattet Gott die Umkehr und ermutigt die, denen die Hoffnung ausgehen will. *Sir. 17, 24*

Im Himmel wird mehr Freude sein über einen Sünder, der Buße tut, als über 99 Gerechte, die der Buße nicht bedürfen. *Luk. 15, 7*

**Richtlinie**
Wir wollen Gottes Willen ernst nehmen und uns bemühen, so zu werden, wie er uns haben möchte. *2. Kor. 7, 1 (GN)*

Ihr seid mit Christus zum Leben erweckt. Richtet euch also nach oben aus, wo Christus ist! Gott hat ihm den Platz an seiner Seite gegeben. *Kol. 3, 1 (GN)*

Richte dich in allem nach dem Glauben und der Liebe, die aus der Verbindung mit Jesus Christus kommen. *2. Tim. 1, 13 (GN)*

**Rückschlüsse**
Ein frohes Herz macht das Angesicht heiter. *Spr. 15, 13*

Zeichen eines guten Gewissens ist ein heiteres Angesicht. *Sir. 13, 26*

An der Frucht erkennt man den Baum. *Mat. 12, 33*

Wovon das Herz voll ist, davon redet der Mund. *Mat. 12, 34*

**Rücksicht**
Es ist besser, kein Fleisch zu essen und keinen Wein zu trinken und auch sonst alles zu unterlassen, was einen Bruder zur Sünde verleiten könnte. *Röm. 14, 21 (GN)*

Wenn wir einen starken Glauben haben, ist es unsere Pflicht, die Bedenken der Schwachen ernst zu nehmen und nicht selbstgefällig unsere Stärke zur Schau zu stellen. *Röm. 15, 1 (GN)*

**Guter Ruf**
Ein guter Name ist köstlicher als viel Reichtum, und Gunst ist besser als Silber und Gold. *Spr. 22, 1*

Für das Silber der Schmelztiegel und für das Gold der Ofen, über den Mann aber entscheidet sein Ruf. *Spr. 27, 21*

Besser ein guter Ruf als Wohlgeruch. *Pred. 7, 2*

Laß dich nicht mit einem Toren ein, damit kein Schimpf auf deine Vorfahren falle. *Sir. 8, 4*

Laß keinen Makel auf deine Ehre kommen. *Sir. 33, 23*

Achte auf deinen Namen, denn er haftet dir an mehr als tausend kostbare Schätze. *Sir. 41, 12*

Das Gut des Lebens währt gezählte Tage, das Gut des Namens ungezählte Tage. *Sir. 41, 13*

### Rufmord

Der Hieb der Geißel bringt Striemen hervor, der Hieb der Zunge aber zerbricht die Knochen. *Sir. 28, 17*

Viele sind durch des Schwertes Schärfe gefallen, doch nicht so viele, als durch die Zunge zu Fall kamen. *Sir. 28, 18*

### Rüge

Rüge den Weisen, der wird dich lieben. *Spr. 9, 8*

Der Tor verschmäht die Zucht seines Vaters; wer aber Rüge beachtet, der handelt klug. *Spr. 15, 5*

Wer die Rüge haßt, geht zugrunde. *Spr. 15, 10*

Wer auf Rüge hört, der erwirbt Verstand. *Spr. 15, 32*

### Ruhelosigkeit

Unstet und flüchtig sollst du sein auf Erden (Kain). *1. Mos. 4, 12*

Noch habe ich keinen Frieden, keine Rast noch Ruhe – da kommt neues Ungemach. *Hiob 3, 26*

Wenn ich mich niederlege, spreche ich: «Wann ist es Tag, daß ich aufstehe?» und wenn ich aufstehe: «Wann ist es Abend?» *Hiob 7, 4*

Der Mensch ist kurzen Lebens und voller Unruhe. *Hiob 14, 1*

Besser wenig mit Gottesfurcht als große Schätze mit Unruhe. *Spr. 15, 16*

Das Bett ist zu kurz, um sich zu strekken, und die Decke zu schmal, sich darein zu wickeln. *Jes. 28, 20*

Warum bist du dem Wanderer gleich, der nur zur Nachtruhe zeltet? *Jer. 14, 8*

Siehe, wer halsstarrig ist, der wird keine Ruhe in seinem Herzen haben; der Gerechte aber wird seines Glaubens leben. *Hab. 2, 4 (L)*

Wer auf Verleumdung hört, findet niemals Ruhe. *Sir. 28, 16*

### Ruhetage

Sechs Tage sollst du arbeiten und all deine Werke tun; aber der siebente Tag ist ein Ruhetag, dem Herrn, deinem Gott, geweiht. *2. Mos. 20, 9*

Haltet nur ja meine Ruhetage! Denn das ist ein Zeichen zwischen mir und

euch, von Geschlecht zu Geschlecht, damit man wisse, daß ich, der Herr, es bin, der euch heiligt.
*2. Mos. 31, 13*

Wer frei ist von Geschäften, der kann weise werden. *Sir. 38, 24*

Der Sabbat ist um des Menschen willen geschaffen worden.
*Mark. 10, 27*

**Ruhm Gottes**

Meine Seele rühme sich des Herrn; die Gebeugten mögen es hören und sich freuen. *Ps. 34, 3*

Gottes rühmen wir uns allezeit, und deinen Namen preisen wir immerdar. *Ps. 44, 9*

Ein Geschlecht rühmt dem andern deine Werke und verkündet deine mächtigen Taten. *Ps. 145, 4*

Wir rühmen uns Gottes durch unsern Herrn Jesus Christus, durch den wir jetzt die Versöhnung empfangen haben. *Röm. 5, 11*

Wer sich rühmt, der rühme sich des Herrn. *1. Kor. 1, 31*

# S

**Salomo**
Als nun die Zeit kam, daß David sterben sollte, gebot er seinem Sohne Salomo (= Friede): Ich gehe jetzt den Weg aller Welt. So sei denn stark und sei ein Mann! Tue getreu deine Pflicht gegen den Herrn, deinen Gott, indem du in seinen Wegen wandelst und seine Satzungen und Gebote, seine Rechte und Verordnungen hältst, wie im Gesetze Moses geschrieben steht, auf daß du Glück habest in allem, was du tust.
*1. Kön. 2, 1–3*

**Sara**
Und Gott sprach zu Abraham: Dein Weib Sarai sollst du nicht mehr Sarai nennen, sondern Sara (d. i. Fürstin) soll ihr Name sein. *1. Mos. 17, 15*

**Saulus**
Während er dahinzog, geschah es, daß er in die Nähe von Damaskus kam, und plötzlich umstrahlte ihn ein Licht vom Himmel her, und er stürzte zu Boden und hörte eine Stimme, die zu ihm sprach: Saul, Saul (= der Erbetene), was verfolgst du mich? *Apg. 9, 3–4*

**Schadenfreude**
Wer mit den Augen hämisch zwinkert, verursacht Leid. *Spr. 10, 10*

Freue dich nicht über den Fall deines Feindes, und dein Herz frohlocke nicht, wenn er strauchelt; der Herr könnte es sehen und Mißfallen daran finden und seinen Zorn von ihm wenden. *Spr. 24, 17–18*

Weide dich nicht an deinem Bruder am Tage seines Unglücks. *Ob. 12*

Juble nicht, wenn einer stirbt; bedenke, wir alle müssen dahin.
*Sir. 8, 7*

Wer hat Mitleid mit dem Beschwörer, den die Schlange beißt?
*Sir. 12, 13*

Der Schadenfrohe wird verachtet.
*Sir. 19, 5*

Im Netze verfangen sich alle, die sich am Sturz der Frommen ergötzen, und der Schmerz verzehrt sie schon vor ihrem Tode. *Sir. 27, 29*

Ihr werdet weinen und wehklagen, aber die Welt wird sich freuen. *Joh. 16, 20*

Wer liebt, freut sich nicht, wenn der andere Fehler macht. *1. Kor. 13, 6 (GN)*

**Schande**

Laß nicht den Geringen in Schande davongehen. *Ps. 74, 21*

In Armut und Schande fällt, wer Zucht in den Wind schlägt. *Spr. 13, 18*

Ein törichter Mensch ist seiner Mutter Schande. *Spr. 15, 20 (L)*

Ein Schandfleck am Menschen ist die Lüge. *Sir. 20, 24*

Wir haben den heimlichen Dingen, deren man sich schämen muß, entsagt. *2. Kor. 4, 2*

**Schaumschlägerei**

Darf ein Weiser mit windigem Wissen erwidern und sich mit Ostwind blähen? *Hiob 15, 2*

Er gibt wenig und schmäht viel und tut den Mund auf wie ein Ausrufer; heute leiht er, morgen fordert er zurück – verhaßt ist ein solcher dem Herrn und den Menschen. *Sir. 20, 15*

Unechte Schosse treiben keine Wurzel in die Tiefe und fassen keinen festen Grund. *Sal. 4, 3*

Gott fängt die Klugen im Netz ihrer eigenen Schlauheit. *1. Kor. 3, 19 (GN)*

**Scheinglück**

Das Wenige, das der Gerechte hat, ist besser als der Überfluß vieler Gottlosen. *Ps. 37, 16*

Es gibt Erfolg, der einem Manne zum Unheil ausschlägt, und es gibt Gewinn, der zum Schaden gereicht. *Sir. 20, 9*

**Scheinheiligkeit**

Wie eine Scherbe mit Silberschaum überzogen, so sind glatte Lippen und ein böses Herz. *Spr. 26, 23*

Wenn ihr betet, dann tut es nicht wie die Scheinheiligen. Sie stellen sich gern an den Straßenecken zum Beten auf, damit sie von allen gesehen werden. *Mat. 6, 5 (GN)*

Wenn ihr fastet, dann setzt keine Leidensmiene auf wie die Heuchler. Sie machen ein saures Gesicht, damit jeder merkt, daß sie fasten. *Mat. 6, 16 (GN)*

Warum kümmerst du dich um den Splitter im Auge deines Bruders und bemerkst nicht den Balken in deinem eigenen? Wie kannst du zu deinem Bruder sagen: «Komm her, ich will dir den Splitter aus dem Auge ziehen», wenn du selbst einen ganzen Balken im Auge hast? Du Scheinheiliger, zieh erst den Balken aus deinem Auge, dann wirst du klar sehen und kannst dich auch um den Splitter im Auge deines Bruders kümmern. *Mat. 7, 3–5*

Nicht jeder, der ständig meinen Namen im Mund führt, wird in Gottes neue Welt kommen, sondern nur die, die auch tun, was mein Vater im Himmel will. *Mat. 7, 21 (GN)*

Eure Becher und Schüsseln haltet ihr außen rein, aber was ihr daraus eßt und trinkt, habt ihr euch in eurer Gier zusammengestohlen.
*Mat. 23, 25 (GN)*

Von außen hält man euch für fromm, innerlich aber steckt ihr voller Heuchelei und Schlechtigkeit.
*Mat. 23, 28 (GN)*

**Scheinwissen**
Der Tor macht viele Worte, wo doch der Mensch nicht weiß, was sein wird. Was nach ihm sein wird, wer kann es ihm sagen? *Pred. 10, 14*

Ihr seid ja vernünftig – und laßt euch deshalb von jedem Verrückten gerne alles gefallen! *2. Kor. 11, 19 (GN)*

**Schein und Sein**
Der Gottlose erwirbt trügerischen Lohn, doch wahrhaften Gewinn, wer Gerechtigkeit sät. *Spr. 11, 18*

Der Gottlose zeigt ein freches Gesicht, der Fromme aber einen festen Wandel. *Spr. 21, 29*

Mancher geht gebeugt und traurig einher, aber innwendig ist er voller Tücke; er neigt das Antlitz und stellt sich taub, und unversehens überfällt er dich. *Sir. 19, 26–27*

Jeder Freund sagt: «Ich bin ein Freund!» Aber mancher Freund heißt nur Freund. *Sir. 37, 1*

Ihr seid wie schön geschmückte Gräber, die man gern ansieht, aber drinnen ist nichts als Würmer und Knochen. *Mat. 23,'27 (GN)*

**Schlagfertigkeit**
Freude erfährt der Mann, der zu antworten weiß. *Spr. 15, 23*

Wie gut ist ein Wort zur rechten Zeit!
*Spr. 15, 23*

Eine richtige Antwort ist ein Kuß auf die Lippen. *Spr. 24, 26*

**Schlange**
Da sprach Gott der Herr zur Schlange: Weil du das getan, bist du verflucht vor allem Vieh und vor allen Tieren des Feldes. Auf deinem

Bauche sollst du kriechen und Staub fressen dein Leben lang.

*1. Mos. 3, 14*

Eva wurde durch die klugen Lügen der Schlange verführt. Ich fürchte, daß eure Gedanken genauso verwirrt werden und ihr Christus nicht mehr rein und ungeteilt liebt.

*2. Kor. 11, 3 (GN)*

**Schmeichelei**

Ich will keinem Menschen schmeicheln. *Hiob 32, 21 (L)*

Glatt wie Butter ist seine Rede.

*Ps. 55, 22*

Eine gelinde Zunge zerbricht Knochen. *Spr. 25, 15*

Zuviel Honig essen ist nicht gut; darum sei sparsam mit ehrenden Worten. *Spr. 25, 27*

Ein schmeichlerischer Mund bereitet Verderben. *Spr. 26, 28*

Wer einen andern zurechtweist, der findet zuletzt mehr Dank als der Schmeichler. *Spr. 28, 23*

Wer seinem Nächsten schmeichelt, der breitet ihm ein Netz vor die Füße. *Spr. 29, 5*

Wir sind nie mit Schmeichelrede aufgetreten. *1. Thess. 2, 5*

**Schönheit**

«Wie die Lilie unter den Dornen, so ist meine Freundin unter den Mädchen.» «Wie der Apfelbaum unter den Bäumen des Waldes, so ist mein Geliebter unter den Burschen.»

*H. L. 2, 2–3*

«Wie schön bist du, meine Freundin, wie schön!» «Wie schön bist du, mein Geliebter, wie hold» *H. L. 15–16*

Lobe keinen Menschen seines schönen Aussehens wegen, und verabscheue keinen wegen seiner geringen Erscheinung. Gar unscheinbar unter dem Flügelvolk ist die Biene, und doch schafft sie köstlichsten Ertrag.

*Sir. 11, 2–3*

Auf die Schönheit einer Frau falle nicht herein. *Sir. 25, 21*

Wie die Sonne aufglänzt in Gottes Himmelshöhen, so auch die Schönheit einer wackeren Frau in ihrem wohlgeordneten Haus. *Sir. 26, 16*

Wie die Leuchte auf dem heiligen Leuchter erstrahlt, so auch die Schönheit eines Antlitzes auf einer aufrechten Gestalt. *Sir. 26, 17*

Wie goldene Säulen auf silberner Unterlage ruhen, so schöne Beine auf wohlgebildeten Füßen.

*Sir. 26, 18*

Die Schönheit der Frau macht das Antlitz leuchten, sie übertrifft alles, was das Auge lockt. *Sir. 36, 24*

**Schöpfung**

Im Anfang schuf Gott den Himmel und die Erde. *1. Mos. 1, 1*

Er, er sprach, und es geschah; er gebot, und es stand da. *Ps. 33, 9*

Du hast mich fröhlich gemacht, o Herr, durch dein Walten, ich frohlocke über das Werk deiner Hände. *Ps. 92, 5*

Seine Gerechtigkeit verkünden die Himmel, und alle Völker schauen seine Herrlichkeit. *Spr. 97, 6*

Groß sind die Werke des Herrn, denkwürdig für alle, die daran Gefallen haben. *Ps. 111, 2*

Der Herr ist gütig gegen alle, und sein Erbarmen waltet über all seinen Werken. *Ps. 145, 9*

Es preisen dich, Herr, all deine Werke. *Ps. 145, 10*

Das hörende Ohr und das sehende Auge, alle beide hat sie der Herr gemacht. *Spr. 20, 12*

Wer hat die Wasser mit der hohlen Hand gemessen und die Himmel mit der Spanne abgegrenzt? Wer hat ins Hohlmaß gefaßt den Staub der Erde, wer die Berge gewogen mit der Schnellwaage und die Hügel mit Waagschalen? Wer hat den Geist des Herrn gelenkt, und wer ist sein Ratgeber, der ihn unterwiese? Mit wem hat er sich beraten, daß er ihn belehrte und ihm den Pfad des Rechten zeigte, den Weg der Einsicht ihm wiese? *Jes. 40, 12–14*

Was Menschen über Gott wissen können, ist ihnen bekannt. Gott selbst hat es ihnen bekannt gemacht. Zwar kann niemand Gott sehen; aber er zeigt sich den Menschen in seinen Werken. Weil er die Welt geschaffen hat, können sie seine ewige Macht und sein göttliches Wesen mit ihrem Verstand erkennen. *Röm. 1, 19–20*

Weil wir Gott vertrauen, wissen wir: Die Welt ist durch sein Wort geschaffen worden; das Sichtbare ist aus dem Unsichtbaren entstanden. *Heb. 11, 3 (GN)*

Alles, was Gott geschaffen hat, ist gut. *1. Tim. 4, 4 (GN)*

**Schuld**

Loskaufen kann sich keiner, keiner Gott das Lösegeld für sich bezahlen – zu teuer ist der Kaufpreis für ihr Leben. *Ps. 49, 8–9*

Wasche mich rein von meiner Schuld, reinige mich von meiner Sünde. *Ps. 51, 4*

Der Gottlose verfängt sich in seiner eignen Schuld, wird festgehalten von den Stricken seiner Sünde. *Spr. 5, 22*

Durch Güte und Treue wird Schuld gesühnt. *Spr. 16, 6*

Vielgewunden ist der Weg des schuldbelasteten Mannes, aber das Tun des Reinen ist gerade. *Spr. 21, 8*

Es steht schlimm in dieser Welt, weil es hier Dinge gibt, durch die Menschen den Glauben verlieren. Das ist unvermeidlich; aber wehe dem, der daran schuld ist! *Mat. 18, 7 (GN)*

Bleibt keinem etwas schuldig. Nur eine Schuld könnt ihr nie abtragen: die Liebe, die ihr einander schuldet. *Röm. 13, 8 (GN)*

**Schuldbekenntnis**
Ich widerrufe und bereue in Staub und Asche. *Hiob 42, 6*

Ja, ich bekenne meine Schuld und bin bekümmert ob meiner Sünde. *Ps. 38, 19*

Wer seine Sünden verhehlen will, kommt nicht zum Ziel; wer sie aber bekennt und läßt, der findet Erbarmen. *Spr. 28, 13*

Es gibt keinen Frommen auf Erden, der nur Gutes täte und niemals fehlte. *Pred. 7, 21*

Wir welkten alle hin wie das Laub, und unsre Schuld trug uns davon wie der Wind. *Jes. 64, 6*

**Schuldbewußtsein**
Ich selber kenne mein Vergehen, und meine Sünde steht mir immerdar vor Augen. *Ps. 51, 5*

Unsrer Vergehen sind viele vor dir, und unsre Sünden zeugen wider uns; ja unsre Vergehen sind uns bewußt, und wir kennen unsre Schuld: daß wir untreu sind und den Herrn verleugnen und abtrünnig werden unsrem Gott, Gewalttat und Abfall planen, Lügenworte aus dem Herzen hervorbringen. *Jes. 59, 12–13*

Behandle keinen verächtlich, der sich von der Sünde abwendet; bedenke, daß wir alle schuldig sind. *Sir. 8, 5*

Wer unter euch ohne Sünde ist, werfe den ersten Stein. *Joh. 8, 7*

**Schutz Gottes**
Herr, wer ist wie du, der den Elenden errettet vor dem Übermächtigen und den Armen vor dem Räuber? *Ps. 35, 10*

Wirf dein Anliegen auf den Herrn, er wird dich versorgen. *Ps. 55, 23*

Gott, deine Hilfe schütze mich! *Ps. 69, 30 (L)*

Mit seinem Fittich bedeckt er dich, und unter seinen Flügeln findest zu Zuflucht. *Ps. 91, 4*

Siehe, in meine Hände habe ich dich gezeichnet. *Jes. 49, 16*

**Schwatzhaftigkeit**
Setze, o Herr, eine Wache meinem

Munde und eine Hut der Tür meiner Lippen. *Ps. 141, 3*

Wo viel geredet wird, bleibt Verfehlung nicht aus; wer aber seine Lippen im Zaum hält, handelt klug. *Spr. 10, 19*

Wer eine Sache weiter erzählt, vertreibt den Freund. *Spr. 17, 9*

Der Tor hat kein Gefallen an Einsicht, sondern daran, seine Gedanken auszukramen. *Spr. 18, 2*

Wer als Schwätzer umhergeht, plaudert Geheimnisse aus; drum laß dich nicht ein mit dem, der viel redet. *Spr. 20, 19*

Siehst du einen, der hastig in seinem Reden – ein Tor darf mehr hoffen als er. *Spr. 29, 20*

Wiederhole niemals eine üble Nachrede, so wird dich auch niemand schmähen. *Sir. 19, 7*

Mancher ist wegen seiner Geschwätzigkeit widerwärtig. *Sir. 20, 5*

Wer viele Worte macht, den verabscheut man. *Sir. 20, 8*

Die Lippen der Schwätzer reden, was sie nichts angeht, die Worte der Verständigen aber sind abgewogen. *Sir. 21, 25*

**Schweigen**

O daß ihr doch nur stille schwieget! – Als Weisheit würde es euch angerechnet. *Hiob 13, 5*

Auch der Tor kann für weise gelten, solange er schweigt, für verständig, wenn er seine Lippen verschließt. *Spr. 17, 28*

Oft ist gerade der Schweiger der Verständige. *Sir. 20, 1*

Mancher schweigt und wird als weise anerkannt. *Sir. 20, 5*

Mancher schweigt, weil er nichts zu sagen weiß, und mancher schweigt, weil er die Zeit kennt. *Sir. 20, 6*

Der Weise schweigt bis zur rechten Zeit, der Tor aber achtet nicht auf die Zeit. *Sir. 20, 7*

Ein schweigsames Weib ist eine Gabe des Herrn. *Sir. 26, 14*

**Schwelgerei**

Säufer und Prasser geraten in Armut. *Spr. 23, 21*

Vergnüge dich nicht bis zu ausgelassener Schwelgerei, die doppelt schnell zur Armut führt. *Sir. 18, 32*

Sei kein Säufer und Schlemmer. *Sir. 18, 33*

Beschwerden und schlechter Schlaf, Unbehagen und Atemnot und Grimmen im Leibe sind des törichten Essers Teil. *Sir. 31, 20*

**Seelenruhe**

Bei all deinen Taten hab acht auf deine Seele, denn wer das tut, beobachtet die Gebote. *Sir. 32, 23*

Kommet her zu mir alle, die ihr mühselig und beladen seid, so will ich euch Ruhe geben. Nehmet mein Joch auf euch und lernet von mir, denn ich bin sanftmütig und von Herzen demütig; so werdet ihr Ruhe finden für eure Seelen. *Mat. 11, 27–28*

**Segen**

Dem Herrn, euerm Gott, sollt ihr dienen, so werde ich dein Brot und dein Wasser segnen und alle Krankheit aus deiner Mitte hinwegnehmen. *2. Mos. 23, 25*

Befreunde dich mit Gott und halte Frieden. Dadurch kommt Segen über dich. *Hiob 22, 21*

Gott sei uns gnädig und segne uns, er lasse sein Angesicht bei uns leuchten, daß man auf Erden deinen Weg erkenne, unter allen Völkern dein Heil! *Ps. 67, 2–3*

Gesegnet sei, wer da kommt, im Namen des Herrn! *Ps. 118, 26*

Wahrlich gesegnet wird der Mann, der den Herrn fürchtet. *Ps. 128, 4*

Wir segnen euch im Namen des Herrn. *Ps. 129, 8*

Der Segen des Herrn, der allein macht reich, eignes Mühen tut nichts hinzu. *Spr. 10, 22*

Ein Mann von Treu und Glauben wird vielfach gesegnet. *Spr. 28, 20*

Träufelt, ihr Himmel, von oben, und die Wolken sollen strömen vor Recht! Die Erde tue sich auf, und es sprosse Heil, und Segen wachse zumal! Ich, der Herr, habe es geschaffen. *Jes. 45, 8*

Gesegnet ist der Mann, der auf den Herrn vertraut und dessen Hoffnung der Herr ist! *Jer. 17, 7*

Ich weiß, daß ich den vollen Segen Christi mitbringe, wenn ich zu euch komme. *Röm. 15, 29 (GN)*

Es zählt nicht, wer pflanzt oder wer begießt; es kommt alles auf Gott an, der es wachsen läßt. *1. Kor. 3, 7 (GN)*

Der Mensch, der tief und anhaltend in das vollkommene Gesetz Gottes blickt, hört nicht nur hin, um es gleich wieder zu vergessen, sondern handelt danach. Er darf sich freuen; denn Gott segnet sein Tun. *Jak. 1, 25 (GN)*

**Segenswunsch**

Gott gebe dir vom Tau des Himmels und vom Fett der Erde und Korn und Wein die Fülle! *1. Mos. 27, 28*

Gott sei dir gnädig, mein Sohn! *1. Mos. 43, 29*

Der Herr segne dich und behüte dich! Der Herr lasse sein Angesicht über dir leuchten und sei dir gnädig! Der Herr erhebe sein Angesicht auf dich und gebe dir Frieden!
*4. Mos. 6, 24–26*

Die Gnade unsres Herrn Jesus sei mit euch! *Röm. 16, 20*

Gnade sei mit euch und Friede von Gott, unsrem Vater, und dem Herrn Jesus Christus! *1. Kor. 1, 3*

Die Gnade des Herrn Jesus Christus und die Liebe Gottes und die Gemeinschaft des heiligen Geistes sei mit euch allen! *2. Kor. 13, 13*

Die Gnade unsres Herrn Jesus Christus sei mit eurem Geist! *Gal. 6, 18*

Gott schenke seine Gnade allen, die unseren Herrn Jesus Christus in seiner unvergänglichen Herrlichkeit lieben. *Eph. 6, 24 (GN)*

Gnade, Barmherzigkeit, Friede von Gott, dem Vater, und von Christus Jesus, unserm Herrn! *2. Tim. 1, 2*

Der Herr sei mit deinem Geiste! Die Gnade sei mit euch! *2. Tim. 4, 22*

Gnade und Friede werde euch in Fülle zuteil! *1. Pet. 1, 2*

Friede sei mit euch allen, die in Christus sind! *1. Pet. 5, 14*

Gnade, Barmherzigkeit, Friede von Gott, dem Vater, und von dem Herrn Jesus Christus, dem Sohne des Vaters, wird mit uns sein in Wahrheit und Liebe. *2. Joh. 3*

**Sehnsucht nach Gott**

Herr, all mein Verlangen liegt offen vor dir, und mein Seufzen ist dir nicht verborgen. *Ps. 38, 10*

Wie der Hirsch lechzt an versiegten Bächen, also lechzt meine Seele, o Gott, nach dir! *Ps. 42, 2*

Meine Seele dürstet nach Gott, dem lebendigen Gott. Wann werde ich kommen und Gottes Angesicht schauen? *Ps. 42, 3*

O Gott, du bist mein Gott, dich suche ich; meine Seele dürstet nach dir. Mein Leib schmachtet nach dir wie dürres, lechzendes Land ohne Wasser. *Ps. 63, 2*

Verbirg dein Antlitz nicht vor deinem Knechte, denn mir ist bange.
*Ps. 69, 18*

Meine Seele harrt auf den Herrn, mehr als die Wächter auf den Morgen. *Ps. 130, 6*

Wie zur Zeit, da du aus Ägypten auszogst, laß uns wieder Wunder schauen! *Mi. 7, 15*

Selig sind, die hungern und dürsten nach der Gerechtigkeit; denn sie werden gesättigt werden. *Mat. 5, 6*

**Sektierer**
Nehmt euch in acht vor denen, die Spaltungen hervorrufen und die Gemeinde im Glauben verwirren. Was sie tun und lehren, widerspricht dem, was ihr gelernt habt. Geht ihnen aus dem Weg. Solche Menschen dienen nicht unserm Herrn Christus, sondern ihren eigenen Gelüsten. Mit schmeichelnden Worten und eingängigen Reden führen sie arglose Menschen in die Irre.
*Röm. 16, 17–18 (GN)*

Die Leute, die falsche Lehren verbreiten, sind aufgeblasen vor Stolz und wissen nichts. Sie haben einen krankhaften Hang zu Spitzfindigkeit und Wortklauberei. Daraus entstehen Neid und Streit, Beleidigungen, böse Verdächtigungen und fortwährender Zank. *1. Tim. 6, 1–5 (GN)*

Ihre Lehre wird um sich fressen wie ein Krebsgeschwür. *2. Tim. 2, 17*

Wer nicht bei dem bleibt, was Christus gelehrt hat, sondern darüber hinausgeht, hat keine Gemeinschaft mit Gott. *2. Joh. 9 (GN)*

**Selbständigkeit**
Trinke Wasser aus deiner Zisterne und frischen Trunk aus dem eignen Brunnen. *Spr. 5, 15*

Weder dem Sohn noch dem Weibe, weder dem Bruder noch dem Freund sollst du über dich Gewalt geben, solange du noch lebst. *Sir. 33, 20*

Solange du noch lebst und Odem in dir ist, mache dich von keinem Menschen abhängig. *Sir. 33, 21*

**Selbstbeherrschung**
Wer seinen Mund hütet, bewahrt sein Leben; wer seine Lippen aufreißt, dem ist es Verderben.
*Spr. 13, 3*

Besser sich selbst beherrschen als Städte bezwingen. *Spr. 16, 32*

Wie eine Stadt mit durchbrochenem Wall ist der Mann, der sich selbst nicht beherrscht. *Spr. 25, 28*

Der Tor läßt all seinem Zorn den Lauf; aber der Weise beschwichtigt ihn zuletzt. *Spr. 29, 11*

Mein Sohn, gib deinen Begierden nicht nach, und von deinen Gelüsten in dir halte dich zurück. *Sir. 18, 30*

Sieh, deinen Weinberg umzäunst du mit Dornen: so setze auch deinem Munde Tür und Riegel!
*Sir. 28, 24–25*

Beherrsche dich in all deinem Tun, dann wird kein Schaden dich treffen.
*Sir. 31, 22*

In all deinem Tun bleibe Herr der Lage. *Sir. 33, 23*

Bei keiner Freude sei unersättlich, und bei keinem Genuß laß dich gehen. *Sir. 37, 29*

Wer liebt, ist nicht reizbar.
*1. Kor. 13, 5 (GN)*

Wer Jesus Christus gehört, hat sein Ich mit allen seinen Wünschen und Leidenschaften ans Kreuz genagelt.
*Gal. 5, 24 (GN)*

Wenn sich jemand für fromm hält, aber seine Zunge nicht in Zaum halten kann, ist seine Frömmigkeit wertlos. *Jak. 1, 26 (GN)*

Ihr seid Gäste und Fremde in dieser Welt. Deshalb mahne ich euch: Gebt euren Leidenschaften nicht nach, die euer inneres Leben in Gefahr bringen. *1. Pet. 2, 11 (GN)*

**Selbstbetrug**

So wird auch die Hoffnung des Gottlosen zunichte, der sein Vertrauen setzt auf dünne Fäden und seine Zuversicht auf Spinnengewebe.
*Hiob 8, 13–14*

Ein hinterlistiger Hieb verwundet den, der ihn führt. *Sir. 27, 25*

Was einer gegen die eigene Überzeugung tut, das ist Sünde.
*Röm. 14, 23 (GN)*

Wer sich über den andern erhebt, obwohl er doch gar keine Ursache dazu hat, betrügt sich selbst.
*Gal. 6, 3 (GN)*

Legt den alten Menschen ab, der sich mit seinen eigensüchtigen Wünschen selbst betrügt. Sie bringen ihm in Wirklichkeit nichts als den Tod.
*Eph. 4, 22 (GN)*

Betrügt euch nicht selbst, indem ihr euch das Wort nur anhört. Ihr müßt es in die Tat umsetzen! *Jak. 1, 22*

Wenn wir behaupten, ohne Schuld zu sein, betrügen wir uns selbst, und die Wahrheit kann nicht in uns wirken. *1. Joh. 1, 8 (GN)*

**Selbsterkenntnis**

Worüber soll klagen der Mensch, der da lebt? Ein jeder über seine Sünde!
*Klag. 3, 39*

Wenn wir unsere Schuld eingestehen, dürfen wir uns darauf verlassen, daß Gott Wort hält: Er wird uns dann unsere Verfehlungen vergeben und alle Schuld von uns nehmen, die wir auf uns geladen haben.
*1. Joh. 1, 9 (GN)*

**Selbstherrlichkeit**

Seht, das ist der Mann, der nicht Gott zu seiner Zuflucht machte, der da vertraute auf seinen großen Reichtum, der da trotzte auf seine Schätze.
*Ps. 52, 9*

Tief, tief beuge den hochfahrenden Sinn, denn was des Menschen wartet, ist – Verwesung. *Sir. 7, 17*

Jesus erzählte einigen, die sich für unfehlbar hielten und auf andere herabsahen, folgende Geschichte:

«Zwei Männer gingen in den Tempel, um zu beten, ein Pharisäer und ein Zolleinnehmer. Der Pharisäer stellte sich ganz vorne hin und betete: ‹Gott, ich danke dir, daß ich nicht so habgierig, unehrlich und verdorben bin wie die anderen Leute, zum Beispiel dieser Zolleinnehmer. Ich faste zwei Tage in der Woche und opfere dir den zehnten Teil von allen meinen Einkünften!› Der Zolleinnehmer aber stand ganz hinten und getraute sich nicht einmal aufzublicken. Er schlug sich an die Brust und sagte: ‹Gott, hab Erbarmen mit mir, ich bin ein sündiger Mensch!›»
Jesus schloß: «Ich sage euch, als der Zolleinnehmer nach Hause ging, hatte Gott ihn angenommen, den anderen nicht. Denn wer sich erhöht, der wird erniedrigt; aber wer sich geringachtet, der wird erhöht.»
*Luk. 18, 9–14 (GN)*

**Selbstlob**
Ein andrer rühme dich, und nicht dein eigener Mund, ein Fremder, und nicht deine eigenen Lippen!
*Spr. 27, 2*

So spricht der Herr: Der Weise rühme sich nicht seiner Weisheit, der Starke rühme sich nicht seiner Stärke, der Reiche rühme sich nicht seines Reichtums, sondern dessen rühme sich, wer sich rühmen will: einsichtig zu sein und mich zu erkennen, zu wissen, daß ich, der Herr, es bin, der Gnade und Recht und Gerechtigkeit auf Erden übt; denn an solchen habe ich Wohlgefallen, spricht der Herr. *Jer. 9, 23–24*

Als bewährt gilt einer, wenn der Herr ihn lobt, und nicht, wenn er sich selbst lobt. *2. Kor. 10, 18 (GN)*

**Selbstmitleid**
Der du dich selbst in deinem Zorn zerreißest, soll deinetwegen die Erde veröden und der Fels von seiner Stelle rücken? *Hiob 18, 4*

**Selbstprüfung**
Lasset uns prüfen und erforschen unsere Wege und umkehren zum Herrn! *Klag. 3, 40*

Habe auf dich acht in allen deinen Werken. *Tob. 4, 14*

Prüfe dich, ehe das Gericht naht, so wirst du Gnade finden in der Stunde der Rechenschaft. *Sir. 18, 20*

Prüft euch selbst, ob ihr im Glauben steht. Macht selbst die Probe!
*2. Kor. 13, 5 (GN)*

Fragt immer, was dem Herrn gefällt.
*Eph. 5, 10 (GN)*

Prüft alles, und nehmt nur an, was gut ist. Mit dem Bösen sollt ihr überhaupt nichts zu tun haben.
*1. Thess. 5, 21–22 (GN)*

**Selbstsicherheit**
Dem Unglück Verachtung!, so denkt

der Sichere, ein Stoß noch denen, deren Fuß schon wankt. *Hiob 12, 5*

Ich werde die Menschen heimsuchen, die selbstzufrieden in ihrem Herzen sprechen: «Der Herr tut weder Gutes noch Böses». *Zeph. 12*

**Selbsttäuschung**
Ich wähnte, da es mir wohl ging: «Ich werde nimmermehr wanken.» Herr, warst du mir hold, so stelltest du mich auf Felsengrund; verbargst du dein Antlitz, so war ich erschrocken. *Ps. 30, 7–8*

Siehst du einen Menschen, der sich selbst weise dünkt – ein Tor darf mehr hoffen als er. *Spr. 26, 12*

Wahrsagerei, Zeichendeutung und Träume sind nichtig, und was du hoffst, das bildet das Herz sich ein. *Sir. 34, 5*

**Selbstverschuldung**
Dich verdammt dein eigner Mund, nicht ich, und deine Lippen zeugen wider dich. *Hiob 15, 6*

Den Toren wird die eigne Sorglosigkeit zum Verderben. *Spr. 1, 32*

Der Böse kommt durch seine Bosheit zu Fall. *Spr. 11, 5*

Wer nach Bösem trachtet, den trifft es selbst. *Spr. 11, 27*

Der Mund des Toren wird ihm selbst zum Verderben. *Spr. 18, 7*

Wer Unrecht sät, der erntet Unheil. *Spr. 22, 8*

Wenn du dir erlaubst, was deiner Begierde gefällt, so tust du, was deine Feinde freut. *Sir. 18, 31*

Zieht euch nicht selber das Verderben zu durch eurer Hände Werk. *Sal. 1, 12*

**Selbstverständlichkeit**
Wenn du jemandem hilfst, dann hänge es nicht an die große Glocke. *Mat. 6, 2 (GN)*

Wenn du jemandem hilfst, soll deine linke Hand nicht wissen, was deine rechte tut. *Mat. 6, 3 (GN)*

Wenn ihr alles getan habt, was euch von Gott befohlen wurde, dann sagt: Wir sind nur Diener; wir haben nichts als unsere Schuldigkeit getan. *Luk. 17, 10 (GN)*

**Sensationsgier**
Wer sich an Unglück freut, bleibt nicht ungestraft. *Spr. 17, 5*

**Sex**
Ihre Liebe soll dich allezeit sättigen, an ihrer Liebkosung magst du dich immer berauschen. *Spr. 5, 19*

O daß er mich tränkte mit Küssen seines Mundes! Deine Liebe ist süßer als Wein. *H. L. 1, 2*

Bis der Morgenwind weht und die

Schatten fliehen, komm her, mein Geliebter, tu's der Gazelle gleich oder dem jungen Hirsch auf den duftenden Bergen. *H. L. 2, 17*

Ich beschwöre euch bei den Gazellen oder Hinden des Feldes: stört nicht auf, weckt nicht die Liebe, bis es ihr gefällt. *H. L. 3, 5*

Der Mann soll seine Frau nicht vernachlässigen, und die Frau soll sich ihrem Mann nicht versagen. Die Frau verfügt nicht über ihren Körper, sondern der Mann; ebenso verfügt der Mann nicht über seinen Körper, sondern die Frau.
*1. Kor. 7, 4–5 (GN)*

**Sicherheit**

Sicherheit schafft Gott meiner Seele.
*Ps. 55, 19*

Das Werk der Gerechtigkeit wird Friede sein und die Frucht des Rechtes Sicherheit auf ewig. *Jes. 32, 17*

**Siegel**

Ich sah eine Buchrolle in der rechten Hand dessen, der auf dem Thron saß. Sie war innen und außen beschrieben und mit sieben Siegeln verschlossen. *Off. 5, 1 (GN)*

**Sinn des Lebens**

Wer sein Leben findet, der wird es verlieren; und wer sein Leben verliert um meinetwillen, der wird es finden. *Mat. 10, 39*

Ihr wißt doch, daß an einem Wettkampf viele Läufer teilnehmen. Aber nur einer kann den Preis bekommen. Darum lauft so, daß ihr den Preis gewinnt!
*1. Kor. 9, 24 (GN)*

Gott hat uns durch seinen Geist ein neues Leben geschenkt. Nun soll dieser Geist auch unser Leben bestimmen. *Gal. 5, 25 (GN)*

**Sinnlosigkeit**

Die Augen der Gottlosen schmachten dahin, jede Zuflucht ist ihnen verloren, und ihre Hoffnung ist Verhauchen der Seele. *Hiob 11, 20*

Nur wie ein Schatten geht der Mensch einher, macht Lärm um ein Nichts, häuft zusammen und weiß nicht, wer einsammeln wird.
*Ps. 39, 7*

Da ist einer einsam, steht ganz allein, hat weder Sohn noch Bruder, und macht sich doch Mühe ohne Ende und kann des Geldes nicht genug sehen. – «Aber für wen mühe ich mich denn ab und versage mir jeden Genuß?» Auch das ist nichtig und eine leidige Plage. *Pred. 4, 8*

Es wird sein, wie wenn ein Hungriger träumt, er esse, und wenn er erwacht, ist ungestillt sein Verlangen, und wie wenn ein Durstiger träumt, er trinke, und wenn er erwacht, ist er matt und lechzend seine Seele. *Jes. 29, 8*

Ein verlorenes Leben kann man durch nichts zurückkaufen. *Mark. 8, 37 (GN)*

Wir wissen, daß alles Geschaffene insgesamt seufzt und sich schmerzlich ängstigt bis jetzt. *Röm. 8, 22*

Wenn die Toten nicht wieder lebendig werden, dann halten wir uns doch lieber an das Sprichwort: Laßt uns das Leben genießen, denn morgen sind wir tot. *1. Kor. 15, 32 (GN)*

**Sinnzwiespalt**

Das Gute nehmen wir an von Gott, und das Böse sollten wir nicht annehmen? *Hiob 2, 10*

Beides habe ich gesehen in meinem flüchtigen Dasein: Mancher Fromme kommt um bei all seiner Frömmigkeit, und mancher Gottlose wird alt bei all seiner Schlechtigkeit. *Pred. 7, 16*

Das ist das Schlimme bei allem, was unter der Sonne geschieht, daß alle dasselbe Geschick trifft. *Pred. 9, 3*

Wiederum sah ich unter der Sonne, daß nicht den Schnellen der Preis zufällt, und nicht den Helden der Sieg, nicht den Weisen das Brot, noch den Verständigen Reichtum, noch den Einsichtigen Gunst; sondern alle trifft Zeit und Zufall. *Pred. 9, 11*

Ich, der Herr, und keiner sonst, der ich das Licht bilde und die Finsternis schaffe, der ich Heil wirke und Unheil schaffe, ich bin's, der Herr, der dies alles wirkt. *Jes. 45, 6–7*

So spricht der Herr: Wie ich über dieses Volk all dies große Unheil gebracht habe, so bringe ich über sie nun all das Heil, das ich ihnen verheiße. *Jer. 32, 42*

Mit der Zunge loben wir Gott, unsern Herrn und Vater – und mit ihr verfluchen wir unsere Mitmenschen, die nach Gottes Bild geschaffen sind. *Jak. 3, 9 (GN)*

**Sintflut**

Ich will einen Bund mit euch aufrichten, daß niemals wieder alles Fleisch von den Wassern der Sintflut (= große Flut) soll ausgerottet werden. *1. Mos. 9, 11*

**Sittenlosigkeit**

Wie ein goldener Ring am Rüssel des Schweins, so ist ein schönes Weib ohne Sitte. *Spr. 11, 22*

Wein und Weiber machen das Herz zuchtlos. *Sir. 19, 2*

Die Zuchtlose bereitet dem Vater und dem Manne Schmach, und von beiden wird sie verachtet. *Sir. 22, 5*

**Skrupellosigkeit**

Verflucht ist, wer einen Blinden auf den falschen Weg führt. *5. Mos. 27, 18*

Selbst um eine Waise würdet ihr losen, würdet feilschen um euren Freund. *Hiob 6, 27*

Dem im Korb gefangenen Vogel gleicht das Herz des Gewissenlosen: wie ein Kundschafter späht er nach einer Blöße. *Sir. 11, 30*

**Söhne**
Wie Pfeile in der Hand des Helden, so sind Söhne der Jugendkraft. *Ps. 127, 4*

Der weise Sohn liebt Zucht, aber der Spötter hört nicht auf die Schelte. *Spr. 13, 1*

Ein weiser Sohn macht dem Vater Freude. *Spr. 15, 20*

Wer den Vater mißhandelt und die Mutter verstößt, der ist ein schändlicher, verworfener Sohn. *Spr. 19, 26*

Wer einen weisen Sohn hat, darf seiner sich freuen. *Spr. 23, 24*

Wer die Belehrung bewahrt, ist ein verständiger Sohn. *Spr. 28, 7*

Mein Sohn, in Wort und Tat ehre deinen Vater, damit alle Segnungen über dich kommen. *Sir. 3, 8*

Hast du Söhne, so halte sie in Zucht. *Sir. 7, 23*

Ein ungeratener Sohn ist eine Schande für den Vater. *Sir. 22, 3*

**Solidarität**
Nie wird es an Armen fehlen im Lande; darum gebiete ich dir: Willig sollst du deine Hand auftun für deinen dürftigen und armen Bruder. *5. Mos. 15, 11*

Wer sein Ohr verschließt vor dem Schreien der Armen, der wird auch nicht erhört, wenn er selber schreit. *Spr. 21, 13*

Befreie, die zum Tode geschleppt werden, und die zur Schlachtbank wanken, rette sie doch! Wolltest du sagen: «Wir wußten das nicht!» – wird er, der die Herzen prüft, dich nicht durchschauen? Er, der auf deine Seele achtet, er weiß es und vergilt dem Menschen nach seinem Tun. *Spr. 24, 11–12*

Wer den Armen gibt, muß nicht Mangel leiden; wer aber seine Augen verhüllt, wird viel verflucht. *Spr. 28, 27*

Öffne deinen Mund zu gerechtem Spruch und schaffe Recht dem Elenden und Armen. *Spr. 31, 9*

Sorgt für alle im Volk Gottes, die es nötig haben. *Röm. 12, 13 (GN)*

Denkt an die Gefangenen, als ob ihr selbst mit ihnen im Gefängnis wärt. Denkt an die Mißhandelten, als müßtet ihr ebenso leiden wie sie. *Heb. 13, 3 (GN)*

**Sorgen**
Vor der Zeit macht die Sorge alt.
*Sir. 30, 24*

Sorge ums Brot vertreibt den Schlummer, mehr als schwere Krankheit verscheucht sie den Schlaf. *Sir. 31, 2*

Macht euch keine Sorgen um Essen und Trinken und um eure Kleidung. Das Leben ist mehr als Essen und Trinken, und der Körper ist mehr als die Kleidung. Seht euch die Vögel an! Sie säen nicht, sie ernten nicht, sie sammeln keine Vorräte – aber euer Vater im Himmel sorgt für sie. Und ihr seid doch mehr wert als alle Vögel! Wer von euch kann durch Sorgen sein Leben auch nur um einen Tag verlängern?
Und warum macht ihr euch Sorgen um das, was ihr anziehen sollt? Seht, wie die Blumen auf den Feldern wachsen! Sie arbeiten nicht und machen sich keine Kleider; doch ich sage euch: nicht einmal Salomo war bei all seinem Reichtum so prächtig gekleidet wie irgendeine von ihnen. Wenn Gott sogar die Feldblumen so ausstattet, die heute blühen und morgen verbrannt werden, wird er sich dann nicht erst recht um euch kümmern? Habt doch mehr Vertrauen!
Macht euch keine Sorgen um das, was ihr essen und trinken und was ihr anziehen werdet. Damit plagen sich Menschen, die Gott nicht kennen. Euer Vater im Himmel weiß, daß ihr all das braucht. Sorgt euch zuerst darum, daß ihr euch seiner Herrschaft unterstellt und tut, was er verlangt, so wird er euch mit allem andern versorgen.
*Mat. 6, 25–33 (GN)*

Ladet alle eure Sorgen auf Gott ab, denn er sorgt für euch.
*1. Pet. 5, 7 (GN)*

**Sozialpartner**
Mißhandle keinen Knecht, der dir treu dient, noch einen Tagelöhner, der sich redlich müht. *Sir. 7, 20*

Ein Arbeiter bekommt seinen Lohn nicht als Geschenk, sondern weil er einen Anspruch darauf hat.
*Röm. 4, 4 (GN)*

**Spiel mit dem Feuer**
Kann man Feuer im Bausche des Gewandes tragen, ohne daß die Kleider versengt werden? Kann man auf glühenden Kohlen gehen, ohne die Füße sich wund zu brennen?
*Spr. 6, 27–28*

Kohlen schüren die Glut und Holz das Feuer; so schürt ein zänkischer Mensch den Streit. *Spr. 26, 21*

Bläsest du auf einen Funken, so brennt er. *Sir. 28, 12*

Ihr alle, die ihr Feuer anzündet und Brandpfeile entflammt, geht hin in die Flamme eures Feuers und in die Brandpfeile, die ihr entzündet habt!
*Jes. 50, 11*

Die heiße Begierde ist wie ein brennendes Feuer, es erlischt nicht, bis es sich verzehrt hat. *Sir. 23, 16*

Bläsest du auf einen Funken, so brennt er. *Sir. 28, 12*

Denkt daran, wie klein die Flamme sein kann, die einen großen Wald in Brand setzt! Mit der Zunge ist es wie mit dem Feuer. *Jak. 3, 5–6 (GN)*

**Spiritismus**

Ihr sollt euch nicht an die Totengeister und an die Wahrsagegeister wenden, ihr sollt sie nicht befragen und euch so an ihnen verunreinigen. *3. Mos. 19, 31*

**Spötter**

Der Spötter sucht Weisheit und findet sie nicht; dem Einsichtigen aber ist Erkenntnis ein Leichtes. *Spr. 14, 6*

Der Spötter läßt sich nicht gerne rügen, er gesellt sich nicht zu den Weisen. *Spr. 15, 12*

Spötter wird genannt, wer übermütig, vermessen ist, wer in maßlosem Übermut handelt. *Spr. 21, 24*

Jage den Spötter hinaus, so geht auch der Zank, und Hadern und Schmähen hört auf. *Spr. 22, 10*

Für die Wunde des Spötters gibt es keine Heilung, weil er ein Sproß aus faulem Stamme ist. *Sir. 3, 28*

Über einen Spötter gerate nicht außer dich, er möchte dir sonst aus deinen Worten eine Schlinge bereiten. *Sir. 8, 11*

Ein spottlustiger Kamerad ist wie ein gesatteltes Pferd, das unter jedem Reiter wiehert. *Sir. 33, 6*

**Staat**

Die Gerechtigkeit erhöht ein Volk, aber die Sünde ist der Völker Schmach. *Spr. 14, 34*

Ohne Offenbarung verwildert das Volk, wohl dem, der das Gesetz hält! *Spr. 29, 18*

Jeder soll sich der staatlichen Gewalt unterordnen. Es gibt keine Autorität, die nicht von Gott verliehen wird. *Röm. 13, 1 (GN)*

Wenn ihr ohne Angst vor der Staatsgewalt leben wollt, dann tut, was recht ist, und ihr werdet ihre Zustimmung finden. *Röm. 13, 3 (GN)*

Die Staatsgewalt steht im Dienst Gottes, um euch beim Tun des Guten zu helfen. *Röm. 13, 4 (GN)*

**Stärke**

Mit meinem Gott überspringe ich Mauern. *2. Sam. 22, 30*

Reichtum und Ehre kommen von Gott. Du bist Herrscher über alles, in deiner Hand stehen Kraft und

Macht; in deiner Hand steht es, einen jeglichen groß und stark zu machen. *1. Chr. 29, 12*

Über Löwen und Ottern wirst du schreiten, wirst zertreten Leuen und Drachen. *Spr. 91, 13*

Wer glaubt, wird nicht zuschanden. *Jes. 28, 16*

Gott der Herr ist meine Kraft! *Hab. 3, 19*

Ich bitte Gott, daß er euch aus dem Reichtum seiner Herrlichkeit beschenkt und euch durch seinen Geist innerlich stark macht. *Eph. 3, 16 (GN)*

Der Herr ist treu. Er wird euch stark machen und vor dem Bösen beschützen. *2. Thess. 3, 3 (GN)*

Sei stark durch die Gnade, die Jesus Christus uns gebracht hat. *2. Tim. 2, 1 (GN)*

**Staunen**
Tritt her und beachte die Wunderwerke Gottes. *Hiob 37, 14*

Geht hin und schauet die Werke des Herrn, der Erstaunliches geschaffen auf Erden. *Ps. 46, 9*

**Sterben**
Der Körper, der begraben wird, ist vergänglich; aber der Körper, der zu neuem Leben erweckt wird, ist unvergänglich. Was begraben wird, ist schwach und häßlich; aber was zum Leben erweckt wird, ist stark und schön. *1. Kor. 15, 42–43 (GN)*

Im Grab liegt ein Körper, der von natürlichem Leben beseelt war. Als ein Körper, der ganz vom Geist Gottes beseelt ist, wird er zu neuem Leben erweckt. *1. Kor. 15, 44 (GN)*

**Stern von Betlehem**
Jesus wurde in Betlehem, einem Ort in Judäa, geboren, als Herodes König war. Bald nach seiner Geburt kamen Sterndeuter aus dem Osten nach Jerusalem und fragten: «Wo finden wir das neugeborene Kind, das König der Juden werden soll? Wir haben seinen Stern aufgehen sehen und sind gekommen, um ihm zu huldigen.»
Als König Herodes das hörte, geriet er in Aufregung, und mit ihm ganz Jerusalem. Er ließ alle führenden Priester und Gesetzeslehrer zu sich kommen und fragte sie: «Wo soll der versprochene König geboren werden?» Sie antworteten: «In der Stadt Betlehem in Judäa. Denn so hat der Prophet geschrieben:
‹Du Betlehem im Lande Juda! Du bist keineswegs die unbedeutendste Stadt in Judäa, denn aus dir soll der Mann kommen, der mein Volk Israel führen wird.›»
Daraufhin rief Herodes die Sterndeuter heimlich zu sich und fragte sie aus, wann sie den Stern zum ersten-

mal gesehen hätten. Dann schickte er sie nach Betlehem und sagte: «Geht hin und erkundigt euch genau nach dem Kind, und wenn ihr es gefunden habt, gebt mir Nachricht! Dann will auch ich zu ihm gehen und ihm huldigen.»
Nachdem sie diesen Bescheid erhalten hatten, machten sich die Männer auf den Weg. Der Stern, den sie schon bei seinem Aufgehen beobachtet hatten, ging ihnen voraus. Genau über der Stelle, wo das Kind war, blieb er stehen. Als sie ihn dort sahen, kam eine große Freude über sie. Sie gingen in das Haus, fanden das Kind mit seiner Mutter Maria, warfen sich vor ihm nieder und huldigten ihm. Dann breiteten sie die Schätze aus, die sie ihm als Geschenk mitgebracht hatten: Gold, Weihrauch und Myrrhe. In einem Traum befahl ihnen Gott, nicht noch einmal zu Herodes zu gehen. So reisten sie auf einem anderen Weg in ihr Land zurück. *Mat. 2, 1–12*

**Steuern**
Zeig ein heitres Gesicht bei jeglicher Leistung, und weihe den Zehnten mit Freuden. *Sir. 35, 11*

Weil die Staatsgewalt im Dienst des Guten steht, müßt ihr auch Steuern zahlen. *Röm. 13, 6 (GN)*

**Stille**
Gar unfreundlich reden sie über die Stillen im Lande. *Ps. 35, 20*

In Umkehr und Ruhe liegt euer Heil; in Stillehalten und Vertrauen besteht eure Stärke. *Jes. 30, 15*

**Stolz**
Den hochfahrenden Sinn demütigst du. *2. Sam. 22, 28*

Der Herr reißt weg das Haus der Stolzen. *Spr. 15, 25*

Besser demütig sein mit Gebeugten als Beute teilen mit Stolzen. *Spr. 16, 19*

Die Hoffart der Menschen wird gebeugt. *Jes. 2, 11*

Spott und Hohn ist das Los der Stolzen, und die Strafe lauert auf sie wie ein Löwe. *Sir. 27, 28*

Wer auf etwas stolz sein will, soll stolz sein auf das, was der Herr getan hat. *1. Kor. 1, 31 (GN)*

Seid nicht überheblich, sondern bereit, einander zu dienen. Es heißt ja: «Gott widersetzt sich dem Stolzen; aber dem, der sich geringachtet, wendet er sich zu.» *1. Pet. 5, 5 (GN)*

**Strafe**
Die Rute gehört auf den Rücken des Toren. *Spr. 10, 13*

Gott lasse feurige Kohlen auf die Bösen regnen, er stürze sie in die Tiefe, daß sie nicht mehr aufstehen! *Ps. 140, 11*

Wer Unrecht tut, wird dafür bestraft werden, gleichgültig wer es ist. Vor Gott sind alle gleich. *Kol. 3, 25 (GN)*

**Streit**

Der Jähzornige erregt Zank. *Spr. 15, 18*

Ein ränkesüchtiger Mensch stiftet Hader. *Spr. 16, 28*

Wer Streit anfängt, ist wie einer, der Wasser ausbrechen läßt. *Spr. 17, 14*

Die Lippen des Toren bringen Streit, und sein Mund ruft nach Schlägen. *Spr. 18, 6*

Wenn das Holz ausgeht, erlischt das Feuer; wo kein Verleumder ist, da ruht der Streit. Kohlen schüren die Glut und Holz das Feuer; so schürt ein zänkischer Mensch den Streit. *Spr. 26, 20–21*

Durch die Schuld der Ruchlosen werden Streitigkeiten entfacht, ein verständiger Mann aber löscht sie. *Spr. 28, 2*

Dem Feuer gehen Qualm und Rauch voraus, so dem Blutvergießen Schimpfreden. *Sir. 22, 24*

Ein zornmütiger Mensch entfacht Streit, und ein sündhafter Mann macht Freunde uneins und sät Hader unter friedsame Leute. *Sir. 28, 8–9*

Je mehr Brennstoff ein Feuer hat, desto mehr flammt es, und je gewichtiger ein Streit ist, desto größer wird er. *Sir. 28, 10*

Harz und Pech lassen Feuer entbrennen, und ein hitziger Streit läßt Blut fließen. *Sir. 28, 11*

Es ist schon schlimm genug, daß ihr überhaupt Prozesse gegeneinander führt. Warum laßt ihr euch nicht lieber Unrecht tun? Warum laßt ihr euch nicht lieber übervorteilen? Statt dessen tut ihr selbst Unrecht und übervorteilt andere, und das unter Brüdern! Denkt daran: für Menschen, die Unrecht tun, hat Gott keinen Platz in seiner neuen Welt. *1. Kor. 6, 7–9 (GN)*

Woher kommen die Kämpfe und Streitigkeiten zwischen euch? Sie entspringen den Leidenschaften, die ständig in eurem Innern toben. Ihr wollt etwas haben und bekommt es nicht. Ihr seid neidisch und eifersüchtig, und es nützt euch doch nichts. So kommt es zu Kampf und Streit. *Jak. 4, 1–2 (GN)*

**Streitsucht**

Errette mich, Herr, vor den bösen Menschen, vor den Gewalttätigen bewahre mich, die im Herzen auf Böses sinnen und allezeit Streit erregen! Sie haben scharfe Zungen wie eine Schlange; Otterngift ist unter ihren Lippen. *Ps. 140, 2–4*

Paßt nur auf: Wenn ihr einander wie wilde Tiere beißt und freßt, werdet ihr euch noch alle gegenseitig verschlingen. *Gal. 5, 15 (GN)*

**Streß**
So ergeht es allen, die nach Gewinn jagen; er nimmt seinem Besitzer das Leben. *Spr. 1, 19*

Besser wenig mit Gottesfurcht als große Schätze mit Unruhe. *Spr. 15, 16*

Mein Sohn, warum machst du dir viel zu schaffen? Wer nach vielem jagt, bleibt nicht ohne Schuld. Mit allem Rennen kommst du doch nicht zum Ziel, mit allem Suchen findest du's nicht. *Sir. 11, 10*

**Sturheit**
Mit einem starrsinnigen Menschen geh nicht auf die Reise, du möchtest sonst schweres Unglück über dich bringen; denn er geht nur seinem Kopfe nach, und durch seine Torheit würdest du umkommen. *Sir. 8, 15*

Augen habt ihr und seht nicht, und Ohren habt ihr und hört nicht. *Mark. 8, 18*

**Sünde**
Herr, sei mir gnädig; heile mich, denn ich habe gegen dich gesündigt. *Ps. 41, 5*

Wenn du die Sünden anrechnest, Herr, wer kann bestehen? *Ps. 130, 3*

Wer Sünde tut, ist seines eignen Lebens Feind. *Tob. 12, 10*

Ängste erlebt, wer Sünde auf Sünde häuft. *Sir. 3, 27*

Wohl dem Menschen, dem seine Worte nicht Kummer bereiten und der sich nicht grämen muß im Schmerz über seine Sünde. *Sir. 14, 1*

Wie vor einer Schlange fliehe vor der Sünde; denn wenn du ihr nahe kommst, beißt sie dich. *Sir. 21, 2*

Der Weg der Sünde ist frei von Steinen, aber sein Ende ist eine tiefe Grube. *Sir. 21, 10*

Der Löwe lauert der Beute auf, desgleichen die Sünde denen, die Unrecht tun. *Sir. 27, 10*

Jeder, der Sünde tut, ist der Sünde Knecht. *Joh. 8, 34*

Wer sündigt, verstößt gegen Gottes Gesetz, denn Sünde ist nichts anderes als ein Verstoß gegen das Gesetz Gottes. *1. Joh. 3, 4 (GN)*

**Sündenfall**
Das Weib sah, daß von dem Baume gut zu essen wäre und daß er lieblich anzusehen sei und begehrenswert, weil er klug machte, und sie nahm von seiner Frucht und aß und gab auch ihrem Manne neben ihr, und er aß. *1. Mos. 3, 6*

# T

**Tadel**
Rüge den Spötter nicht, daß er dich nicht hasse; rüge den Weisen, der wird dich lieben. *Spr. 9, 8*

Beim Verständigen wirkt der Tadel tiefer als hundert Stockschläge beim Toren. *Spr. 17, 10*

Treuer gemeint sind Schläge vom Freunde als freigebige Küsse des Feindes. *Spr. 27, 6*

Wer einen andern zurechtweist, der findet zuletzt mehr Dank als der Schmeichler. *Spr. 28, 23*

Besser auf das Schelten der Weisen hören als auf den Gesang der Toren. *Pred. 7, 6*

Der Ruchlose haßt die Zurechtweisung, aber der Gottesfürchtige nimmt sie zu Herzen. *Sir. 21, 6*

**Die ersten 7 Tage**
Die Erde war aber wüst und öde, und Finsternis lag auf der Urflut, und der Geist Gottes schwebte über den Wassern. Und Gott sprach: Es werde Licht! Und es ward Licht. Und Gott sah, daß das Licht gut war, und Gott schied das Licht von der Finsternis. Und Gott nannte das Licht Tag, und die Finsternis nannte er Nacht. Und es ward Abend und ward Morgen: ein erster Tag. *1. Mos. 1, 2–5*

Und Gott sprach: Es werde eine Feste inmitten der Wasser, und sie scheide die Wasser voneinander! Und es geschah also. Gott machte die Feste und schied die Wasser unter der Feste von den Wassern über der Feste. Und Gott nannte die Feste Himmel. Und es ward Abend und ward Morgen: ein zweiter Tag. *1. Mos. 1, 6–8*

Und Gott sprach: Das Wasser unter dem Himmel sammle sich an einen Ort, daß das Trockene sichtbar werde! Und es geschah also. Und Gott nannte das Trockene Land, und die Ansammlung der Wasser nannte er Meer. Und Gott sah, daß es gut war. Und Gott sprach: Die Erde lasse sprossen junges Grün: Kraut, das Samen trägt, und Fruchtbäume, die nach ihrer Art Früchte tragen auf der Erde, in denen ihr Same ist! Und es geschah also. Die Erde ließ sprossen junges Grün: Kraut, das Samen trägt nach seiner Art, und Bäume, die Früchte tragen, in denen ihr Same ist, je nach ihrer Art. Und Gott sah, daß es gut war. Und es ward Abend und ward Morgen: ein dritter Tag.

*1. Mos. 1, 9–13*

Und Gott sprach: Es sollen Lichter werden an der Feste des Himmels, Tag und Nacht zu scheiden, und sie sollen als Zeichen dienen und zur Bestimmung von Zeiten, Tagen und Jahren, und sie seien Lichter an der Feste des Himmels, daß sie auf die Erde leuchten! Und es geschah also. Gott machte die zwei großen Lichter: das größere Licht, daß es den Tag beherrsche, und das kleinere Licht, daß es die Nacht beherrsche, dazu auch die Sterne. Und Gott setzte sie an die Feste des Himmels, daß sie auf die Erde leuchten und Tag und Nacht beherrschen und Licht und Finsternis scheiden. Und Gott sah, daß es gut war. Und es ward Abend und ward Morgen: ein vierter Tag.

*1. Mos. 1, 14–19*

Und Gott sprach: Es wimmle das Wasser von lebenden Wesen, und Vögel sollen fliegen über der Erde an der Feste des Himmels! Und es geschah also. Gott schuf die großen Seetiere und alles, was da lebt und webt, wovon das Wasser wimmelt, und alle geflügelten Tiere, ein jegliches nach seiner Art. Und Gott sah, daß es gut war. Und Gott segnete sie und sprach: Seid fruchtbar und mehret euch und füllet die Wasser des Meeres, und die Vögel sollen sich mehren auf der Erde! Und es ward Abend und ward Morgen: ein fünfter Tag. *1. Mos. 1, 20–23*

Und Gott sprach: Die Erde bringe hervor lebende Wesen: Vieh, kriechende Tiere und Wild des Feldes, ein jegliches nach seiner Art! Und es geschah also. Gott machte alle die verschiedenen Arten des Wildes und des Viehs und alles dessen, was auf dem Erdboden kriecht. Und Gott sah, daß es gut war.

Und Gott sprach: Lasset uns Menschen machen nach unserm Bilde, uns ähnlich; die sollen herrschen über die Fische im Meer und die Vögel des Himmels, über das Vieh und alles Wild des Feldes und über alles Kriechende, das auf der Erde sich regt. Und Gott schuf den Menschen nach seinem Bilde, nach dem Bilde Gottes schuf er ihn; als Mann und Weib schuf er sie. Und Gott segnete sie und sprach zu ihnen: Seid fruchtbar und mehret euch und füllet die Erde und machet sie euch untertan, und herrschet über die Fische im Meer und die Vögel des Himmels, über das Vieh und alle Tiere, die auf der Erde sich regen! Und Gott sprach: Siehe, ich gebe euch alles Kraut, das Samen trägt, auf der ganzen Erde, und alle Bäume, an denen samenhaltige Früchte sind; das soll eure Speise sein. Aber allen Tieren der Erde und allen Vögeln des Himmels und allem, was sich regt auf der Erde, was Lebensodem in sich hat, gebe ich alles Gras und Kraut zur Nahrung. Und es geschah also. Und Gott sah alles an, was er gemacht hatte, und siehe, es war sehr gut. Und es ward Abend und ward Morgen: der sechste Tag. *1. Mos. 1, 24–31*

Und Gott vollendete am siebenten Tag sein Werk, das er gemacht hatte, und er ruhte am siebenten Tage von all seinem Werke, das er gemacht hatte. Und Gott segnete den siebenten Tag und heiligte ihn; denn an ihm hat Gott geruht von all seinem Werke, das er geschaffen und vollbracht hat. *1. Mos. 2, 2–3*

**Taktlosigkeit**
Wie Essig auf eine Wunde gegossen, so wirkt, wer Lieder singt einem mißmutigen Herzen. *Spr. 25, 20*

Wie ein Fettschwanz vom Schaf ohne Salz ungenießbar ist, so ein Wort zur Unzeit. *Sir. 20, 19*

**Taten**
Mit gewaltigen Taten antwortest du in Treuen, du Gott unsres Heils, du Zuversicht aller Enden der Erde. *Spr. 65, 6*

Mit Gott werden wir Taten tun. *Ps. 108, 14*

Wo Gott am Werk ist, zeigt sich das nicht in Worten, sondern an der Wirkung. *1. Kor. 4, 20 (GN)*

Unsere Liebe darf nicht aus leeren Worten bestehen. Es muß wirkliche Liebe sein, die sich in Taten zeigt. *1. Joh. 3, 18 (GN)*

**Taufe**
Ich taufe euch mit Wasser zur Buße; der aber nach mir kommt, ist stärker als ich, und ich bin nicht würdig, ihm die Schuhe zu tragen. Er wird euch mit heiligem Geist und mit Feuer taufen. *Mat. 3, 11*

Ihr seid durch die Taufe mit Christus begraben worden, und ihr seid auch schon mit ihm zusammen zum neuen Leben gelangt. Denn ihr habt euch der Macht Gottes anvertraut, der Christus vom Tod erweckt hat. *Kol. 2, 12 (GN)*

Durch das Wasser der Taufe hat der heilige Geist uns noch einmal geboren und uns zu neuen Menschen gemacht. *Tit. 3, 5 (GN)*

Die Taufe wäscht nicht den Schmutz von eurem Körper, sondern durch sie bitten wir Gott um ein gutes Gewissen. Das ist möglich, weil Jesus Christus auferstanden ist. *1. Pet. 3, 21 (GN)*

**Taugenichts**

Die Toren sprechen in ihrem Herzen: Es ist kein Gott. Die taugen nichts. *Ps. 14, 1 (L)*

Ein Taugenichts ist, ein heilloser Mensch, wer Falschheit im Munde führt, mit den Augen zwinkert, mit den Füßen scharrt und Zeichen gibt mit den Fingern, wer im Herzen Hinterlist hegt und Böses schmiedet und allezeit Händel stiftet. Darum wird plötzlich das Verderben über ihn kommen, unheilbar wird er zerschmettert im Nu. *Spr. 6, 12–15*

Der Böse hat keine Zukunft. *Spr. 24, 20*

**Test**

Gottes Augen sehen herab auf die Erde, seine Wimpern prüfen die Menschenkinder. *Ps. 11, 4*

Du hast uns geprüft, o Gott, hast uns geläutert wie man Silber läutert. *Ps. 66, 10*

Erforsche mich Gott, und erkenne mein Herz; prüfe mich und erkenne meine Gedanken. Sieh, ob Falschheit an mir ist und leite mich auf geradem Wege. *Ps. 139, 23–24*

Im Glücke kann der Freund nicht erkannt werden, doch im Unglück bleibt der Feind nicht verborgen. *Sir. 12, 8*

Wie beim Schütteln des Siebes der Unrat zurückbleibt, so beim Durchforschen des Menschen seine Unlauterkeiten. *Sir. 27, 4*

Das Töpfergeschirr muß im Brennofen geprüft werden, der Mensch aber wird erprobt, indem man ihn durchforscht. *Sir. 27, 5*

Wie der Baum gepflegt wird, das erweist seine Frucht; so erweist das Untersuchen, wie der Mensch gesinnt ist. *Sir. 27, 6*

Der Leib verzehrt jegliche Speise, doch ist eine Speise angenehmer als die andere. *Sir. 36, 20*

**Tiere**

Noch brüllt der Löwe und knurrt der Leu, da sind auch schon ausgeschlagen der Junglöwen Zähne. *Hiob 4, 10*

Der Leu kommt um, weil er keinen Raub hat, und die Jungen der Löwin zerstreuen sich. *Hiob 4, 11*

Meine Tage gleiten vorüber wie ein Adler, der auf Fraß stößt. *Hiob 9, 26*

Wie die Spinne hat er sein Haus gebaut. *Hiob 27, 18*

Ein Bruder der Schakale bin ich geworden und ein Genoß der Strauße. *Hiob 30, 29*

Der Strauß überläßt seine Eier dem Boden, läßt die Erde sie ausbrüten. *Hiob 39, 14*

Kannst du das Krokodil an der Angel ziehen? *Hiob 40, 20*

Flieh nach den Bergen wie ein Vogel! *Ps. 11, 1*

Sei nicht wie das Roß und das Maultier, die keinen Verstand haben. *Ps. 32, 9*

O hätte ich Flügel wie die Taube! Wie wollte ich fliegen, bis ich Ruhe fände! *Ps. 55, 7*

Das Gift der Gottlosen ist gleich dem Gift der Schlange, gleich dem der tauben Otter, die ihr Ohr verschließt, daß sie nicht höre die Stimme der Beschwörer. *Ps. 58, 5–6*

Sie sollen zergehen wie Wasser, das dahinrinnt, wie zartes Gras, das dahinwelkt, wie eine Schnecke, die in Schleim zerfließt. *Ps. 58, 8–9*

Ich muß wachen und klagen wie ein einsamer Vogel auf dem Dache. *Ps. 102, 8*

Ein lebender Hund ist besser als ein toter Löwe. *Spr. 9, 4*

Wie ein Hund, der zu seinem Gespei zurückkehrt, so ist der Tor, der seine Torheit wiederholt. *Spr. 26, 11*

Der Blutegel hat zwei Töchter: Gib her! Gib her! *Spr. 30, 15*

Wie die Fische, die im bösen Netze sich fangen, wie die Vögel, die in der Schlinge stecken, so werden die Menschen verstrickt zur Zeit des Unheils. *Pred. 9, 12*

Du, meine Taube in Felsenklüften, im Versteck an der Bergwand, laß mich schauen deine Gestalt, laß deine Stimme mich hören; denn deine Stimme ist süß, und deine Gestalt ist lieblich. *H. L. 2, 14*

Fangt uns die Füchse, die Füchse, die kleinen, die den Weinberg verwüsten, unsern Weinberg im Blust! *H. L. 2, 15*

Wie schön bist du, meine Freundin, wie schön! Deine Augen glänzen wie Tauben hinter dem Schleier hervor. Dein Haar ist wie eine Herde Ziegen, die vom Gebirge Gilead herabwallt. Deine Zähne sind wie eine Herde frischgeschorener Schafe, die von der Schwemme heraufsteigen. *H. L. 4, 1–2*

Deine Brüste sind gleich zwei Böcklein, Zwillingen der Gazelle, die auf Lilienauen weiden. *H. L. 4, 6*

Wie eine Schwalbe, so zwitscherte ich, girrte wie eine Taube. *Jes. 38, 14*

Wer sind diese, die daherfliegen wie Tauben nach ihren Schlägen? *Jes. 60, 8*

Ein jeder stürmt dahin in seinem Lauf, wie das Roß in der Schlacht dahinstürmt. *Jer. 8, 6*

Vermag wohl ein Mohr seine Haut zu ändern oder ein Panther seine Flekken? *Jer. 13, 23*

Werdet wie die Taube, die jenseits des Abgrundes nistet! *Jer. 48, 28*

Er ist geworden wie eine Taube, eine einfältige, ohne Verstand. *Hos. 7, 11*

Sie schluchzen wie Tauben und schlagen sich an die Brust. *Nah. 2, 8*

Schneller als Panther sind seine Rosse, und seine Reiter grimmiger als Wölfe am Abend; von fernher kommen sie geflogen wie der Adler, der zum Fraße eilt. *Hab. 1, 8*

Jeder Vogel läßt sich bei seinesgleichen nieder. *Sir. 27, 9*

Der Löwe lauert auf die Beute, desgleichen die Sünde denen, die Unrecht tun. *Sir. 27, 10*

Gebet das Heilige nicht den Hunden und werfet eure Perlen nicht vor die Schweine. *Mat. 7, 6*

Hütet euch vor falschen Propheten! Sie sehen wie harmlose Schafe aus, in Wirklichkeit aber sind sie wilde Wölfe. *Mat. 7, 15 (GN)*

Seid klug wie die Schlangen und ohne Falsch wie die Tauben! *Mat. 10, 16*

Es ist leichter, daß ein Kamel durch ein Nadelöhr geht als ein Reicher ins Reich Gottes. *Mat. 19, 24*

Der Hund frißt wieder, was er erbrochen hat. Die gewaschene Sau wälzt sich wieder im Dreck. *2. Pet. 2, 22 (GN)*

**Tierschutz**

Du sollst dem Ochsen, wenn er drischt, das Maul nicht verbinden. *5. Mos. 25, 4*

Der Gerechte hat Verständnis für das Verlangen seines Viehs, aber das Herz der Gottlosen ist grausam. *Spr. 12, 10*

Besitzest du Vieh, so sieh selbst nach ihm, und wenn es zuverlässig ist, so behalte es. *Sir. 7, 22*

**Tischsitten**

Iß wie ein ordentlicher Mensch, was dir zunächst liegt, und fahre nicht gierig zu, auf daß du nicht Anstoß gibst. *Sir. 31, 16*

Höre als erster auf, wie es sich ziemt, und sei kein Nimmersatt, damit du nicht widerlich bist. *Sir. 31, 17*

**Töchter**

Hast du Töchter, so behüte ihren Leib, und zeige ihnen kein zu gütiges Antlitz. *Sir. 7, 24*

Mit der Tochter geht die Sorge aus dem Haus; vertraue sie aber einem wackeren Manne an. *Sir. 7, 25*

Eine mißratene Tochter bringt dem Vater Schaden. *Sir. 22, 3*

**Tod**

Der Herr tötet und macht lebendig, er stößt in die Grube und führt herauf. *1. Sam. 2, 6*

Das ist das Geschick derer, die so zuversichtlich sind, und der Ausgang derer, die sich in großen Worten gefallen. Schafen gleich sinken sie zur Unterwelt, der Tod weidet sie; geraden Wegs fahren sie zu Grabe. Ihre Gestalt zerfällt. *Ps. 49, 14–15*

Die Lebenden wissen doch, daß sie sterben müssen, die Toten aber wissen gar nichts. *Pred. 9, 5*

Die Toten haben an nichts mehr teil von allem, was unter der Sonne geschieht. *Pred. 9, 6*

Der Mensch geht in sein ewiges Haus, und die um ihn klagen, ziehen auf der Gasse umher, und der Staub wird wieder zu Erde, wie er gewesen, der Odem aber kehrt wieder zu Gott, der ihn gegeben. *Pred. 12, 5, 7, 8*

Alles kehrt zur Erde zurück, was von der Erde ist, und zur Höhe, was aus der Höhe kommt. *Sir. 40, 11*

Gott hat seinen Geschöpfen die Hoffnung gegeben, daß sie eines Tages vom Fluch der Vergänglichkeit erlöst werden. *Röm. 8, 20–21 (GN)*

**Todesangst**

Mein Herz ängstet sich in meiner Brust, und die Schrecken des Todes befallen mich. Furcht und Zittern kommt mich an, und Grauen bedeckt mich. *Ps. 55, 5–6*

Im Mittag meines Lebens muß ich dahingehen, zu den Toren des Totenreichs bin ich entboten für den Rest meiner Jahre. Ich sprach: Ich werde den Herrn nicht mehr sehen im Lande der Lebenden, keinen Menschen mehr schauen bei den Bewohnern der Welt. Meine Hütte ist abgebrochen und fortgewandert von mir wie ein Hirtenzelt. Ausgewoben habe ich mein Leben wie ein Weber, vom Gestell schneidet er mich. *Jes. 38, 10–12*

Ach Tod, wie bitter ist's, an dich zu denken, für einen, der an seiner Stätte ruhig lebt!, für den, der überall Gedeihen und Glück hat und noch imstand ist zu genießen! *Sir. 41, 1*

**Todesüberwindung**

Gott ist uns ein Gott des Sieges, Gott, der Herr, errettet vom Tode. *Ps. 68, 21*

Deine Gnade, Herr, ist groß über mir, du hast meine Seele errettet aus dem Totenreich drunten. *Ps. 86, 13*

Der Weg des Lebens führt den Verständigen aufwärts, damit er fernbleibe vom Totenreich drunten. *Spr. 15, 24*

Sei nicht bange vor dem Tod, er ist deine Bestimmung; denke daran, daß die Ersten und die Letzten sie mit dir teilen. *Sir. 41, 3*

Der Tod ist verschlungen in Sieg. Tod wo ist dein Sieg? Tod, wo ist dein Stachel? Gott sei Dank, der uns den Sieg gibt durch unsern Herrn Jesus Christus. *1. Kor. 15, 54, 55, 57*

Wer sich von Gottes Geist leiten läßt, wird unvergängliches Leben ernten. *Gal. 6, 8 (GN)*

Christus hat dem Tod die Macht genommen und das unvergängliche Leben ans Licht gebracht. *2. Tim. 1, 10 (GN)*

**Toleranz**

Den Albernen tötet sein Eifern. *Hiob 5, 2*

Wer nicht wider uns ist, der ist für uns. *Mark. 9, 40*

Ihr müßt auch mit denen Gemeinschaft halten, die einen schwachen Glauben haben. Streitet nicht mit ihnen, wenn sie eine andere Auffassung haben. *Röm. 14, 1 (GN)*

Wir wollen aufhören, uns gegenseitig zu verurteilen. Denkt lieber darüber nach, wie ihr alles vermeiden könnt, was eure Brüder verwirrt oder ihren Glauben in Gefahr bringt. *Röm. 14, 13 (GN)*

**Totalität**

Stellt euch Gott ganz zur Verfügung; darin besteht der rechte Gottesdienst. *Röm. 12, 1 (GN)*

Wenn die erste Scheibe von einem Brot Gott als Opfer dargebracht worden ist, gilt das ganze Brot als geopfert. Wenn die Wurzeln des Baumes Gott gehören, gehören ihm auch die Zweige. *Röm. 11, 16 (GN)*

**Tradition**

Frage doch die, welche vor dir gewesen, und achte auf das, was die Väter erforscht. *Hiob 8, 8*

Verschmähe die Überlieferung der Alten nicht, die sie von ihren Vätern übernommen haben; denn dadurch wirst du Einsicht gewinnen und kannst Rede stehen, wenn es not tut. *Sir. 8, 9*

Ich bin voll Dank gegen Gott, dem ich mit einem guten Gewissen diene, wie schon meine Vorfahren es taten. *2. Tim. 1, 3 (GN)*

**Traurigkeit**

Weint nicht der, der schwere Zeiten hat? *Hiob 30, 25*

Zum Trauerlied ward mir die Laute, zu lautem Weinen die Schalmei. *Hiob 30, 31*

Meine Seele klebt am Staube; belebe mich nach deinem Worte. *Ps. 119, 25*

Meine Augen zerfließen in Tränen Tag und Nacht. *Jer. 14, 17*

Bleibe den Weinenden nicht fern, und traure mit den Trauernden.
*Sir. 7, 34*

Angstvolle Unruhe macht die Augen trübe. *Sir. 13, 26*

Aus Kummer kommt der Verfall, und Traurigkeit beugt die Kraft.
*Sir. 38, 18*

Verharren in Trauer greift ans Herz.
*Sir. 38, 19*

Ihr werdet traurig sein, doch eure Traurigkeit wird zur Freude werden.
*Joh. 16, 20*

Weinet mit den Weinenden!
*Röm. 12, 14*

Ihr braucht nicht traurig zu sein wie die anderen, die keine Hoffnung haben. *1. Thess. 4, 13 (GN)*

**Treue**

Wo du hingehst, da will auch ich hingehen, und wo du bleibst, da bleibe auch ich; dein Volk ist mein Volk, und dein Gott ist mein Gott. Wo du stirbst, da sterbe auch ich; da will auch ich begraben sein. Der Herr tue mir dies und das: nur der Tod soll mich von dir scheiden!
*Ruth 1, 16–17*

Der Herr vergilt einem jeden seine Gerechtigkeit und Treue.
*1. Sam. 26, 23*

Weil er an mir hängt, will ich ihn erretten, will ihn schützen, denn er kennt meinen Namen. *Ps. 91, 14*

Manch einer heißt ein gütiger Mann; einen getreuen Mann aber, wer findet den? *Spr. 20, 6*

Wer einen Feigenbaum hütet, genießt seine Frucht; und wer seines Herrn wartet, der wird geehrt.
*Spr. 27, 18*

Nehmt euch in acht in eurem Geist und brecht nicht die Treue!
*Mal. 2, 16*

Unterstütze deinen Freund in seiner Armut, damit du auch sein Glück mitgenießest. In der Zeit der Not harre bei ihm aus, damit du auch an seinem Erbe teilhabest. *Sir. 22, 23*

Bestechung und unrechtes Gut fahren gänzlich dahin, aber die Treue bleibt ewig bestehen. *Sir. 40, 12*

Wer immer sich zu mir bekennt vor den Menschen, zu dem werde auch ich mich bekennen vor meinem Vater in den Himmeln. *Mat. 10, 32*

Wer im Kleinsten treu ist, der ist auch im Großen treu. *Luk. 16, 10*

Wie mich der Vater geliebt hat, habe ich euch geliebt. Bleibet in meiner Liebe! *Joh. 15, 9*

Kein Soldat, der im Einsatz steht, verliert seine Zeit mit Privatangele-

genheiten. Er will es doch seinem Vorgesetzten recht machen!
*2. Tim. 2, 4 (GN)*

Sei getreu bis in den Tod, und ich will dir die Krone des Lebens geben!
*Off. 2, 10*

**Treue Gottes**

O Herr, bis an den Himmel reicht deine Güte, und deine Treue bis zu den Wolken. *Ps. 36, 6*

Der Herr ist treu in allen seinen Worten und gnädig in all seinem Tun.
*Ps. 145, 13*

Jeden Morgen neu ist Gottes Erbarmen, und groß ist seine Treue.
*Klag. 3, 23*

**Treulosigkeit**

Wer zur Pfändung anzeigt seine Freunde, dessen Kindern werden die Augen verschmachten. *Hiob 17, 5*

Verschwunden ist die Treue unter den Menschenkindern. Lügen reden sie einer zum andern; mit glatter Zunge, mit doppeltem Herzen reden sie. *Ps. 12, 2–3*

Die Treulosen richtet ihre Falschheit zugrunde. *Spr. 11, 3*

Die Treulosen werden durch die eigne Gier gefangen. *Spr. 11, 6*

Die Augen des Herrn bewahren, was sie gesehen, und so bringt er des Treulosen Worte zu Fall. *Spr. 22, 12*

Ein böser Zahn und ein wankender Fuß – so ist der Treulose am Tage der Not. *Spr. 25, 19*

Ich habe dich gepflanzt als edle Rebe, ganz echtes Gewächs; wie bist du mir verwandelt zum faulen, zum entarteten Weinstock! *Jer. 2, 21*

Sei nicht Feind, wo du Freund sein solltest. *Sir. 6, 1*

Manch ein Freund ist gern dein Tischgenosse, aber am Tage des Unglücks ist er nicht zu finden.
*Sir. 6, 10*

Die Gottlosen halten ihre Versprechen nicht. *Röm. 1, 31 (GN)*

**Trost**

Wenn ich denke: Jetzt wankt mein Fuß, so stützt mich deine Gnade, o Herr. Bedrückt die Menge der Sorgen mein Herz, so erquickt dein Trost meine Seele. *Ps. 94, 18–19*

Das ist mein Trost in meinem Elend, daß deine Verheißung mich am Leben erhält. *Ps. 119, 50*

Die mit Tränen säen, werden mit Jubel ernten. Man schreitet dahin unter Tränen und streut den Samen, mit Jubel kehrt man heim, trägt hoch seine Garben. *Ps. 126, 5–6*

Der Herr stützt alle, die da fallen, und richtet alle Gebeugten auf.
*Ps. 145, 14*

Tröstet, tröstet mein Volk! spricht euer Gott. *Jes. 40, 1*

Wie einen seine Mutter tröstet, so will ich euch trösten. *Jes. 66, 13*

Ich werde ihre Trauer in Freude wandeln, werde sie trösten und froh machen nach ihrem Kummer.
*Jer. 31, 13*

Wenn ich in Finsternis sitze, ist der Herr mein Licht. *Mi. 7, 8*

Mildert nicht der Tau den Glutwind? So ist das gute Wort noch besser als die Gabe. *Sir. 18, 16*

Unser Herr Jesus Christus selbst und Gott, unser Vater, der uns geliebt und in Gnaden einen ewigen Trost und eine gute Hoffnung gegeben hat, tröste eure Herzen und stärke sie in jedem guten Werk und Wort!
*2. Thess. 2, 16–17*

**Trostlosigkeit**

In den Wind gehen doch des Verzweifelten Reden! *Hiob 6, 26*

Wie ist doch euer Trost so nichtig!
*Hiob 21, 34*

Ich harrte auf einen, der mitleidig wäre, aber da war keiner, und auf Tröster, doch ich fand sie nicht.
*Ps. 69, 21*

Und wiederum sah ich all die Bedrückungen, die unter der Sonne geschehen, sah die Tränen der Unterdrückten fließen, und niemand tröstete sie; von der Hand ihrer Bedrücker erlitten sie Gewalt, und niemand tröstete sie. Da pries ich die Toten, die längst Gestorbenen: Glücklicher sind sie als die Lebenden, die jetzt noch leben, und glücklicher als beide der Ungeborne, der noch nicht geschaut hat das böse Tun, das unter der Sonne geschieht.
*Pred. 4, 1–3*

Wie Freudenmusik in der Trauer ist Zuspruch zur Unzeit. *Sir. 22, 6*

**Trotz**

Gott verwirft den Trotzigen.
*Hiob 36, 5*

Sei nicht wie das Roß und das Maultier, die keinen Verstand haben; mit Zaum und Zügel muß man bändigen ihr Ungestüm, sonst nahen sie nicht zu dir. *Ps. 32, 9*

Wer halsstarrig ist, der wird keine Ruhe in seinem Herzen haben.
*Hab. 2, 4 (L)*

Einem trotzigen Herzen geht es zuletzt übel. *Sir. 3, 26*

Ein trotziges Herz hat der Leiden viele. *Sir. 3, 27*

# U

## Übel

Hochmütige Augen, eine falsche Zunge, Hände, die unschuldiges Blut vergießen, ein Herz, das arge Ränke schmiedet, Füße, die eilends dem Bösen nachlaufen, wer Lügen vorbringt als falscher Zeuge, wer Händel stiftet zwischen Brüdern.
*Spr. 6, 17–19*

Banne den Unmut von deinem Herzen und halte das Übel deinem Leibe fern! *Pred. 11, 10*

Vor drei Dingen bebt mein Herz, und vor dem vierten fürchte ich mich sehr: vor Stadtklatsch, Volksauflauf und Verleumdung – dies alles ist widerwärtiger als der Tod. *Sir. 26, 5*

Eine Wurzel aller bösen Dinge ist die Geldgier. *1. Tim. 6, 10*

## Überheblichkeit

Wohlan, laßt uns eine Stadt bauen und einen Turm, dessen Spitze bis in den Himmel reicht; so wollen wir uns ein Denkmal schaffen. *1. Mos. 11, 4*

Nicht trete mich der Fuß der Hoffart.
*Ps. 36, 12*

Wer des Armen spottet, der schmäht dessen Schöpfer. *Spr. 17, 5*

Manch einer überhebt sich vor dem Sturz. *Spr. 18, 12*

Wehe denen, die in ihren eigenen Augen weise sind und sich selbst verständig dünken! *Jes. 5, 21*

Die Bitte des Geringen weise nicht verächtlich zurück, und gib ihm nicht Anlaß, dich zu verfluchen.
*Sir. 4, 4–5*

Nicht kommt Überhebung den Sterblichen zu, noch frecher Trotz den vom Weibe Geborenen.
*Sir. 10, 18*

Gewalttat und Übermut machen die

Wohnstätte wüste; so verödet das Haus des Vermessenen. *Sir. 21, 4*

Hütet euch davor, die einfachen Menschen in der Gemeinde überheblich zu behandeln. Was meint ihr: Was wird ein Mann tun, der hundert Schafe hat, und eins davon hat sich verlaufen? Wird er nicht die neunundneunzig am Berg weitergrasen lassen und das verirrte suchen? Und wenn er es findet, wird er sich über das eine Schaf bestimmt mehr freuen als über die neunundneunzig, die sich nicht verlaufen haben. Genauso handelt euer Vater im Himmel. Er will, daß keiner dieser einfachen Menschen verlorengeht.
*Mat. 18, 10–14*

Sie bildeten sich etwas auf ihre Klugheit ein, aber in Wirklichkeit wurden sie zu Narren. *Röm. 1, 22 (GN)*

Jeder soll darauf achten, daß sein eigenes Tun vor Gott bestehen kann; dann wird er nicht damit großtun, daß er vielleicht besser ist als andere.
*Gal. 6, 4*

Für wen hältst du dich, daß du deinen Mitmenschen verurteilst?
*Jak. 4, 12 (GN)*

**Übermut**
Gott demütigt den Übermut, doch wer die Augen niederschlägt, dem hilft er. *Hiob 22, 29*

Kommt Übermut, so kommt auch Schande. *Spr. 11, 2*

Durch Übermut stiftet der Böse Zank. *Spr. 13, 10*

Spötter wird genannt, wer übermütig, vermessen ist. *Spr. 21, 24*

Wer Unrecht sät, der erntet Unheil, und der Stecken seines Übermutes bricht entzwei. *Spr. 22, 8*

Mit keinerlei Unrecht bedrücke den Nächsten, und wandle nicht auf dem Wege des Übermuts. *Sir. 10, 6*

**Überraschung**
Noch brüllt der Löwe und knurrt der Leu, da sind auch schon ausgeschlagen der Junglöwen Zähne.
*Hiob 4, 10*

Die Freude kann enden in Leid.
*Spr. 14, 13*

Aus der Wurzel der Schlange wird eine Viper wachsen, und ihre Frucht wird ein fliegender Drache sein.
*Jes. 14, 29*

Vom Morgen bis zum Abend kann die Lage sich ändern, und vor dem Herrn geht alles schnell dahin.
*Sir. 18, 26*

Wenn Gott sein Werk vollendet, ist es wie bei einem Senfkorn, das jemand auf seinen Acker gesät hat. Es gibt keinen kleineren Samen; wenn er aber aufgeht und wächst, wird er größer als alle anderen Gartenpflanzen. Er wird ein richtiger Baum, in

dessen Zweige die Vögel nisten können.
Oder es ist wie beim Sauerteig. Eine Frau mengt ihn unter einen halben Zentner Mehl, und er macht den ganzen Teig sauer. *Mat. 13, 31–33*

Viele, welche Erste sind, werden Letzte sein, und viele, welche Letzte sind, Erste. *Mat. 19, 30*

Wer sich selbst erhöht, wird erniedrigt werden, und wer sich selbst erniedrigt, wird erhöht werden. *Mat. 23, 12*

**Übertreibung**
Sei nicht überfromm und gebärde dich nicht gar zu weise; warum willst du dich zugrunde richten? Sei auch nicht zu gottlos und sei kein Tor; warum willst du vor der Zeit sterben? Gut ist es, wenn du an dem einen festhältst und auch von dem andern nicht lässest; denn wer Gott fürchtet, entgeht dem allem. *Pred. 7, 17–19*

Mancher richtet sich zugrunde aus falscher Scham, und vor lauter Rücksichtnehmen kommt er um. *Sir. 20, 22*

**Umkehr**
Kehret doch um! es geschehe kein Unrecht! *Hiob 6, 29*

Der Gottlose lasse seinen Weg und der Frevler seine Gedanken und kehre um zum Herrn, so wird er sich seiner erbarmen, zu unsrem Gott, denn er ist reich an Vergebung. *Jes. 55, 7*

Lasset uns prüfen und erforschen unsere Wege und umkehren zum Herrn! *Klag. 3, 40*

Habe ich etwa Wohlgefallen am Tode des Gottlosen, spricht Gott der Herr, und nicht vielmehr daran, daß er sich von seinem Wandel bekehre und am Leben bleibe? *Ez. 18, 23*

So wahr ich lebe, spricht Gott, der Herr, ich habe nicht Wohlgefallen am Tode des Gottlosen, sondern daran, daß sich der Gottlose von seinem Wandel bekehre und am Leben bleibe. *Ez. 33, 11*

Demütige dich, ehe du zu Fall kommst. *Sir. 18, 21*

Wenn ihr nicht umkehrt und werdet wie die Kinder, so werdet ihr nicht ins Reich der Himmel kommen. *Mat. 18, 3*

Im Himmel wird mehr Freude sein über einen Sünder, der Buße tut, als über 99 Gerechte, die der Buße nicht bedürfen. *Luk. 15, 7*

Merkt ihr nicht, daß Gott euch durch seine Freundlichkeit zur Umkehr bringen will? *Röm. 2, 4 (GN)*

Ändert euch und laßt euch alle auf den Namen Jesu Christi taufen! Dann wird Gott euch eure Schuld vergeben und euch seinen heiligen Geist schenken. *Apg. 2, 38 (GN)*

Entfernt den alten Sauerteig, damit

ihr ein frischer, unvergorener Teig werdet! *1. Kor. 5, 7 (GN)*

Wer zu Christus gehört, ist ein neuer Mensch geworden. Was er früher war, ist vorbei, und etwas ganz Neues hat begonnen. *2. Kor. 5, 17 (GN)*

Die Liebe macht viele Sünden wieder gut. *1. Pet. 4, 8 (GN)*

**Umkehrung**

Der Hochmütigen Throne hat Gott gestürzt und die Demütigen an ihre Stelle gesetzt. *Sir. 10, 14*

Zuweilen wird aus Ruhm Erniedrigung, und mancher erhob sein Haupt aus der Demütigung.
*Sir. 20, 11*

Siehe, es sind Letzte, die werden Erste sein, und es sind Erste, die werden Letzte sein. *Luk. 13, 30*

Freut euch, ihr Armen! Ihr werdet Gottes Volk sein, wenn er sein Werk vollendet. Freut euch, die ihr jetzt Hunger habt! Gott wird euch satt machen. Freut euch, die ihr jetzt weint! Bald werdet ihr lachen. Aber wehe euch ihr Reichen! Euer Glück geht zu Ende. Weh euch, die ihr jetzt satt seid! Ihr werdet hungern. Weh euch, die ihr jetzt lacht! Ihr werdet weinen und klagen.
*Luk. 6, 20–21, 24–25 (GN)*

**Umsonst**

Warum mühe ich mich umsonst?
*Hiob 9, 29*

Wenn der Herr nicht das Haus baut, so mühen sich umsonst, die daran bauen; wenn der Herr nicht die Stadt behütet, so wacht der Hüter umsonst. Es ist umsonst, daß ihr früh aufsteht und spät euch niedersetzt und euer Brot in Mühsal eßt – den Seinen gibt er's im Schlaf. *Ps. 127, 1–2*

Wie ist alles so nichtig! es ist alles umsonst! Was hat der Mensch für Gewinn von all seiner Mühe, womit er sich abmüht unter der Sonne?
*Pred. 1, 2–3*

Wer Schätze erwirbt mit falscher Zunge, jagt Nichtigem nach.
*Spr. 21, 6*

Wie ein Beutel mit Edelsteinen auf einem Steinhaufen, so ist's, wenn man einem Toren Ehre antut.
*Spr. 26, 8*

Sie haben Weizen gesät und Dornen geerntet, haben sich abgemüht, fruchtlos. *Jer. 12, 13*

War denn alles vergeblich, was ihr erlebt habt? Es kann nicht vergeblich gewesen sein! *Gal. 3, 4 (GN)*

Ihr macht mir Sorge! Soll meine ganze Mühe um euch vergeblich gewesen sein? *Gal. 4, 11 (GN)*

**Unbegreiflichkeit Gottes**

Warum bleiben die Gottlosen leben, werden alt, ja nehmen zu an Kraft?
*Hiob 21, 7*

Der eine stirbt inmitten seiner Kraft, in tiefer Ruhe und in Frieden; der andre stirbt betrübten Herzens und hat nie das Glück gekostet.
*Hiob 21, 23 + 25*

Wie leise ist das Wort, das wir vernehmen! Doch die Donnersprache seiner Macht – wer faßt sie?
*Hiob 26, 14*

Gott tut große Dinge, die wir nicht verstehen. *Hiob 37, 5*

Wie groß sind deine Werke, o Herr, wie tief sind deine Gedanken!
*Ps. 92, 6*

Mir aber, wie schwer sind mir deine Gedanken, o Gott, wie gewaltig ist ihre Zahl! Wollte ich sie zählen, ihrer wären mehr als der Sand.
*Ps. 139, 17–18*

Alles hat er gar schön gemacht zu seiner Zeit; auch die Ewigkeit hat er ihnen ins Herz gelegt, nur daß der Mensch das Werk, das Gott gemacht, von Anfang bis zu Ende nicht fassen kann. *Pred. 3, 11*

Siehe, der Herr entleert die Erde und verheert sie; er kehrt ihre Oberfläche um und zerstreut ihre Bewohner.
*Jes. 24, 1*

Über das Kleid des Elenden spotte nicht, und verachte den nicht, der ein schweres Leben hat. Denn wundersam sind die Taten des Herrn, und verborgen ist den Menschen sein Walten. *Sir. 11, 4*

Keiner kann Gottes Urteile begründen oder kann rechtfertigen, was Gott tut. *Röm. 11, 33 (GN)*

**Unbelehrbarkeit**

Der Mensch in Pracht, doch ohne Verstand, wird gleich dem Vieh, das abgetan wird. *Ps. 49, 21*

Wer den Spötter zurechtweist, der holt sich Schimpf, wer den Gottlosen rügt, der erntet Schande. *Spr. 9, 7*

Wie ein Hund, der zu seinem Gespei zurückkehrt, so ist der Tor, der seine Torheit wiederholt. *Spr. 26, 11*

Wer sein Ohr abwendet, um die Belehrung nicht zu hören, dessen Gebet sogar ist ein Greuel. *Spr. 28, 9*

Wer trotz aller Zurechtweisung halsstarrig bleibt, der wird plötzlich, unheilbar zerschmettert. *Spr. 29, 1*

Vermag wohl ein Mohr seine Haut zu ändern oder ein Panther seine Flekken? Dann freilich könnt auch ihr Gutes tun, die ihr des Bösen gewohnt seid! *Jer. 13, 23*

Sie sind halsstarrig und hören nicht auf meine Worte. *Jer. 19, 15*

Wer nicht klug ist, läßt sich nicht belehren. *Sir. 21, 12*

Das Herz des Toren ist wie eine löcherige Zisterne, es kann keinerlei Weisheit festhalten. *Sir. 21, 14*

Einen Toren belehren, heißt Scherben zusammenleimen, heißt einen Schlafenden aus tiefem Schlummer wecken wollen. *Sir. 22, 7*

Der Hund frißt wieder, was er erbrochen hat. Die gewaschene Sau wälzt sich wieder im Dreck.
*2. Pet. 2, 22 (GN)*

**Unbesonnenheit**
Schon in unvernünftiger Begierde liegt nichts Gutes, und wer dahinstürmt, der tritt fehl. *Spr. 19, 2*

Wer sich übereilt, hat nur Verlust.
*Spr. 21, 5*

Siehst du einen, der hastig in seinem Reden – ein Tor darf mehr hoffen als er. *Spr. 29, 20*

Ein jeder stürmt dahin in seinem Lauf, wie das Roß in der Schlacht dahinstürmt. *Jer. 8, 6*

**Unbestechlichkeit**
Bestechung sollst du nicht annehmen; denn die Bestechung macht Sehende blind und verdreht die Sache derer, die im Recht sind.
*2. Mos. 23, 8*

Bei Gott ist kein Ansehen der Person.
*Röm. 2, 13*

**Undank**
Sie essen Gottes Brot und rufen ihn nicht an. *Ps. 53, 5*

Wer Gutes mit Bösem vergilt, von dessen Haus weicht das Unglück nicht. *Spr. 17, 13*

Die Toten haben keinen Lohn mehr, denn ihr Andenken ist vergessen.
*Pred. 9, 5*

Du hast den Gott, der deine Hilfe ist, vergessen und hast des Felsens, der deine Zuflucht ist, nicht gedacht.
*Jes. 17, 10*

Die Hoffnung des Undankbaren wird wie winterlicher Reif zerschmelzen und wie unbrauchbares Wasser zerfließen. *Sal. 16, 29*

**Uneinsichtigkeit**
Mit Wind ohne Einsicht gibst du mir Antwort. *Hiob 20, 3*

Sand und Salz und Eisenklotz sind leichter zu tragen als ein einsichtsloser Mensch. *Sir. 22, 15*

**Unentrinnbarkeit**
Gott der Herr rief dem Menschen und sprach: Wo bist du? *1. Mos. 3, 9*

Da sprach der Herr zu Kain: Wo ist dein Bruder Abel? Er sprach: Ich weiß nicht. Bin ich denn meines Bruders Hüter? Er aber sprach: Was hast du getan! Horch, das Blut deines Bruders schreit zu mir empor vom Ackerland. *1. Mos. 4, 9–10*

Gott deckt Verborgenes auf aus dem

Dunkel, und die Finsternis bringt er ans Licht. *Hiob 12, 22*

Wohin soll ich gehen vor deinem Geiste? Wohin soll ich fliehen vor deinem Angesicht? Stiege ich hinauf in den Himmel, so bist du dort; schlüge ich mein Lager in der Unterwelt auf – auch da bist du. Nähme ich Flügel der Morgenröte und ließe mich nieder zuäußerst am Meer, so würde auch dort deine Hand mich greifen und deine Rechte mich fassen. *Ps. 139, 7–10*

Wehe denen, die ihren Plan tief vor dem Herrn verbergen und ihr Werk im Finstern tun, so daß sie sprechen: «Wer sieht uns und wer weiß von uns?» O eurer Verkehrtheit! Oder ist der Töpfer dem Ton gleich zu achten, daß das Geschöpf von seinem Schöpfer spräche: «Er hat mich nicht geschaffen», und das Gebilde von seinem Bildner spräche: «Er versteht nichts»? *Jes. 29, 15–16*

Meine Augen schauen auf all ihre Wege, sie können sich vor meinem Angesichte nicht verstecken, und ihre Schuld bleibt meinen Augen nicht verborgen. *Jer. 16, 17*

Ich, der Herr, erforsche das Herz und prüfe die Nieren, einem jeden zu vergelten nach seinem Wandel, nach der Frucht seiner Taten. *Jer. 17, 10*

Kann sich einer so heimlich verbergen, daß ich ihn nicht sehe? Erfülle ich nicht den Himmel und die Erde? *Jer. 23, 24*

Wohl ist der Herr langmütig und von großer Huld, doch ungestraft läßt er nicht. *Nah. 1, 3*

Sage nicht: «Ich bin vor Gott verborgen, und wer wird in der Höhe an mich denken! Unter der großen Menge werde ich nicht bemerkt, und was ist meine Seele inmitten aller Geister!» *Sir. 16, 17*

**Unentschlossenheit**

Wie lange wollt ihr auf beiden Seiten hinken? *1. Kön. 18, 21*

Wollt ihr zwischen den Hürden liegen? *Ps. 68, 14*

Ein Knecht, der zum Herrn sagt: «Was dir erwünscht ist, werde ich nicht tun», der erzürnt – auch wenn er es später tut – den, der ihn ernährt. *Sir. 19, 21*

Ich kenne euer Tun. Ich weiß, daß ihr weder warm noch kalt seid. Wenn ihr wenigstens eins von beiden wärt! *Off. 3, 15 (GN)*

**Unerforschlichkeit Gottes**

Gott sprach zu Mose: «Ich bin, der ich bin.» *2. Mos. 3, 14*

Groß ist der Herr und hoch zu loben, und seine Größe ist unerforschlich. *Ps. 145, 3*

Keine Weisheit, keine Einsicht, kein Ratschlag kann bestehen gegenüber dem Herrn. *Spr. 21, 30*

Es spricht der Mann: Ich mühe mich ab um Gott, ich mühe mich ab um Gott und bin am Ende. Zu stumpf bin ich, um ein Mensch zu sein, und Menschenverstand besitze ich nicht. Und Weisheit habe ich nicht gelernt, so daß ich den Heiligen zu erkennen vermöchte. *Spr. 30, 1–3*

Fern ist der Grund der Dinge und tief, gar tief, wer will ihn finden? *Pred. 7, 25*

Als ich meinen Sinn darauf richtete, Weisheit zu lernen und die Dinge zu beobachten, die auf Erden geschehen, da erkannte ich, daß es dem Menschen unmöglich ist, das ganze Tun Gottes zu ergründen, alles, was unter der Sonne geschieht, ob auch bei Tag und bei Nacht in seine Augen kein Schlaf kommt. Denn wie immer der Mensch sich abmüht, zu suchen, er ergründet es nicht; und selbst wenn der Weise es zu verstehen meint, er kann es doch nicht ergründen. *Pred. 8, 16–17*

Gleichwie du nicht weißt, wohin der Wind weht und wie die Gebeine im Leibe der Schwangeren entstehen, so kennst du auch das Tun Gottes nicht, durch das er alle Dinge wirkt. *Pred. 11, 5*

Weißt du es nicht, oder hast du es nicht gehört: Ein ewiger Gott ist der Herr, der die Enden der Erde geschaffen! Er wird nicht müde noch matt, unerforschlich ist seine Einsicht; er gibt dem Müden Kraft und dem Ohnmächtigen mehrt er die Stärke. *Jes. 40, 28–29*

Fürwahr, du bist ein verborgener Gott! *Jes. 45, 15*

Meine Gedanken sind nicht eure Gedanken, und eure Wege sind nicht meine Wege, spricht der Herr, sondern so hoch der Himmel über der Erde ist, soviel sind meine Wege höher als eure Wege und meine Gedanken höher als eure Gedanken. *Jes. 55, 8–9*

Lobpreisen wollen wir Gott immerdar, denn ergründen können wir ihn nicht, weil er noch größer ist als alle seine Werke. *Sir. 43, 28*

Hier zeigt sich der ganze Reichtum Gottes. Wer ihn ausschöpfen und Gott begreifen will, kommt an kein Ende. Keiner kann Gottes Urteile begründen oder kann rechtfertigen, was Gott tut. *Röm. 11, 33*

**Unersättlichkeit**

Weil kein Genügen kannte seine Gier, wird er durch seine Schätze sich nicht retten. *Hiob 20, 20*

Wie Totenreich und Abgrund unersättlich sind, so werden des Menschen Augen nicht satt. *Spr. 27, 20*

Der Habgierige erregt Streit; wer aber auf den Herrn vertraut, wird reichlich gelabt. *Spr. 28, 25*

Der Blutegel hat zwei Töchter: Gib her! Gib her! *Spr. 30, 15*

Alles Mühen des Menschen geschieht für den Mund, und doch wird die Begier nicht gestillt. *Pred. 6, 7*

Sie kommen wie der Adler, der zum Fraße eilt. *Hab. 1, 8*

Wehe dem treulosen Verächter, dem stolzen Mann, der nie genug hat, der seinen gierigen Schlund weit aufsperrt wie die Unterwelt und unersättlich ist wie der Tod. *Hab. 2, 5*

Die heiße Begierde ist wie ein brennendes Feuer, es erlischt nicht, bis es sich verzehrt hat. *Sir. 23, 16*

**Unerschrockenheit**

Das Gesetz seines Gottes hat der Gerechte im Herzen, seine Tritte wanken nicht. *Ps. 37, 31*

Wenn du durch Wasser gehst – ich bin mit dir; wenn durch Ströme – sie werden dich nicht überfluten. Wenn du durch Feuer schreitest, wirst du dich nicht brennen, und die Flamme wird dich nicht versengen. Denn ich, der Herr, bin dein Gott, dein Retter. *Jes. 43, 2–3*

Was ich euch im Dunkeln sage, das saget im Licht, und was ihr ins Ohr hört, das prediget auf den Dächern! *Mat. 10, 27*

**Ungehorsam**

Weil du das Wort des Herrn verworfen, hat er dich verworfen. *1. Sam. 15, 23*

Wer verkehrte Wege geht, verachtet den Herrn. *Spr. 14, 2*

Wer nur eine einzige Vorschrift des Gesetzes nicht befolgt, verstößt damit gegen das ganze Gesetz. *Jak. 1, 10 (GN)*

**Ungerechtigkeit**

Ein ungerechtes Geschlecht nimmt ein schlimmes Ende. *Sal. 3, 18*

Wer im Kleinsten ungerecht ist, der ist auch im Großen ungerecht. *Luk. 16, 10*

**Unglaube**

Wehe dem Herzen, das nicht glaubt; es wird auch nicht bleiben! *Sir. 2, 13*

Des Hochmuts Anfang ist es, wenn ein Mensch sich auflehnt und sein Herz von seinem Schöpfer abfällt. *Sir. 10, 12*

Es steht schlimm in dieser Welt, weil es hier Dinge gibt, durch die Menschen den Glauben verlieren. Das ist unvermeidlich; aber wehe dem, der daran schuld ist. *Mat. 18, 7 (GN)*

Das Licht scheint in der Finsternis, und die Finsternis hat es nicht angenommen. *Joh. 1, 5*

Die anderen kümmern sich alle nur

um ihre eigenen Angelegenheiten und nicht um die Sache Jesu Christi. *Phil. 2, 21 (GN)*

Es gibt viele, die sich durch ihre Lebensführung als Feinde des Kreuzes Christi erweisen. Sie laufen in ihr Verderben. Ihre Triebe sind ihnen ihr Gott. *Phil. 3, 18–19 (GN)*

Der Glaube ist nicht jedermanns Ding. *2. Thess. 3, 2*

**Unglück**

Schmeckt nicht mein Gaumen das Unglück? *Hiob 6, 30*

Meine Tage sind schneller als Läufer, sie fliehen, ehe sie Glück geschaut. *Hiob 9, 25*

Den Gewalttätigen wird Unglück jagen. *Ps. 140, 12*

Ins Unglück gerät, wer arglistig ist mit der Zunge. *Spr. 17, 20*

Ein törichter Sohn ist ein Unglück für seinen Vater, und das Gezänk des Weibes ein beständiges Tropfen. *Spr. 19, 13*

Ein gottloser Mensch, der die Geringen bedrückt, ist wie ein Regen, der wegschwemmt, aber kein Brot bringt. *Spr. 28, 3*

Wer sein Herz verhärtet, gerät ins Unglück. *Spr. 28, 14*

Kennt doch der Mensch nicht einmal seine Stunde: Wie die Fische, die im bösen Netze sich fangen, wie die Vögel, die in der Schlinge stecken, so werden die Menschen verstrickt zur Zeit des Unheils, wenn es plötzlich sie überfällt. *Pred. 9, 12*

**Unrealistisch**

Wehe denen, die früh am Morgen schon dem Rauschtrank nachjagen, die bis tief in die Nacht der Wein erhitzt! Da halten sie Gelage mit Laute und Harfe, mit Handpauke und Flöte und Wein; aber das Werk des Herrn beachten sie nicht, und das Tun seiner Hände sehen sie nicht. *Jes. 5, 11–12*

Lasset uns essen und trinken! denn morgen sind wir tot! *Jes. 22, 13*

Von Dornengestrüpp kann man keine Weintraube pflücken und von Disteln keine Feigen. *Mat. 7, 16 (GN)*

**Unrecht**

Du sollst nicht den Unschuldigen, der im Rechte ist, zum Tode verurteilen, und nicht dem, der im Unrecht ist, Recht geben. *2. Mos. 23, 7*

Verflucht ist, wer das Recht des Fremdlings, der Waise und der Witwe beugt. *5. Mos. 27, 19*

Schätze, durch Unrecht erworben, nützen nichts. *Spr. 10, 2*

Besser wenig mit Gerechtigkeit als großes Einkommen mit Unrecht. *Spr. 16, 8*

Wer den Schuldigen freispricht und wer den Unschuldigen verdammt, ein Greuel sind sie dem Herrn alle beide. *Spr. 17, 15*

Angeln und Schlingen sind auf dem Wege des Falschen; wer sein Leben erhalten will, bleibt ihnen fern. *Spr. 22, 5*

Wer zum Schuldigen sagt: «Du bist im Recht», den verfluchen die Menschen, verwünschen die Leute. *Spr. 24, 24*

Wehe dem, der sein Haus mit Unrecht baut. *Jer. 22, 13*

Wehe dem, der eine Stadt mit Blut baut und eine Burg auf Unrecht gründet! *Hab. 2, 12*

Säe nicht in die Furchen des Unrechts, damit du es nicht siebenfach erntest. *Sir. 7, 3*

Plane kein Unrecht wider deinen Bruder noch wider den Freund und Gefährten. *Sir. 7, 12*

Der Löwe lauert auf die Beute, desgleichen die Sünde denen, die Unrecht tun. *Sir. 27, 10*

Unrecht erworbenes Gut ist wie ein Wetterbach und wie ein Wasser, das mächtig ist bei donnerndem Regen. *Sir. 40, 13*

Für Menschen, die Unrecht tun, hat Gott keinen Platz in seiner neuen Welt. *1. Kor. 6, 9 (GN)*

Wer sagt, daß er zum Herrn gehört, der muß aufhören, Unrecht zu tun. *2. Tim. 2, 19 (GN)*

Die Unschuldigen, die sich nicht gegen euch wehren können, habt ihr verurteilt und umgebracht. *Jak. 5, 6 (GN)*

Macht Schluß mit allem, was unrecht ist. Hört auf zu lügen und euch zu verstellen, andere zu beneiden oder schlecht über sie zu reden. *1. Pet. 2, 1 (GN)*

**Unsichtbarkeit Gottes**

Wer hat Gott gesehen und kann davon künden? Und wer vermöchte ihn zu preisen, so wie es ihm entspricht? *Sir. 43, 31*

Kein Mensch hat Gott jemals gesehen. Nur der einzige Sohn, der ganz eng mit dem Vater verbunden ist, hat uns gezeigt, wer Gott ist. *Joh. 1, 18 (GN)*

Wer mich sieht, der sieht den, der mich gesandt hat. *Joh. 12, 45*

Zwar kann niemand Gott sehen; aber er zeigt sich den Menschen in seinen Werken. *Röm. 1, 19 (GN)*

In Christus wird Gott selbst sichtbar. *2. Kor. 4, 4 (GN)*

Im Sohn wird der unsichtbare Gott für uns sichtbar. *Kol. 1, 15 (GN)*

In Christus ist alles zusammengefaßt, was Menschen jemals über Gott wissen können. *Kol. 2, 3 (GN)*

Niemand hat Gott je gesehen. Aber wenn wir einander lieben, lebt Gott in uns. Dann erreicht seine Liebe bei uns ihr Ziel. *1. Joh. 4, 12 (GN)*

**Unvergleichlichkeit Gottes**

Viel sind der Wunder und Ratschlüsse, die du an uns vollbracht, o Herr, mein Gott; nichts ist dir zu vergleichen. *Ps. 40, 6*

Der du so große Dinge getan, Gott, wer ist dir gleich? *Ps. 71, 19*

Dir gleicht keiner unter den Göttern, o Herr, und nichts gleicht deinen Werken. Alle Völker, die du geschaffen, werden kommen und vor dir anbeten, werden deinen Namen ehren, o Herr. Denn groß bist du und tust Wunder: du allein bist Gott. *Ps. 86, 8–10*

Wem wollt ihr Gott vergleichen und was als Ebenbild ihm an die Seite stellen? *Jes. 40, 18*

Dir, o Herr, ist niemand gleich! Groß bist du, und groß ist dein Name durch Macht. *Jer. 10, 6*

**Unversöhnlichkeit**

Wenn ihr den andern nicht verzeiht, dann wird euer Vater euch eure Verfehlungen auch nicht vergeben. *Mat. 6, 15 (GN)*

**Unvollkommenheit**

Wie könnte der Mensch vor Gott gerecht sein? *Hiob 25, 4*

Es gibt keinen Frommen auf Erden, der nur Gutes täte und niemals fehlte. *Pred. 7, 21*

Es kann ja nicht alles in den Menschen sein, denn der Mensch ist nicht unsterblich. Was ist heller als die Sonne? Und selbst sie verfinstert sich! So auch der Mensch, das Gebilde von Fleisch und Blut. *Sir. 17, 30–31*

Wie beim Schütteln des Siebes der Unrat zurückbleibt, so beim Durchforschen des Menschen seine Unlauterkeiten. *Sir. 27, 4*

Der Geist ist willig, das Fleisch aber ist schwach. *Mat. 26, 41*

**Unwissenheit**

Von gestern sind wir und wissen nichts, ein Schatten sind unsre Tage auf Erden. *Hiob 8, 9*

Kannst du die Tiefen Gottes ergründen oder die Vollkommenheit des Allmächtigen fassen? *Hiob 11, 7*

**Unzuverlässigkeit**

Wer eine Sache weitererzählt, vertreibt den Freund. *Spr. 17,9*

Der Tor ist wechselvoll wie der Mond. *Sir. 27,11*

Wer weiß, was er zu tun hat, und es unterläßt, der macht sich schuldig. *Jak. 4,17 (GN)*

# V

**Vater**

Keine Freude erlebt der Vatcr eines Toren. *Spr. 17, 21*

Frohlocken kann der Vater eines Gerechten. *Spr. 23, 24*

Wer den Vater ehrt, wird Freude erleben an seinen Kindern. *Sir. 3, 5*

Dem Vater erwiesene Wohltat bleibt unvergessen, sie ist ein Guthaben gegenüber der eigenen Schuld. *Sir. 3, 14*

Dem gottlosen Vater flucht der Sohn, denn um seinetwillen trägt er Schmach. *Sir. 41, 7*

**Gott der Vater**

Wie sich ein Vater über seine Kinder erbarmt, so erbarmt sich der Herr über die, die ihn fürchten. Denn er weiß, was für Geschöpfe wir sind, er gedenkt daran, daß wir Staub sind. *Ps. 103, 13–14*

Du, Herr, bist unser Vater, «Unser Erlöser» ist dein Name von Urzeit an. *Jes. 63, 16*

Nun aber, Herr, bist du unser Vater! *Jes. 64, 8*

Unser Vater im Himmel.
Geheiligt werde dein Name.
Dein Reich komme.
Dein Wille geschehe,
wie im Himmel so auf Erden.
Unser tägliches Brot gib uns heute.
Und vergib uns unsere Schuld,
wie auch wir vergeben unsern Schuldigern.
Und führe uns nicht in Versuchung,
sondern erlöse uns von dem Bösen.
Denn dein ist das Reich und die Kraft und die Herrlichkeit in Ewigkeit.
Amen.
*Mat. 6, 9–13 (ökumenische Fassung)*

Unser Vater im Himmel!
Du bist heilig! Bring alle Menschen dazu, dich zu ehren.
Du bist der Herr! Komm und vollende dein Werk.

Was du willst, soll nicht nur im Himmel geschehen, sondern auch bei uns.
Gib uns, was wir heute zum Leben brauchen.
Vergib uns unsere Schuld, wie auch wir jedem verzeihen, der uns Unrecht getan hat.
Laß uns nicht in Gefahr kommen, dir untreu zu werden, sondern schütze uns vor der Macht des Bösen.
Dir gehört alle Herrschaft und Macht und Ehre in Ewigkeit. Amen
*Mat. 6, 9–13 (GN)*

Weil sein Geist in uns lebt, sagen wir zu Gott «Vater!». *Röm. 8, 15 (GN)*

Weil ihr nun Gottes Kinder seid, gab Gott euch den Geist seines Sohnes ins Herz. Der ruft aus uns: «Abba! Vater!» *Gal. 4, 6 (GN)*

**Vegetarier**
Die einen haben keine Bedenken, alles zu essen. Die andern haben Angst, sich zu versündigen, und essen lieber nur Pflanzennahrung. Wer alles ohne Unterschied ißt, soll die anderen nicht verachten; aber wer auf Fleisch verzichtet, hat auch keinen Grund, die anderen zu verurteilen. *Röm. 14, 2–3 (GN)*

**Verachtung**
Wer verkehrten Sinnes ist, verfällt der Verachtung. *Spr. 12, 8*

Wer seinen Nächsten verachtet, der sündigt. *Spr. 14, 21*

Man soll den rechtschaffenen Armen nicht verachten. *Sir. 10, 23*

Der Schadenfrohe wird verachtet. *Sir. 19, 5*

**Verantwortung**
Wer seines Weges achtet, bewahrt sein Leben. *Spr. 16, 17*

Ein einziger der fehlgeht, verderbt viel Gutes. *Pred. 9, 18*

Wandle, wie es dein Herz gelüstet, und genieße, was deine Augen erschauen! Doch wisse, daß um all dieser Dinge Gott dich vor Gericht ziehen wird. *Pred. 11, 9*

Gott wird jegliches Tun vor sein Gericht bringen, das über alles Verborgene ergeht, es sei gut oder böse. *Pred. 12, 14*

Wie du getan hast, wird dir geschehen; deine Tat fällt zurück auf dein Haupt. *Ob. 15*

Bei all deinem Tun bedenke das Ende, so wirst du niemals sündigen. *Sir. 7, 36*

Bläsest du auf einen Funken, so brennt er, speist du darauf, so erlischt er, und beides kommt aus deinem Munde hervor. *Sir. 28, 12*

Achte auf deinen Namen, denn er haftet dir an mehr als tausend kostbare Schätze. *Sir. 41, 12*

Jeder muß die Feuerprobe bestehen. *Mark. 9, 49 (GN)*

Man muß Gott mehr gehorchen als den Menschen. *Apg. 5, 29*

Jeder von uns wird Gott für sein eigenes Tun Rechenschaft ablegen müssen. *Röm. 14, 12 (GN)*

Wir alle müssen vor Christus erscheinen, wenn er Gericht hält. Dann wird jeder bekommen, was er verdient, je nachdem, ob er in seinem irdischen Leben Gutes getan hat oder Schlechtes. *2. Kor. 5, 10 (GN)*

Meine Waffe für Angriff und Verteidigung ist, daß ich tue, was vor Gott und Menschen recht ist. *2. Kor. 6, 7 (GN)*

Macht euch nichts vor! Gott läßt keinen Spott mit sich treiben. Jeder wird ernten, was er gesät hat. *Gal. 6, 7 (GN)*

Wer das Rechte tut, kann genauso wie Christus vor Gottes Urteil bestehen. *1. Joh. 3, 7 (GN)*

**Verbitterung**

Als mein Herz erbittert war, und es mich stach in meinen Nieren, da war ich dumm und ohne Einsicht, war wie ein Tier vor dir. *Ps. 73, 21–22*

**Verbundenheit mit Gott**

Meine Seele hängt an dir, deine Rechte hält mich fest. *Ps. 63, 9*

Ich danke meinem Gott immer für euch, denn er hat euch durch Jesus Christus seine Liebe erwiesen. Das zeigt sich daran, daß ihr in allem reich geworden seid, was die Gemeinschaft mit Jesus Christus schenkt. *1. Kor. 1, 4–5 (GN)*

Wer sich mit dem Herrn verbindet, ist mit ihm eins im Geist. *1. Kor. 6, 17 (GN)*

Wir können den Herrn jetzt noch nicht schauen, sondern sind nur durch den Glauben mit ihm verbunden. *2. Kor. 5, 7 (GN)*

Jetzt seid ihr im Licht, weil ihr mit dem Herrn verbunden seid. Lebt nun auch als Menschen, die im Licht stehen. Aus dem Licht kommt lauter Güte, Gerechtigkeit und Wahrhaftigkeit. *Eph. 5, 8–9 (GN)*

Hat einer von euch Schweres zu ertragen? Dann soll er beten. Ist jemand glücklich? Dann soll er Loblieder singen. *Jak. 5, 13 (GN)*

Wer sein Wort hält, in dem ist in Wahrheit die Liebe zu Gott zur Vollendung gekommen. Daran erkennen wir, daß wir in ihm sind. *1. Joh. 2, 5*

Wer Gott gehorcht, der bleibt mit Gott verbunden und Gott mit ihm. Durch den Geist, den er uns gegeben hat, wissen wir, daß Gott in uns lebt. *1. Joh. 3, 24 (GN)*

Gott hat uns seinen Geist gegeben.

Daran können wir erkennen, daß wir mit ihm verbunden sind und er mit uns. *1. Joh. 4, 13 (GN)*

Freut euch immerzu, weil ihr mit dem Herrn verbunden seid. *Phil. 4, 4 (GN)*

**Verfolgung**

Warum hast du mich dir zur Zielscheibe gemacht? warum bin ich dir zur Last geworden? *Hiob 7, 20*

Zahlreich sind, die mich verderben, die mich grundlos anfeinden; was ich nicht geraubt habe, soll ich erstatten. *Ps. 69, 5*

**Verführung**

Du sollst nicht dem großen Haufen folgen zum Bösen. *2. Mos. 23, 2*

Der Gewalttätige beschwatzt seinen Nächsten und führt ihn auf einen Weg, der nicht gut ist. *Spr. 16, 29*

Es gibt Gefährten, die gereichen zum Verderben. *Spr. 18, 24*

Wer Rechtschaffene irreführt auf bösen Weg, der fällt in die eigene Grube, die Unsträflichen aber gelangen zu Glück. *Spr. 28, 10*

Hänge dich nicht an den Gottlosen, daß er deinen Wandel verderbe und dich abwende von deiner Frömmigkeit. *Sir. 11, 34*

Jedes Geschöpf lebt mit seiner Gattung zusammen: so geselle sich auch der Mensch zu seinesgleichen. Wie sollte der Wolf sich zum Lamm gesellen? So aber ist's, wenn der Gottlose sich an den Gerechten heranmacht. *Sir. 13, 16–17*

Das Blendwerk des Lasters verfälscht das Gute, und der Taumel der Begierde verwandelt den arglosen Sinn. *Sal. 4, 12*

Wer einen dieser Kleinen, die an mich glauben, zur Sünde verführt, für den wäre es besser, daß ihm ein Mühlstein um den Hals gehängt und er in die Tiefe des Meeres versenkt würde. *Mat. 18, 6*

Ihr wißt, daß ein klein wenig Sauerteig genügt, um den ganzen Teig sauer zu machen. *1. Kor. 5, 6 (GN)*

Macht euch nichts vor! Schlechter Umgang verdirbt den Charakter. *1. Kor. 15, 33 (GN)*

**Vergänglichkeit**

Erde bist du, und zur Erde mußt du zurück. *1.Mos. 3, 19*

Nackt bin ich aus meiner Mutter Schoß gekommen, und nackt werde ich wieder dahingehen. Der Herr hat's gegeben, der Herr hat's genommen; der Name des Herrn sei gelobt! *Hiob 1, 21*

Meine Tage fliegen schneller als ein Weberschifflein. *Hiob 7, 6*

Gedenke, daß mein Leben nur ein Hauch ist. *Hiob 7, 7*

Ein Hauch nur sind ja meine Tage. *Hiob 7, 16*

Der Mensch, vom Weibe geboren, ist kurzen Lebens und voller Unruhe. Wie eine Blume geht er auf und welkt, schwindet dahin wie ein Schatten und hat nicht Bestand. *Hiob 14, 1–2*

Der Mensch verscheidet – und wo ist er? *Hiob 14, 10*

Siehe, ich stehe zu Gott wie du, vom Lehm genommen bin auch ich. *Hiob 33, 6*

Tue mir kund, o Herr, mein Ende, und welches das Maß meiner Tage sei, daß ich erkenne, wie vergänglich ich bin. Sieh, nur handbreit hast du meine Tage gemacht, und meine Lebenszeit ist wie nichts vor dir. *Ps. 39, 5–6*

Höre mein Gebet, o Herr, vernimm mein Schreien, schweige nicht zu meinen Tränen; denn ich bin ein Gast bei dir, ein Beisaß wie alle meine Väter. *Ps. 39, 13*

Der Mensch in seiner Pracht ist ohne Bestand, wird gleich dem Vieh, das abgetan wird. *Ps. 49, 13*

Nur ein Hauch sind die Menschenkinder, ein Trug die Sterblichen. Auf der Waage schnellen sie empor, allzumal leichter als ein Hauch. *Ps. 62, 10*

Des Menschen Tage sind wie das Gras; er blüht wie die Blume des Feldes: wenn der Wind darüber geht, so ist sie dahin, und ihre Stätte weiß nichts mehr von ihr. *Ps. 103, 15–16*

Ich bin ein Gast auf Erden; verbirg mir deine Gebote nicht. *Ps. 119, 19*

Kein Reichtum bleibt ewig, kein Vorrat für alle Zeiten. *Spr. 27, 24*

Der Frühern gedenkt man nicht mehr; und auch der Spätern, die kommen werden, auch ihrer wird nicht mehr gedacht werden bei denen, die nach ihnen kommen. *Pred. 1, 11*

Gerade wie einer gekommen ist, so geht er auch wieder dahin. *Pred. 5, 15*

Alles Fleisch ist ja Gras und all seine Pracht wie die Blume des Feldes. Das Gras verdorrt, die Blume welkt, wenn der Hauch des Herrn darüber weht; aber das Wort unsres Gottes bleibt in Ewigkeit. *Jes. 40, 6–8*

Alles Fleisch zerfällt wie ein Kleid, und es ist ein ewiges Gesetz, daß man sterben muß. Wie die Blätter wachsen am grünen Baum – eines fällt ab, und ein andres sproßt hervor – so sind die Geschlechter von Fleisch und Blut: eines stirbt, und ein andres wird geboren. Auch alle Werke des Menschen müssen vermodern, und was seine Hände schaffen, folgt ihm nach. *Sir. 14, 17–19*

Die Zahl der Tage eines Menschen – wenn's viel ist, sind es hundert Jahre. Wie ein Wassertropfen im Meer oder ein Sandkorn, so verhalten sich seine wenigen Jahre zur Ewigkeit. Darum hat der Herr Geduld mit den Menschen und gießt über sie seine Barmherzigkeit aus. *Sir. 18, 9–11*

Gott hat seinen Geschöpfen die Hoffnung gegeben, daß sie eines Tages vom Fluch der Vergänglichkeit erlöst werden.
*Röm. 8, 20–21 (GN)*

Auf der Erde gibt es keine Stadt, in der wir bleiben können. Wir warten auf die Stadt, die kommen wird.
*Heb. 13, 14 (GN)*

Was ist denn euer Leben? Es gleicht einem leichten Nebel, der aufsteigt und sich gleich wieder auflöst.
*Jak. 4, 14 (GN)*

Die Welt und alles, was Menschen in ihr haben wollen, ist vergänglich. Wer aber tut, was Gott will, wird ewig leben. *1. Joh. 2, 17 (GN)*

**Vergebung**

Liebe deckt alle Vergehen zu.
*Spr. 10, 12*

Gerechte Lippen begraben den Haß.
*Spr. 10, 18*

Hast du gesündigt, so tu's nicht mehr, und wegen des Vergangenen bete um Vergebung. *Sir. 21, 1*

Wenn du gegen den Freund das Schwert zogst, so verzweifle nicht, denn es gibt einen Rückweg.
*Sir. 22, 21*

Vergib deinem Nächsten das Unrecht, dann werden auch dir die Sünden erlassen, wenn du darum bittest.
*Sir. 28, 2*

Wenn ihr betet, dann sollt ihr euren Mitmenschen verzeihen, falls ihr etwas gegen sie habt, damit euer Vater im Himmel euch eure Verfehlungen auch vergibt. *Mark. 11, 25 (GN)*

Da trat Petrus zu Jesus und fragte ihn: Herr, wenn mein Bruder an mir schuldig wird, wie oft muß ich ihm verzeihen? Siebenmal? Nein, nicht siebenmal, antwortete Jesus, sondern siebzigmal siebenmal.
*Mat. 18, 21–22 (GN)*

Wenn euch jemand Unrecht tut, dann zahlt es ihm nicht mit gleicher Münze heim. *Röm. 12, 17 (GN)*

Kommt miteinander aus. Tragt es keinem nach, wenn er euch Unrecht getan hat, sondern verzeiht einander, wie der Herr euch verziehen hat.
*Kol. 3, 13 (GN)*

Alle haben mich im Stich gelassen. Gott möge es ihnen nicht anrechnen!
*2. Tim. 4, 16 (GN)*

Wenn Christus beleidigt wurde, antwortete er nicht mit einer Beleidigung. Wenn er leiden mußte, stieß er keine Drohungen aus, sondern setzte seine Hoffnung auf Gott, den gerechten Richter. *1. Pet. 2, 23 (GN)*

Vergeltet Böses nicht mit Bösem, und beantwortet Beleidigung nicht mit Beleidigung. Im Gegenteil, segnet!
*1. Pet. 3, 9 (GN)*

**Vergebung Gottes**

Wohl dem, dessen Übertretung vergeben und dessen Sünde bedeckt ist.
*Ps. 32, 1*

Sei mir gnädig, o Gott, nach deiner Güte, nach deinem großen Erbarmen tilge meine Verfehlung.
*Ps. 51, 3*

Werden uns zu mächtig unsre Sünden, du sühnest sie. *Ps. 65, 4*

Du bist ja gütig, o Herr, und verzeihst gern, bist reich an Huld gegen alle, die dich anrufen. *Ps. 86, 5*

Er handelt nicht mit uns nach unsern Sünden und vergilt uns nicht nach unserer Schuld. Denn so hoch der Himmel über der Erde ist, so hoch ist seine Gnade über denen, die ihn fürchten. So fern der Aufgang ist vom Niedergang, so fern tut er unsre Übertretungen von uns.
*Ps. 103, 10–12*

Gehe nicht ins Gericht mit deinem Knechte; kein Lebender ist ja vor dir gerecht. *Ps. 143, 2*

Du hast hinter dich geworfen alle meine Sünden. *Jes. 38, 17*

Wie groß ist die Barmherzigkeit Gottes und seine Vergebung für die, die sich zu ihm bekehren! *Sir. 17, 29*

Wo die Sünde ihr volles Maß erreicht hat, dort übersteigt Gottes Liebe alles Maß. *Röm. 5, 20 (GN)*

Christus war ohne Sünde. Ihm hat Gott unsere ganze Schuld aufgeladen, damit wir durch ihn so werden, wie es Gott gefällt. *2. Kor. 5, 21 (GN)*

**Vergeltung**

An der Frucht seines Mundes muß einer sich satt essen; was seine Hände tun, das wird ihm vergolten.
*Spr. 12, 14*

Sprich nicht: «Ich will das Böse vergelten»; warte auf den Herrn, er wird dir helfen. *Spr. 20, 22*

Soll denn Gutes mit Bösem vergolten werden? *Jer. 18, 20*

Ihr habt meine Schafe zerstreut und versprengt und nicht nach ihnen gesucht – siehe, nun suche ich an euch heim eure bösen Taten, spricht der Herr. *Jer. 23, 2*

Achtet darauf, daß keiner Unrecht mit Unrecht zurückzahlt.
*1. Thess. 5, 15 (GN)*

**Verlassenheit**

Verlaß mich nicht, o Herr! Mein Gott, sei mir nicht ferne! Eile mir zu helfen, o Herr, mein Heil!
*Ps. 38, 22–23*

Ich spreche zu Gott, meinem Fels: Warum hast du meiner vergessen? Warum muß ich trauernd einhergehn? *Ps. 42, 10*

**Verleugnung**

Der Hahn wird nicht krähen bis du mich dreimal verleugnet hast.
*Joh. 13, 38*

**Verleumdung**

Du sollst nicht falsches Zeugnis reden wider deinen Nächsten.
*2. Mos. 20, 16*

Du sollst nicht als Verleumder unter deinen Volksgenossen umhergehen.
*3. Mos. 19, 16*

Der Verleumder wird nicht bestehen im Lande. *Ps. 140, 12*

Wer Verleumdung aussprengt, ist ein Tor. *Spr. 10, 18*

Ein Verleumder vertreibt den Freund. *Spr. 16, 28*

Ins Unglück gerät, wer arglistig ist mit der Zunge. *Spr. 17, 20*

Die Worte des Verleumders gehen wie Leckerbissen ein; sie gleiten hinab in das Innerste des Leibes.
*Spr. 18, 8*

Schlechten Ruf und Schande trägt das schmähsüchtige Weib davon so gut wie der ehrlose Mann, der doppelzüngige Rede führt. *Sir. 6, 1*

Der Verleumder verdreht Gutes in Böses, und deine Lieben reizt er zum Aufruhr. *Sir. 11, 31*

Wiederhole niemals eine üble Nachrede, so wird dich auch niemand schmähen. *Sir. 19, 7*

Wer auf Verleumdung hört, findet niemals Ruhe und kann nicht in Frieden wohnen. *Sir. 28, 16*

Freuen dürft ihr euch, wenn man euch beschimpft und verfolgt und euch zu Unrecht alles Schlechte nachsagt, weil ihr zu mir gehört.
*Mat. 5, 11 (GN)*

**Verliebtheit**

Siehe nur, der Winter ist dahin; vorüber, fort ist der Regen. Die Blumen erscheinen im Lande, die Zeit des Singens ist da, und das Gurren der Turteltaube hebt an. Am Feigenbaum röten sich die Früchte, die Reben blühen und duften – auf, meine Freundin, meine Schöne, und komm! *H. L. 2, 11–13*

Du hast mich verzaubert, meine Schwester und Braut, du hast mich verzaubert mit einem Blick deiner Augen, mit einem Kettchen in deinem Halsschmuck. *H. L. 4, 9*

**Verlorenheit**

Der Leu kommt um, weil er keinen Raub hat, und die Jungen der Löwin zerstreuen sich. *Hiob 4, 11*

Was für Hoffnung hat der Frevler, wenn Gott abfordert seine Seele? *Hiob 27, 8*

Ich bin verirrt wie ein verlorenes Schaf; suche deinen Knecht, denn deiner Gebote habe ich nicht vergessen. *Ps. 119, 176*

Warum lässest du uns, o Herr, abirren von deinen Wegen? verhärtest unser Herz, daß wir dich nicht fürchten? *Jes. 63, 17*

Wehe euch, denen die Standhaftigkeit verlorenging! Was wollt ihr tun, wenn der Herr euch heimsucht? *Sir. 2, 14*

Der ist nicht weise, der das Gesetz verachtet, er wird umhergeworfen wie ein Schiff im Sturm. *Sir. 33, 2*

Die Hoffnung des Gottlosen ist wie Spreu, vom Winde fortgetragen, wie zarter Meeresschaum, vom Sturm gejagt, wie Rauch, vom Winde verweht. *Sal. 5, 14*

Wer seinen Bruder haßt, der lebt in der Dunkelheit. Er tappt im Dunkeln und hat die Richtung verloren; denn die Dunkelheit hat ihn blind gemacht. *1. Joh. 2, 11 (GN)*

**Verrat**

Wer Geheimnisse verrät, verliert das Zutrauen, und er findet keinen Freund nach seinem Herzen. *Sir. 27, 16*

Eine Wunde kann man verbinden und nach einem Zank sich versöhnen, wer aber Geheimnisse verriet, hat nichts mehr zu hoffen. *Sir. 27, 21*

Schäme dich, weiterzusagen, was du gehört hast, und zu verraten, was man im stillen beschloß. *Sir. 42, 1*

**Verschlagenheit**

Wie eine Scherbe mit Silberschaum überzogen, so sind glatte Lippen und ein böses Herz. *Spr. 26, 23*

Mit seinen Lippen stellt der Widersacher sich freundlich, aber in seinem Herzen sinnt er darauf, dich in eine Grube zu stoßen. *Sir. 12, 16*

Mancher geht gebeugt und traurig einher, aber inwendig ist er voller Tücke. *Sir. 19, 26*

Ein verschlagenes Herz bereitet Leiden. *Sir. 36, 22*

**Verschwiegenheit**

Eines andern Geheimnis verrate

nicht, damit dich nicht schmähe, wer es hört, und nicht böse Nachrede auf dir bleibe. *Spr. 25, 9–10*

Öffne nicht aller Welt dein Herz, du möchtest dadurch dein Glück von dir stoßen. *Sir. 8, 19*

Die Toren haben das Herz auf der Zunge, die Weisen den Mund im Herzen. *Sir. 21, 26*

Sag mit wenig viel, gleiche dem, der beides kann: wissen und schweigen. *Sir. 32, 8*

**Versöhnlichkeit**

Wenn eines Menschen Wege dem Herrn gefallen, so versöhnt er auch seine Feinde mit ihm. *Spr. 16, 7*

Wer Streit anfängt, ist wie einer, der Wasser ausbrechen läßt; drum, ehe der Streit losbricht, laß ab! *Spr. 17, 14*

Eine heimliche Gabe beschwichtigt den Zorn, ein verstohlenes Geschenk den heftigsten Grimm. *Spr. 21, 14*

Wenn du gegen den Freund den Mund auftatest, so fürchte dich nicht, denn es gibt eine Versöhnung; nur bei frechem Schimpf und Verrat von Geheimnissen und bei tückischer List flieht jeder Freund. *Sir. 22, 22*

Denke an die Gebote – und grolle dem Nächsten nicht. *Sir. 28, 7*

Wenn ihr den andern verzeiht, was sie euch angetan haben, dann wird auch euer Vater im Himmel euch eure Schuld vergeben. *Mat. 6, 14 (GN)*

Gott hat uns angenommen, weil wir uns ganz auf ihn verlassen. Jetzt ist Friede zwischen ihm und uns. Das verdanken wir Jesus Christus, unserm Herrn. *Röm. 5, 1 (GN)*

Am Kreuz sollte die Feindschaft zwischen den Menschen und Gott ein für allemal ausgelöscht werden. *Eph. 2, 16 (GN)*

Versündigt euch nicht im Zorn und versöhnt euch wieder miteinander, bevor es Abend wird. Sonst bekommt der Teufel Macht über euch. *Eph. 4, 26–27 (GN)*

**Verstand**

Die Erkenntnis des Heiligen ist Verstand. *Spr. 9, 10*

Der Verstand der Gottlosen ist wenig wert. *Spr. 10, 20*

Wer Verstand hat, dem ist er eine Quelle des Lebens. *Spr. 16, 22*

Wer Verstand erwirbt, der liebt sein Leben. *Spr. 19, 8*

Wo kein Augapfel ist, fehlt das Licht; wo kein Verstand ist, fehlt die Weisheit. *Sir. 3, 25*

Die Wurzel des Verstandes verfault nicht. *Sal. 3, 15 (L)*

**Verständigkeit**

Der Geist erleuchtet die Menschen, und der Hauch des Allmächtigen macht sie verständig. *Hiob 32, 8*

Lehre mich rechtes Urteil und Verständnis; denn ich glaube deinen Geboten. *Ps. 119, 66*

Auf den Lippen des Verständigen findet man Weisheit. *Spr. 10, 13*

Hat man auch Gold und Korallen die Menge, das köstlichste Gerät sind doch verständige Lippen. *Spr. 20, 15*

Böse Menschen verstehen nicht, was recht ist; die aber den Herrn suchen, verstehen alles. *Spr. 28, 5*

**Versuchung**

Wenn du recht handelst, darfst du frei aufschauen; handelst du aber nicht recht, so lauert die Sünde vor der Tür, und nach dir steht ihre Begierde; du aber sollst Herr werden über sie! *1. Mos. 4, 7*

Laß mein Herz sich nicht neigen zum Bösen. *Ps. 141, 4*

Auf einer Jungfrau laß deinen Blick nicht ruhen, damit du nicht ihretwegen straffällig werdest. *Sir. 9, 5*

An Frauenschönheit sind schon viele zugrunde gegangen. *Sir. 9, 8*

Du sollst den Herrn, deinen Gott, nicht versuchen. *Mat. 4, 7*

Wenn dich dein rechtes Auge verführt, dann reiß es aus und wirf es weg. Es ist besser für dich, du verlierst ein Glied deines Körpers, als daß du ganz in die Hölle geworfen wirst. Und wenn dich deine rechte Hand verführt, dann hau sie ab und wirf sie weg; es ist besser für dich, du verlierst ein Glied deines Körpers, als daß du ganz in die Hölle kommst. *Mat. 5, 29–30 (GN)*

Von da an begann Jesus seinen Jüngern zu zeigen, er müsse nach Jerusalem gehen und von den Ältesten und Hohenpriestern und Schriftgelehrten vieles leiden und getötet werden, und am dritten Tage müsse er auferweckt werden. Und Petrus nahm ihn beiseite, fing an, ihm Vorwürfe zu machen, und sagte: Gott verhüte es, Herr; das soll dir nicht widerfahren! Er aber wandte sich um und sprach zu Petrus: Hinweg von mir, Satan! Du bist mir ein Fallstrick, denn du sinnst nicht, was göttlich, sondern was menschlich ist. *Mat. 16, 21–23*

Haltet den Glauben als Schild vor euch. Damit könnt ihr die Brandpfeile des Satans abfangen. *Eph. 6, 16 (GN)*

Wer unbedingt reich werden möchte, gerät in Versuchung. *1. Tim. 6, 9 (GN)*

Wenn ein Mensch in Versuchung geführt wird, darf er nicht sagen: «Gott hat die Versuchung über mich gebracht.» Gott selbst kann nicht

zum Bösen verführt werden, und er verführt auch keinen. Es sind die eigenen Wünsche, die den Menschen ködern und fangen.
*Jak. 1, 13–14 (GN)*

**Vertrauen**
Vertrauet auf den Herrn, euren Gott, so werdet ihr bestehen. *2. Chr. 20, 20*

Laß deine Gnade über mich kommen, o Herr, dein Heil nach deiner Verheißung, damit ich dem antworten kann, der mich schmäht; denn ich vertraue auf dein Wort.
*Ps. 119, 41–42*

Menschenfurcht bringt leicht zu Falle; wer aber auf den Herrn vertraut, der wird beschützt. *Spr. 29, 25*

Wer in der Finsternis wandelt, daß ihm kein Lichtstrahl glänzt, der vertraue auf den Namen des Herrn und stütze sich auf seinen Gott!
*Jes. 50, 10*

Du, o Herr, kennst mich, du prüfst, wie mein Herz zu dir steht. *Jer. 12, 3*

Vertraue auf Gott, so wird er deiner sich annehmen; hoffe auf ihn, so wird er deine Wege ebnen. *Sir. 2, 6*

Hat irgendjemand einen Grund, vor Gott stolz zu sein? Bestimmt nicht! Und warum nicht? Weil es vor Gott nicht auf die eigenen Leistungen ankommt, sondern auf das bedingungslose Vertrauen.
*Röm. 3, 27 (GN)*

Wie war es denn bei Abraham? Er vertraute auf die Zusage Gottes, und gerade so fand er Gottes Anerkennung. *Gal. 3, 6 (GN)*

Ihr seid Gottes Kinder, weil Gott euch durch Jesus Christus den Weg des Vertrauens geöffnet hat.
*Gal. 3, 26 (GN)*

Wenn ich Christus vertraue, kann ich vor Gott bestehen. *Phil. 3, 9 (GN)*

**Verunsicherung**
Wer ist's, der da verdunkelt den Ratschluß mit Reden ohne Einsicht?
*Hiob 38, 2*

Wer in einem Menschen das kindliche Vertrauen zu mir zerstört, der käme noch gut weg, wenn man ihn mit einem Mühlstein um den Hals ins Meer werfen würde.
*Mark. 9, 42 (GN)*

Wer im Glauben unmündig ist, wird das Opfer betrügerischer Menschen, die andere durch falsche Vorspiegelungen auf Irrwege locken.
*Eph. 4, 14 (GN)*

**Verurteilung**
Verurteilt nicht andere, damit Gott euch nicht verurteilt. Denn euer Urteil wird auf euch zurückfallen.
*Mat. 7, 1–2 (GN)*

Redet nicht schlecht voneinander. Wer schlecht von seinem Bruder redet oder ihn verurteilt, der macht dadurch das Gesetz Gottes schlecht und verurteilt es. *Jak. 4, 11 (GN)*

**Verwöhnung**

Wer von Jugend auf verzärtelt wird, muß dienen und endet schließlich im Elend. *Spr. 29, 21*

Wer seinen Sohn verzärtelt, bekommt eigene Wunden zu verbinden. *Sir. 30, 7*

Verwöhne dein Kind, und es wird dein Schrecken werden, tändle mit ihm, und es wird dir Kummer bereiten. *Sir. 30, 9*

**Verzagtheit**

Wenn mein Geist in mir verzagt ist, du weißt meinen Pfad. *Ps. 142, 4*

Als meine Seele in mir verzagte, gedachte ich des Herrn, und mein Gebet drang zu dir. *Jon. 2, 8*

**Verzicht**

Wenn du fasten willst, dann wasche dein Gesicht und kämme dich, damit niemand es merkt außer deinem Vater, der im Verborgenen ist. Dein Vater, der auch das Verborgenste sieht, wird dich dafür belohnen. *Mat. 6, 17–18 (GN)*

Jeder, der an einem Wettlauf teilnehmen will, nimmt harte Einschränkungen auf sich. Er tut es für einen Siegeskranz, der verwelkt. Aber auf uns wartet ein Siegeskranz, der niemals verwelkt. *1. Kor. 9, 25 (GN)*

**Verzweiflung**

Kraftlos bin ich und ganz zerschlagen, ich schreie lauter, als der Löwe brüllt. *Ps. 38, 9*

Tränen sind meine Speise geworden bei Tag und Nacht, da man täglich zu mir sagt: «Wo ist nun dein Gott?» *Ps. 42, 4*

Hilf mir, o Gott! denn die Wasser gehen mir bis an die Seele. *Ps. 69, 2*

Wie Rauch sind meine Tage entschwunden, meine Gebeine sind durchglüht wie von Brand. Versengt ist wie Gras und verdorrt mein Herz; vergesse ich doch, mein Brot zu essen. Vor lauter Stöhnen und Seufzen bin ich nur noch Haut und Bein. Ich gleiche der Rohrdommel in der Wüste, bin wie die Eule in Trümmerstätten. Ich muß wachen und klagen wie ein einsamer Vogel auf dem Dache. *Ps. 102, 4–8*

Wehe mir, Mutter, daß du mich geboren! einen Mann des Haders und Streites für alle Welt! Ich bin nicht Gläubiger und nicht Schuldner, und doch verfluchen mich alle. *Jer. 15, 10*

Warum nur kam ich aus Mutterschoß, daß ich Mühsal und Herzeleid schaute, daß meine Tage in Schande vergingen? *Jer. 20, 18*

**Vielfalt**
O Herr, wie sind deiner Werke so viel! Du hast sie alle in Weisheit geschaffen, die Erde ist voll deiner Güter. *Ps. 104, 24*

Wie Angesicht neben Angesicht, so sind der Menschen Herzen verschieden. *Spr. 27, 19*

Warum überragt ein Tag den andern, da doch alles Tageslicht im Jahre von der gleichen Sonne stammt? Durch die Weisheit des Herrn sind sie unterschieden; er hat Zeiten und Feste mannigfaltig geordnet. *Sir. 33, 7–8*

Die Menschen alle stammen von der Erde, und aus Staub wurde Adam geschaffen. In seiner großen Weisheit hat der Herr sie verschieden gemacht und ihre Wege mannigfach gestaltet. *Sir. 33, 10–11*

**Volk Gottes**
Wohl dem Volke, dessen Gott der Herr ist! *Ps. 144, 15*

Ich werde mein Gesetz in ihr Inneres legen und es ihnen ins Herz schreiben; ich werde ihr Gott sein, und sie werden mein Volk sein. *Jer. 31, 33*

Euch hat Gott zur Gemeinschaft mit Jesus Christus berufen. Der ist unsere Weisheit, die von Gott kommt. Durch ihn können wir vor Gott bestehen. Durch ihn hat uns Gott zu seinem Volk gemacht und von unserer Schuld befreit. *1. Kor. 1, 30 (GN)*

Lebt so, wie es sich für Menschen gehört, die Gott zu seinem Volk berufen hat. *Eph. 4, 1 (GN)*

Gott hat euch ausgewählt, sein Volk zu sein, damit ihr seine machtvollen Taten verkündet. *1. Pet. 2, 9 (GN)*

**Völkerverständigung**
So war es Gottes Plan: Christus sollte die getrennten Teile der Menschheit mit sich verbinden und zu einer neuen Menschheit vereinen.
*Eph. 2, 15 (GN)*

**Vollendung**
Auch die widerstrebten, werden nun wohnen bei Gott, dem Herrn.
*Ps. 68, 19*

Da wird der Wolf zu Gast sein bei dem Lamme und der Panther bei dem Böcklein lagern. Kalb und Jungleu lagern beieinander, und ein kleiner Knabe leitet sie. Kuh und Bärin werden sich befreunden, und ihre Jungen werden zusammen lagern; der Löwe wird Stroh fressen wie das Rind. Der Säugling wird spielen an dem Loch der Otter, und nach der Höhle der Natter streckt das kleine Kind die Hand aus.
*Jes. 11, 6–8*

Nun hat Ruhe, hat Rast die ganze Welt, bricht aus in Jubel. *Jes. 14, 7*

Vernichten wird er den Tod ewig. Und abwischen wird Gott, der Herr, die Tränen von jedem Antlitz.
*Jes. 25, 8*

Die Befreiten des Herrn werden heimkehren mit Jauchzen, ewige Freude über ihrem Haupte. Freude und Wonne wird bei ihnen einkehren, und Leid und Seufzen werden fliehen. *Jes. 35, 10*

Siehe, ich schaffe einen neuen Himmel und eine neue Erde; man wird der früheren Dinge nicht mehr gedenken, und niemand wird sich ihrer mehr erinnern, sondern man wird frohlocken und jubeln auf ewig über das, was ich schaffe. *Jes. 65, 17–18*

Da wird keiner mehr den andern, keiner seinen Bruder belehren und sprechen: «Erkennet den Herrn!», sondern sie werden mich alle erkennen, klein und groß, spricht der Herr; denn ich werde ihre Schuld verzeihen und ihrer Sünden nimmermehr gedenken. *Jer. 31, 34*

Die Erde wird voll werden der Erkenntnis der Herrlichkeit des Herrn, wie das Meer von Wassern bedeckt ist. *Hab. 2, 14*

Gott wird alle Tränen abwischen. Es wird keinen Tod mehr geben und keine Traurigkeit, keine Klage und keine Quälerei mehr. Was einmal war, ist für immer vorbei.
*Off. 21, 4 (GN)*

**Voreiligkeit**

Wer antwortet, ehe er gehört hat, dem ist es Torheit und Schande.
*Spr. 18, 13*

Rühme dich nicht des morgenden Tages; denn du weißt nicht, was ein Tag bringen wird. *Spr. 27, 1*

**Vorsicht**

Wenn du ein neues Haus baust, so sollst du an deinem Dache ein Geländer anbringen, damit du nicht Blutschuld auf dein Haus ladest, wenn jemand herunterfiele.
*5. Mos. 22, 8*

Wachsam behüte dein Herz; denn daraus quillt glückliches Leben.
*Spr. 4, 23*

Der Einfältige glaubt jedem Wort, aber der Kluge achtet auf seine Schritte. *Spr. 14, 15*

Wer als Schwätzer umhergeht, plaudert Geheimnisse aus; drum laß dich nicht ein mit dem, der viel redet.
*Spr. 20, 19*

Der Kluge sieht das Unglück kommen und birgt sich. *Spr. 22, 3*

Werdet wie die Taube, die jenseits des Abgrundes nistet! *Jer. 48, 28*

Der Leute, die dich grüßen, mögen wohl viele sein, dein Vertrauter sei von tausend nur einer. *Sir. 6, 6*

Von deinen Feinden halte dich fern, vor deinen Freunden sei auf der Hut.
*Sir. 6, 13*

Laß dich nicht mit einem Toren ein,

damit kein Schimpf auf deine Vorfahren falle. *Sir. 8, 4*

Vor einem Fremden tue nichts Heimliches, denn du weißt nicht, was er davon an den Tag bringt. *Sir. 8, 18*

Führe nicht jedermann in dein Haus ein, denn viele Wunden schlägt der Ränkeschmied. *Sir. 11, 29*

Was für dich zu schwer ist, lade dir nicht auf, und zu dem, der reicher ist als du, geselle dich nicht. Warum soll sich der Topf zum Kessel gesellen? Stoßen sie aufeinander, so zerbricht der Topf. *Sir. 13, 2*

Dein Silber und Gold verschließest du: so brauche auch für deine Worte Waage und Gewicht! *Sir. 28, 24–25*

Tue nichts ohne Beratung, daß es nach der Tat dich nicht reue. *Sir. 32, 19*

**Vorsorge**
Wer im Sommer einsammelt, handelt klug, wer aber schläft in der Ernte, handelt schändlich. *Spr. 10, 5*

Zeigst du dich lässig in guten Tagen, so ist knapp dein Gut in der Zeit der Not. *Spr. 24, 10*

Zerlege das Teil in sieben oder acht; denn du weißt nicht, was für Unheil auf Erden kommen mag. *Pred. 11, 2*

Suche dir einen Helfer, ehe du zu kämpfen hast, und sorge für deine Gesundheit, ehe du krank wirst. *Sir. 18, 19*

Gedenke der Zeit des Darbens in der Zeit der Fülle, der Armut und des Mangels in den Tagen des Reichtums. *Sir. 18, 25*

**Vorurteil**
Verwirf nichts, ehe du es untersucht hast; erst prüfe, dann magst du's bestreiten. *Sir. 11, 7*

Kann aus Nazareth etwas Gutes kommen? *Joh. 1, 46*

Laß dich nicht durch Vorurteile bestimmen und begünstige keinen. *1. Tim. 5, 21 (GN)*

# W

**Wachsamkeit**
Wachet und betet, daß ihr nicht in Versuchung kommt! *Mat. 26, 41*

Bleibt wach und werdet nicht schläfrig! Denn ihr wißt nicht, wann der Zeitpunkt da ist. Es wird sein wie bei einem Mann, der verreist. Er verläßt sein Haus und weist alle Untergebenen an, ihre Arbeit in eigener Verantwortung zu tun. Dem Türhüter befiehlt er, wachsam zu sein. So sollt auch ihr wach bleiben, weil ihr nicht wißt, wann der Hausherr kommen wird: am Abend, um Mitternacht, beim ersten Hahnenschrei oder wenn die Sonne aufgeht. Wenn er überraschend kommt, sollt ihr vorbereitet sein. Was ich euch sage, gilt für alle: Bleibt wach!
*Mark. 13, 33–37 (GN)*

Seid wachsam! *1. Kor. 16, 13 (GN)*

Bleibt wach und hört nicht auf, für das ganze Volk zu beten.
*Eph. 6, 18 (GN)*

Seid nüchtern und wachsam!
*1. Pet. 5, 8*

**Wahrhaftigkeit**
Schaffe mir, o Gott, ein reines Herz und gib mir einen neuen gewissen Geist. *Ps. 51, 12*

Halte fern von mir den Weg der Lüge und mit deinem Gesetze begnade mich. *Ps. 119, 29*

Wahrhafter Mund hat für immer Bestand, lügnerische Zunge nur einen Augenblick. *Spr. 12, 19*

Treffliche Rede paßt nicht zum Toren, wieviel weniger Lügenrede zum Edlen. *Spr. 17, 7*

Flöte und Harfe versüßen das Lied, aber mehr als beide ist eine lautere Zunge. *Sir. 40, 21*

Sagt ganz einfach Ja oder Nein; jedes weitere Wort ist vom Teufel.
*Mat. 5, 37 (GN)*

Laßt das Schwören, wenn ihr etwas versprecht. Schwört weder beim Himmel noch bei der Erde, noch bei sonst etwas. Sagt einfach Ja, wenn ihr Ja meint, und Nein, wenn ihr Nein sagen wollt. Sonst verfallt ihr Gottes Gericht. *Jak. 5, 12 (GN)*

**Wahrheit**
Fahre hin mit Glück für die Sache der Wahrheit und für das Recht! *Ps. 45, 5*

Den Weg der Wahrheit habe ich erwählt, nach deinen Ordnungen verlangt mich. *Ps. 119, 30*

Alle deine Gebote sind Wahrheit. *Ps. 119, 86*

Streite nicht wider die Wahrheit, deines Unverstandes aber schäme dich. *Sir. 4, 25*

Jeder Vogel läßt sich bei seinesgleichen nieder; so kommt die Wahrheit zu denen, die sie üben. *Sir. 27, 9*

Wenn ihr in meinem Worte bleibt, werdet ihr die Wahrheit erkennen, und die Wahrheit wird euch frei machen. *Joh. 8, 31*

Ich bin dazu geboren und dazu in die Welt gekommen, daß ich für die Wahrheit zeuge. Jeder, der aus der Wahrheit ist, hört meine Stimme. *Joh. 18, 37*

Was ist Wahrheit? *Joh. 18, 38*

Wir vermögen nichts wider die Wahrheit, sondern nur für die Wahrheit. *2. Kor. 13, 8*

**Wahrsagerei**
Ihr sollt nicht Wahrsagerei noch Zeichendeuterei treiben. *3. Mos. 19, 26*

Ungehorsam ist gerade so Sünde wie Wahrsagerei. *1. Sam. 15, 23*

**Wankelmütigkeit**
Vielgewunden ist der Weg des schuldbelasteten Mannes. *Spr. 21, 8*

Worfle nicht in jeden Wind, und gehe nicht auf jedem Pfad. *Sir. 5, 9*

Kieselsteinchen, die auf einer Höhe liegen, vermögen dem Winde nicht standzuhalten – so ein Herz, das schwankt in törichten Gedanken: keinerlei Schrecken hält es stand. *Sir. 22, 18*

Wir sollen nicht sein wie Kinder, die von jeder beliebigen Behauptung umhergeworfen werden wie ein Schiff von Wind und Wellen. *Eph. 4, 14 (GN)*

**Wegbereiter**
Horch, es ruft: In der Wüste bahnet den Weg des Herrn; machet in der Steppe eine gerade Straße unserm Gott! Jedes Tal soll sich heben, und jeder Berg und Hügel soll sich senken, und das Höckerige soll zur Ebene werden und die Höhen zum

Talgrund, daß die Herrlichkeit des Herrn sich offenbare und alles Fleisch es sehe zumal. *Jes. 40, 3–5*

Siehe, ich sende meinen Boten, daß er den Weg vor mir bereite. *Mal. 3, 1*

**Wegweisung**

Die Befehle des Herrn sind recht und erfreuen das Herz; das Gebot des Herrn ist lauter und erleuchtet die Augen. *Ps. 19, 9*

Zeige mir, o Herr, deine Wege, deine Pfade lehre mich. Leite mich in deiner Wahrheit, lehre mich; denn du bist der Gott meines Heils.
*Ps. 25, 4–5*

Der Herr ist gütig und gerecht; darum weist er Irrenden den Weg.
*Ps. 25, 8*

Lehre mich, Herr, deinen Weg und leite mich auf ebener Bahn.
*Ps. 27, 11*

Ich will dich unterweisen und dir zeigen den Weg, den du wandeln sollst, will mein Auge auf dich richten. *Ps. 32, 8*

Laß mich frühe deine Gnade hören, denn ich vertraue auf dich. Tue mir kund den Weg, den ich gehen soll, denn zu dir erhebe ich meine Seele.
*Ps. 143, 8*

Ich, der Herr, bin dein Gott, der dich lehrt, was frommt, der dich leitet auf dem Weg, den du wandeln sollst.
*Jes. 48, 17*

**Böses Weib**

Besser in der Einöde hausen als bei zänkischem, grämlichem Weibe.
*Spr. 21, 19*

Einen bedrückten Sinn und ein mürrisches Gesicht und ein wundes Herz schafft ein böses Weib. *Sir. 25, 23*

Ein böses Weib ist ein wundreibendes Ochsenjoch, wer es berührt, faßt einen Skorpion an. *Sir. 26, 7*

**Weihnachten**

Zu jener Zeit ordnete Kaiser Augustus an, daß alle Bewohner des römischen Reiches in Steuerlisten erfaßt werden sollten. Es war das erste Mal, daß so etwas geschah. Damals war Quirinius Gouverneur der Provinz Syrien. So zog jeder in die Heimat seiner Vorfahren, um sich dort eintragen zu lassen. Auch Josef machte sich auf den Weg. Von Nazaret in Galiläa ging er nach Betlehem, das in Judäa liegt. Das ist der Ort, aus dem König David stammte. Er mußte dorthin, weil er ein direkter Nachkomme Davids war. Maria, seine Verlobte, begleitete ihn. Sie erwartete ein Kind. Während des Aufenthalts in Betlehem kam für sie die Zeit der Entbindung. Sie brachte einen Sohn zur Welt, ihren Erstgeborenen, wickelte ihn in Windeln und legte ihn in eine Futterkrippe im

Stall. Eine andere Unterkunft hatten sie nicht gefunden.
In der Gegend dort hielten sich Hirten auf. Sie waren in der Nacht auf dem Feld und bewachten ihre Herden. Ein Engel Gottes kam zu ihnen, und Gottes heller Glanz leuchtete rings um sie. Sie fürchteten sich sehr; aber der Engel sagte: «Habt keine Angst! Ich bringe gute Nachricht für euch, über die sich alle Menschen freuen werden. Heute wurde in der Stadt Davids euer Retter geboren – Christus, der Herr! Überzeugt euch selbst: Ihr werdet ein Kind finden, in Windeln gewickelt; es liegt in einer Futterkrippe. Das ist der versprochene Retter.»
Plötzlich stand neben dem Engel eine große Schar anderer Engel, die lobten Gott und riefen:
«Alle Ehre gehört Gott im Himmel!
Sein Friede gilt allen auf der Erde,
die sich von ihm lieben lassen!»
Als die Engel in den Himmel zurückgekehrt waren, sagten die Hirten zueinander: «Kommt, wir gehen nach Betlehem und sehen uns an, was Gott uns bekanntgemacht hat!» Sie brachen sofort auf, gingen hin und fanden Maria und Josef und das Kind in der Krippe. Als sie es sahen, berichteten sie, was ihnen der Engel von dem Kind gesagt hatte. Alle, die dabei waren, staunten über das, was ihnen die Hirten erzählten. Maria aber merkte es sich genau und dachte immer wieder darüber nach. Die Hirten gingen zu ihren Herden zurück, lobten Gott und dankten ihm für das, was sie gesehen und gehört hatten. Es war alles so gewesen, wie der Engel es ihnen gesagt hatte.
*Luk. 2, 1–20 (GN)*

Ich bin der Weg und die Wahrheit und das Leben. *Joh. 14, 6*

**Wein**

Noah, der Landmann, war der erste, der Weinreben pflanzte.
*1. Mos. 9, 20*

Seine Augen funkeln von Wein.
*1. Mos. 49, 12*

Der Wein erfreut des Menschen Herz. *Ps. 104, 15*

Ein Spötter ist der Wein, ein Lärmer der Rauschtrank; keiner, den er taumeln gemacht, wird weise. *Spr. 20, 1*

Wer Wein liebt, wird nicht reich.
*Spr. 21, 17*

Wer hat rote Augen? Die bis spät beim Wein sitzen. *Spr. 23, 29–30*

Den Unglücklichen gebet Getränk und Wein den Seelenbetrübten, daß sie trinken und ihrer Armut vergessen und ihrer Mühsal nicht mehr gedenken. *Spr. 31, 6–7*

Ich sann mir aus, meinen Leib mit Wein zu laben, doch so, daß mein Verstand in Weisheit die Leitung hätte. *Pred. 2, 3*

Trinkt deinen Wein mit fröhlichem Herzen. *Pred. 9, 7*

Wein erfreut das Leben. *Pred. 10, 19*

Wehe denen, die früh am Morgen schon dem Rauschtrank nachjagen, die bis tief in die Nacht der Wein erhitzt! *Jes. 5, 11*

Wehe denen, die Helden sind im Weintrinken und Kraftmenschen im Mischen des Rauschtranks! *Jes. 5, 22*

Wein und Most benimmt den Verstand. *Hos. 4, 11*

Der Wein betrügt den stolzen Mann. *Hab. 2, 5 (L)*

Allezeit nur Wein oder Wasser trinken ist nicht lustig; sondern zuweilen Wein, zuweilen Wasser trinken, das ist lustig. *2. Makk. 15, 40 (L)*

Ein neuer Freund ist wie neuer Wein: erst wenn er alt geworden, wirst du dich an ihm laben. *Sir. 9, 10*

Wein und Weiber machen das Herz zuchtlos. *Sir. 19, 2*

Zum Wasser des Lebens wird der Wein dem Menschen, wenn er ihn mit rechtem Maße trinkt. *Sir. 31, 27*

Herzensfreude und Jubel und Wonne: das ist Wein, zur Zeit und maßvoll getrunken. *Sir. 31, 28*

Kopfweh und Schande und Schmach: das ist Wein, bei Zank und Streit getrunken. *Sir. 31, 29*

Dem Toren stellt der Wein manche Falle. *Sir. 31, 30*

Betrinkt euch nicht; denn der Wein macht haltlos. *Eph. 5, 18 (GN)*

Du solltest nicht nur Wasser trinken, sondern auch ein wenig Wein nehmen wegen deines Magens. Du bist ja so oft krank. *1. Tim. 5, 23 (GN)*

**Weisheit**

Gott weiß den Weg zur Weisheit, und er kennt ihre Stätte. *Hiob 28, 23*

Vergessen sind Korallen und Kristall, der Weisheit Besitz geht über Perlen. *Hiob 28, 18*

Das Zeugnis des Herrn ist verläßlich und macht Einfältige weise. *Ps. 19, 8*

Die Furcht des Herrn ist der Anfang der Weisheit; einsichtig handelt, wer darnach tut, sein Ruhm bleibt ewig bestehen. *Ps. 111, 10*

Dein Gebot macht mich weiser als meine Feinde; denn allezeit ist es mir gegenwärtig. Ich bin klüger geworden als alle meine Lehrer; denn deine Vorschriften sind mein Sinnen. Ich bin verständiger als die Alten; denn ich beobachte deine Befehle. *Ps. 119, 98–100*

Der Herr gibt Weisheit, aus seinem Munde kommt Vernunft und Erkenntnis. *Spr. 2, 6*

Wohl dem Menschen, der Weisheit erlangt hat, dem Manne, der Einsicht gewinnt; denn ihr Erwerb ist besser als Erwerb von Silber, und sie zu gewinnen ist mehr wert als Gold. Sie ist kostbarer als Korallen, und alle Kleinodien wiegen sie nicht auf. Langes Leben ist in ihrer Rechten, in ihrer Linken Reichtum und Ehre. Ihre Wege sind Wege der Wonne, und all ihre Pfade sind Wohlfahrt. Sie ist ein Lebensbaum denen, die sie ergreifen; wer sie festhält, der ist beglückt. *Spr. 3, 13–18*

Der Weisheit Anfang ist: Erwirb Weisheit, erwirb Einsicht um all deinen Besitz! Verlaß sie nicht, so bewahrt sie dich; behalte sie lieb, so behütet sie dich. Halte sie hoch, so bringt sie dich hoch; sie bringt dich zu Ehren, wenn du sie umfängst. *Spr. 4, 6–8*

Wer mich findet, der findet das Leben und erlangt Wohlgefallen beim Herrn. *Spr. 8, 35*

Bei den Demütigen ist Weisheit. *Spr. 11, 2*

Wer auf guten Rat hört, der ist weise. *Spr. 12, 15*

Gehe mit Weisen um, so wirst du weise. *Spr. 13, 20*

Der Weise fürchtet Gott und meidet das Böse, der Tor aber läßt sich sorglos darauf ein. *Spr. 14, 16*

Die Furcht des Herrn ist die Schule der Weisheit. *Spr. 15, 33*

Besser ist's, Weisheit zu erwerben als Gold. *Spr. 16, 16*

Das Herz des Weisen macht seinen Mund klug und mehrt auf seinen Lippen die Belehrung. *Spr. 16, 23*

Büßt man den Spötter, so werden Unverständige weise; ein Weiser aber nimmt schon Einsicht an, wenn er belehrt wird. *Spr. 21, 11*

Der Weise vermag mehr als der Starke, und der Einsichtige mehr als der Kraftvolle. *Spr. 24, 5*

Wer die Weisheit liebhat, der macht seinem Vater Freude. *Spr. 29, 3*

Ich sah, daß die Weisheit die Torheit so weit übertreffe, als das Licht die Finsternis übertrifft. *Pred. 2, 13*

Weisheit ist so gut wie Besitz, und Einsicht ein Vorzug für die, welche die Sonne schauen; denn Schutz gewährt die Weisheit so gut wie das Geld, doch die Weisheit gibt ihrem Besitzer Leben. *Pred. 7, 12–13*

Die Weisheit gibt dem Weisen mehr Stärke als zehn Gewalthaber, die in der Stadt sind. *Pred. 7, 20*

Die Weisheit erleuchtet des Menschen Antlitz, und die Härte seines Angesichts wandelt sich. *Pred. 8, 1*

Die Worte der Weisen sind gleich Ochsenstacheln, und gleich eingeschlagenen Nägeln sind die gesammelten Sprüche; sie sind von *einem* Hirten gegeben. *Pred. 12, 11*

Die Weisen werden leuchten wie der Glanz der Himmelsfeste und, die viele zur Gerechtigkeit geführt, wie die Sterne immer und ewig.
*Dan. 12, 3*

Alle Weisheit kommt von dem Herrn, und bei ihm wohnt sie in Ewigkeit. *Sir. 1, 1*

Begehrst du Weisheit, so halte die Gebote, und der Herr wird sie dir darreichen. *Sir. 1, 26*

Ein weises Herz versteht die Sprüche der Weisen, und ein aufmerksames Ohr freut sich an der Weisheit.
*Sir. 3, 29*

Die die Weisheit lieben, lieben das Leben, und die sie suchen, erlangen des Herrn Wohlgefallen. *Sir. 4, 12*

Zum Wesen der Weisheit gehört es, daß sie nur wenigen ohne weiteres eingeht. *Sir. 6, 22*

Hab acht auf die Satzungen des Höchsten, und seinen Geboten sinne allzeit nach, dann wird er dein Herz verständig machen und dich Weisheit lehren, wie du es begehrst.
*Sir. 6, 37*

Wohl dem Menschen, der über die Weisheit nachsinnt und auf die Einsicht achtet, der sein Herz auf ihre Wege richtet und auf ihre Pfade merkt, indem er ihr nachgeht wie ein Späher und die Zugänge zu ihr erkundet, der ihr durch das Fenster schaut und an ihren Türen horcht, der sich im Umkreis ihres Hauses lagert und seine Pflöcke dicht an ihrer Mauer einrammt und an ihrer Seite sein Zelt ausspannt und willkommene Wohnung aufschlägt, der sein Nest in ihr Laub hineinbaut und in ihren Zweigen nächtigt und in ihrem Schatten sich vor der Hitze birgt und in ihren Zufluchtsstätten sich niederläßt. *Sir. 14, 20–27*

Die Erkenntnis des Weisen wächst an wie eine Flut, und sein Rat ist wie eine lebendige Quelle. *Sir. 21, 13*

Die Weisheit ist die Mutter der edeln Liebe, der Erkenntnis und der heiligen Hoffnung. *Sir. 24, 18*

Ein unerschöpflicher Schatz ist die Weisheit für die Menschen.
*Sal. 7, 14*

Die Weisheit ist ein Hauch der Kraft Gottes. *Sal. 7, 25*

Niemand soll sich etwas vormachen: Wenn sich einer von euch nach den Maßstäben dieser Welt für weise hält, dann muß er erst einmal sein ganzes Wissen aufgeben, um wirklich weise zu werden.
*1. Kor. 3, 18 (GN)*

**Weisheit Gottes**
Groß ist unser Herr und reich an Macht; seine Weisheit ist nicht zu ermessen. *Ps. 147, 5*

Gottes Weisheit bestätigt sich an dem, was sie bewirkt.
*Mat. 10, 19 (GN)*

**Weltherrschaft Gottes**
Herr, unser Herrscher, wie herrlich ist dein Name in allen Landen!
*Ps. 8, 2*

Des Herrn ist das Reich, und er ist Herrscher über die Völker. *Ps. 22, 29*

Des Herrn ist die Erde und was sie erfüllt, der Erdkreis und die darauf wohnen. *Ps. 24, 1*

Ihr Völker alle, klatscht in die Hände! Jauchzet Gott zu mit jubelndem Schall! Denn der Herr, der Höchste, ist furchtbar, ein großer König über die ganze Welt.
*Ps. 47, 2–3*

Erhebe dich über die Himmel, o Gott, über die ganze Erde deine Herrlichkeit! *Ps. 57, 6*

Gott, richte die Erde! denn dein Eigentum sind die Völker alle.
*Ps. 82, 8*

Dann werden sie erkennen, daß du allein der Höchste bist über die ganze Erde. *Ps. 83, 19*

Erhebt eure Augen zur Höhe und schaut: Wer hat jene geschaffen? Er, der ihr Heer herausführt nach der Zahl, sie alle mit Namen ruft. Ihm, der groß ist an Kraft und stark an Macht, bleibt nicht eines aus.
*Jes. 40, 26*

Mir wird sich beugen jedes Knie, mir Treue schwören jede Zunge und sprechen: Nur in dem Herrn ist Heil und Stärke. *Jes. 45, 23–24*

**Weltweit**
Alle Enden der Erde haben geschaut unsres Gottes Hilfe. *Ps. 98, 3*

Vom Aufgang der Sonne bis zu ihrem Niedergang sei gepriesen der Name des Herrn! *Ps. 113, 3*

**Willkür**
Ein Mann voll Frevel lehnt Zurechtweisung ab, nach seinem Belieben verzerrt er das Gesetz. *Sir. 32, 17*

**Wissensdurst**
Ich gedachte alles, was unter der Sonne geschah, durch Weisheit zu erforschen und zu ergründen: eine leidige Mühe, die Gott verhängt hat, daß die Menschenkinder damit sich abmühen. *Pred. 1, 13*

Wo viel Weisheit, da ist viel Verdruß, und je mehr Wissen, desto mehr Schmerz. *Pred. 1, 18*

Frage, so wirst du's ergründen;

suche, so wirst du's finden; und hast du die Weisheit ergriffen, so laß sie nicht mehr los. *Sir. 6, 27*

**Wohlergehen**

So sollst du jetzt erkennen und dir zu Herzen nehmen, daß der Herr allein Gott ist im Himmel droben und auf der Erde drunten und keiner sonst, und sollst seine Satzungen und Gebote halten, die ich dir heute gebe, auf daß es dir und deinen Kindern nach dir wohl ergehe und du lange lebest in dem Lande, das dir der Herr, dein Gott, geben will für alle Zeit. *5. Mos. 4, 39–40*

Wohl denen, die unsträflich wandeln, die das Gesetz des Herrn befolgen! Wohl denen, die seine Vorschriften beachten, die ihn von ganzem Herzen suchen, die auch kein Unrecht tun, auf seinen Wegen wandeln! *Ps. 118, 1–3*

Wohl dem, dessen Hoffnung der Herr, sein Gott, ist. *Ps. 146, 5*

Neiget euer Ohr und kommet zu mir! höret, so wird eure Seele leben. *Jes. 55, 3*

Höret auf meine Stimme, so will ich euer Gott sein, und ihr sollt mein Volk sein, und wandelt ganz auf dem Wege, den ich euch gebiete, damit es euch wohl ergehe. *Jer. 7, 23*

Ich bitte Gott, daß es dir in jeder Hinsicht gut gehe und du gesund seist, so wie ich das von deinem innern Leben weiß. *3. Joh. 2 (GN)*

**Wohlstandsgesellschaft**

Dich hat das Glück verleitet, die Ruhe vor dem Rachen der Not, da keine Bedrängnis dich erschreckte, dein Tisch reich besetzt war. *Hiob 36, 16*

Wer gesättigt ist, der zertritt Honigwaben. *Spr. 27, 7*

Der Reiche dünkt sich selbst weise zu sein; aber ein Geringer, der einsichtig ist, ergründet ihn. *Spr. 28, 11*

Ein schlimmes Übel sah ich unter der Sonne: Reichtum, der von seinem Besitzer zum eignen Unheil gehütet wird. *Pred. 5, 12*

Mancher wird durch Armut vom Sündigen abgehalten; wer aber bleibt gerecht im Behagen seines Reichtums? *Sir. 20, 21*

**Wort Gottes**

Das Wort des Herrn ist lauter. *2. Sam. 22, 31*

Das Wort des Herrn ist wahrhaftig, und all sein Walten ist voll Treue. *Ps. 33, 4*

Durch das Wort des Herrn sind die Himmel gemacht, durch den Hauch seines Mundes ihr ganzes Heer. *Ps. 33, 6*

Gott will ich preisen ob seines Wortes, ob seines Wortes preisen den Herrn. *Ps. 56, 11*

Auf ewig bleibt, o Herr, dein Wort, steht fest im Himmel. Für alle Zeiten gilt deine Verheißung, ist festgegründet auf Erden und bleibt bestehen. Deine Ordnungen, sie bestehen noch heute; denn alles ist dir dienstbar. *Ps. 119, 89–91*

Dein Wort ist eine Leuchte meinem Fuß und ein Licht auf meinem Pfade. *Ps. 119, 105*

Wer das Wort verachtet, der geht zugrunde, wer aber das Gebot fürchtet, bleibt wohlbehalten. *Spr. 13, 13*

Wie der Regen und der Schnee vom Himmel herabkommt und nicht dahin zurückkehrt, sondern die Erde tränkt, daß sie fruchtbar wird und sproßt und dem Sämann Samen und dem Essenden Brot gibt, so auch mein Wort, das aus meinem Munde kommt: es kehrt nicht leer zu mir zurück, sondern wirkt, was ich beschlossen, und führt durch, wozu ich es gesendet. *Jes. 55, 10–11*

Ist nicht mein Wort wie ein Feuer und wie ein Hammer, der Felsen zerschmettert? *Jer. 23, 29*

Quelle der Weisheit ist das Wort Gottes. *Sir. 1, 5*

Ich will euch sagen, was das Gleichnis vom Sämann bedeutet. Es gibt Menschen, die die Gute Nachricht gehört haben, daß Gott seine Herrschaft aufrichten will; aber sie nehmen sie nicht ernst. Der Feind Gottes kommt und reißt aus, was in ihr Herz gesät worden ist. Bei ihnen ist es wie bei dem Samen, der auf den Weg fällt. Bei anderen ist es wie bei dem Samen, der auf felsigen Grund fällt. Sie hören die Botschaft und nehmen sie sogleich mit Freuden an; aber sie kann in ihnen keine Wurzeln schlagen, weil sie unbeständig sind. Wenn sie ihretwegen in Schwierigkeiten geraten oder verfolgt werden, geben sie sofort auf. Wieder bei anderen ist es wie bei dem Samen, der in das Dornengestrüpp fällt. Sie hören zwar die Gute Nachricht; aber sie bleibt wirkungslos, weil sie ganz von ihren täglichen Sorgen ausgefüllt sind und sich vom Reichtum verführen lassen. Dadurch wird die Botschaft erstickt. Bei anderen schließlich ist es wie bei dem Samen, der auf guten Boden fällt. Sie hören die Gute Nachricht, nehmen sie in sich auf und bringen Frucht, manche hundertfach, andere sechzigfach und wieder andere dreißigfach. *Mat. 13, 18–23 (GN)*

Eher werden Himmel und Erde vergehen, als daß auch nur ein i-Punkt im Gesetz ungültig wird. *Luk. 16, 17 (GN)*

Wer mein Wort hört und dem glaubt, der mich gesandt hat, der hat ewiges Leben. *Joh. 5, 24*

Das Wort Gottes kann nicht in Fesseln gelegt werden. *2. Tim. 2, 9 (GN)*

Das Wort Gottes ist lebendig und wirksam. Es schneidet besser als jedes zweischneidige Schwert und dringt bis dorthin durch, wo Mark und Bein, das heißt Geist und Seele, zusammentreffen. Es zieht die geheimsten Wünsche und Gedanken der Menschen zur Rechenschaft.
*Heb. 4, 12 (GN)*

Durch Gottes lebendiges, ewiges Wort seid ihr neu geboren worden, als Kinder des einen Vaters, der unsterblich ist. *1. Pet. 1, 23 (GN)*

**Wort zur rechten Zeit**
Wie goldene Äpfel in silbernen Schalen ist ein Wort, geredet zur rechten Zeit. *Spr. 25, 11*

Der Weise schweigt bis zur rechten Zeit. *Sir. 20, 7*

Laßt kein giftiges Wort über eure Lippen kommen. Seht lieber zu, daß ihr für die anderen in jeder Lage das rechte Wort habt, das ihnen weiterhilft. *Eph. 4, 29 (GN)*

**Wunder**
Begreifst du die Wunder dessen, der vollkommen ist an Weisheit?
*Hiob 37, 16*

Was keiner jemals gesehen oder gehört hat, was keiner jemals für möglich gehalten hat, das hält Gott für die bereit, die ihn lieben.
*1. Kor. 2, 9 (GN)*

**Wunder des Lebens**
Du hast meine Nieren geschaffen, hast mich gewoben im Mutterschoß. Ich danke dir, daß ich so herrlich bereitet bin, so wunderbar. Meine Seele kanntest du wohl, mein Gebein war dir nicht verborgen, da ich im Dunkeln gebildet ward, kunstvoll gewirkt in Erdentiefen.
*Ps. 139, 13–15*

Nicht einmal mit eurem eignen Kopf sollt ihr euch für etwas verbürgen; denn es steht nicht in eurer Macht, daß auch nur ein einziges Haar darauf schwarz oder weiß wächst.
*Mat. 5, 36*

**Wunder der Schöpfung**
Unerforschlich sind die Wunderwerke des Herrn. Meint einer fertig zu sein, so fängt er erst an, und hört er auf, so fühlt er seine Ohnmacht.
*Sir. 18, 6–7*

Schönheit und Anmut erlaben das Auge, aber mehr als beide ist das Wachstum der Flur. *Sir. 40, 22*

Jedes Ding ist wieder vom andern verschieden, und keines von ihnen hat er zwecklos geschaffen. Eines ergänzt das andere in seinem Wert, und wer würde je satt, ihre Schönheit zu betrachten? *Sir. 42, 24–25*

Schön ist hoch droben des Firmamentes Klarheit, und die Himmelsfeste ist ein herrlicher Anblick.
*Sir. 43, 1*

# Z

**Zähne**
Seine Zähne sind weiß von Milch.
*1. Mos. 49, 12*

Auge um Auge, Zahn um Zahn, Hand um Hand, Fuß um Fuß, Brandmal um Brandmal, Wunde um Wunde, Strieme um Strieme.
*2. Mos. 21, 24*

Er knirschte über mich mit den Zähnen. *Hiob 16, 9*

Was Essig für die Zähne und Rauch für die Augen, das ist der Faule für den, der ihn ausschickt. *Spr. 10, 26*

Ein böser Zahn und ein wankender Fuß – so ist der Treulose am Tage der Not. *Spr. 25, 19*

Die Väter haben saure Trauben gegessen, und den Kindern werden davon die Zähne stumpf. *Jer. 31, 29*

Er ließ meine Zähne an Kies sich zerreiben. *Klag. 3, 16*

Ihr wißt, daß es heißt: «Auge um Auge, Zahn um Zahn.» Ich aber sage euch: Ihr sollt euch überhaupt nicht gegen das Böse wehren.
*Mat. 5, 38 (GN)*

Dort wird Heulen und Zähneknirschen sein. *Mat. 8, 12*

**Zärtlichkeit**
Wie süß ist dein Kosen, meine Schwester und Braut! Wieviel köstlicher als Wein ist dein Kosen!
*H. L. 4, 10*

**Die zehn Gebote**
Ich bin der Herr, dein Gott:
1. Du sollst keine andern Götter neben mir haben.
2. Du sollst dir kein Gottesbild machen.
3. Du sollst den Namen des Herrn, deines Gottes, nicht mißbrauchen.
4. Gedenke des Sabbattages, daß du ihn heilig haltest.
5. Ehre deinen Vater und deine Mutter.

6. Du sollst nicht töten.
7. Du sollst nicht ehebrechen.
8. Du sollst nicht stehlen.
9. Du sollst nicht falsches Zeugnis reden wider deinen Nächsten.
10. Du sollst nicht begehren irgend etwas, was dein Nächster hat.

*2.Mos. 20, 2–17*

**Zeit**

Und Gott sprach: Es sollen Lichter werden an der Feste des Himmels, Tag und Nacht zu scheiden, und sie sollen als Zeichen dienen und zur Bestimmung von Zeiten, Tagen und Jahren. *1.Mos. 1, 14*

Meine Tage sind schneller als Läufer. *Hiob 9, 25*

Findest du sie (die Weisheit), so hast du noch eine Zukunft, und deine Hoffnung wird nicht zunichte. *Spr. 24, 14*

Alles hat seine bestimmte Stunde, jedes Ding unter dem Himmel hat seine Zeit. *Pred. 3, 1*

Der Tor achtet nicht auf die Zeit. *Sir. 20, 7*

**Die Zeit nützen**

Lehre uns unsere Tage zählen, daß wir ein weises Herz gewinnen. *Ps. 90, 12*

Bedenke, daß der Tod nicht verzieht und die Frist bis zum Eintritt ins Totenreich dir nicht bekannt ist. *Sir. 14, 12*

Unter Unverständigen halte deine Zeit zu Rate, unter Einsichtigen aber nimm dir reichlich Muße. *Sir. 27, 12*

Wir müssen die Werke dessen, der mich gesandt hat, wirken, solange es Tag ist; es kommt die Nacht, da niemand wirken kann. *Joh. 9, 4*

Nutzt die Zeit in der rechten Weise. *Eph. 5, 16 (GN)*

Laßt uns nicht schlafen wie die übrigen, sondern wachen und nüchtern sein! *1. Thess. 5, 6*

**Zeit und Ewigkeit**

Nun aber bleibe ich stets bei dir, du hältst mich bei deiner rechten Hand. Du leitest mich nach deinem Ratschluß und nimmst mich hernach in die Herrlichkeit. *Ps. 73, 23–24*

O Herr, du warst unsre Zuflucht von Geschlecht zu Geschlecht. Ehe die Berge geboren waren und die Erde und die Welt geschaffen, bist du Gott von Ewigkeit zu Ewigkeit. Du lässest die Menschen zum Staube zurückkehren, sprichst zu ihnen: «Kehret zurück, ihr Menschenkinder!» Denn tausend Jahre sind vor deinen Augen wie der gestrige Tag, wenn er vergangen, wie eine Wache in der Nacht. Du säest sie aus von Jahr zu Jahr, sie sind wie das sprossende Gras: am Morgen erblüht es und sproßt, am Abend welkt es und verdorrt. *Ps. 90, 1–6*

Er ruft mich an, und ich erhöre ihn;

ich bin bei ihm in der Not, reiße ihn heraus und bringe ihn zu Ehren. Ich sättige ihn mit langem Leben und lasse ihn schauen mein Heil.
*Ps. 91, 15–16*

Denke an das Ende – und laß ab von der Feindschaft, an Vergehen und Sterben – und enthalte dich der Sünde. *Sir. 28, 6*

**Zielstrebigkeit**
Ich meine nicht, daß ich es schon geschafft habe und am Ziel bin. Ich laufe aber auf das Ziel zu und hoffe, es zu ergreifen, nachdem Jesus Christus schon von mir Besitz ergriffen hat. *Phil. 3, 12 (GN)*

Ich lasse alles hinter mir liegen und sehe nur noch, was vor mir liegt. Ich halte geradewegs auf das Ziel zu, um den Siegespreis zu gewinnen. Dieser Preis ist das neue Leben, zu dem Gott mich durch Jesus Christus berufen hat. *Phil. 3, 13–14 (GN)*

**Zivilcourage**
Wer seinen Nächsten heimlich verleumdet, den bring' ich zum Schweigen. *Ps. 101, 5*

Von deinen Vorschriften will ich reden vor Königen und mich nicht scheuen. *Ps. 119, 46*

Wer freimütig rügt, schafft Heil.
*Spr. 10, 10*

Wie ein getrübter Quell, ein verdorbener Brunnen, so der Fromme, der vor dem Gottlosen wankt. *Spr. 25, 26*

Fürchtet euch nicht vor dem Schmähen der Menschen, und entsetzt euch nicht vor ihrem Lästern. Denn die Schaben werden sie fressen wie ein Kleid und die Motten sie verzehren wie Wolle; doch mein Heil wird auf ewig bestehen und meine Rettung von Geschlecht zu Geschlecht.
*Jes. 51, 7–8*

**Zorn**
Den Toren mordet sein Unmut.
*Hiob 5, 2*

Der Zornmütige begeht Torheit.
*Spr. 14, 17*

Gelinde Antwort stillt den Grimm; kränkende Rede erregt den Zorn.
*Spr. 15, 1*

Den Zorn eines Mannes erträgt, wer ihn besänftigt. *Spr. 18, 14*

Wehe dem, der den andern seinen Zorn zu trinken gibt! *Hab. 2, 15*

Ungerechter Zorn bleibt nicht ungestraft, denn seine grimmige Wut bringt ihn zu Fall. *Sir. 1, 22*

Wilder Zorn richtet seinen eignen Herrn zugrunde und zieht ihm des Feindes Schadenfreude zu. *Sir. 6, 4*

Kein Gift ist ärger als Schlangengift und kein Zorn ärger als Weiberzorn.
*Sir. 25, 15*

Groll und Zorn sind abscheuliche Dinge, und nur ein sündhafter Mensch hält daran fest. *Sir. 27, 30*

Neid und Zorn verkürzen die Tage. *Sir. 30, 24*

Wer auf seinen Bruder zornig ist, gehört vor Gericht. Wer aber zu seinem Bruder sagt: «Du Idiot», der gehört vor das oberste Gericht. Und wer zu seinem Bruder sagt: «Geh zum Teufel», der verdient, ins Feuer der Hölle geworfen zu werden. *Mat. 5, 22 (GN)*

Im Zorn tut keiner, was vor Gott recht ist. *Jak. 1, 20 (GN)*

**Zoten**

An unflätige Zuchtlosigkeit gewöhne deinen Mund nicht, denn auch darin ist etwas Sündhaftes. *Sir. 23, 13*

Ein Mensch, der sich an schandbares Reden gewöhnt hat, bleibt sein Leben lang ungesittet. *Sir. 23, 15*

Was aus dem Munde herauskommt, das verunreinigt den Menschen. *Mat. 15, 11*

Es paßt nicht zu euch, gemeine, dumme oder schlüpfrige Reden zu führen. Benutzt eure Zunge lieber, um Gott zu danken. *Eph. 5, 4 (GN)*

Geh allem schamlosen und sinnlosen Gerede aus dem Weg; denn damit entfernen sich einige immer weiter von Gott. *2. Tim. 2, 16 (GN)*

**Zucht**

Halte fest an der Zucht, laß nicht ab; bewahre sie, denn sie ist dein Leben. *Spr. 4, 13*

Zucht hat lieb, wer Erkenntnis liebt; wer die Rüge haßt, der ist dumm. *Spr. 12, 1*

Der Tor verschmäht die Zucht seines Vaters. *Spr. 15, 5*

Wer Zucht in den Wind schlägt, verachtet sein Leben. *Spr. 15, 32*

Zucht kommt dem Unverständigen vor wie eine Fußkette und wie eine Fessel an der rechten Hand. Zucht kommt dem Verständigen vor wie ein Goldschmuck und wie eine Spange am rechten Arm. *Sir. 21, 19 + 21*

**Zufriedenheit**

Fürwahr, ich habe meine Seele gestillt und beruhigt. Wie ein Entwöhnter bei seiner Mutter, wie ein Entwöhnter ist stille in mir meine Seele. *Ps. 131, 2*

Erfülltes Verlangen tut dem Herzen wohl. *Spr. 13, 19*

Das Auge des Mißgünstigen giert nach Speise, und doch hat er nichts auf seinem Tische. Ein zufriedenes Auge mehrt das Brot, und selbst der trockene Quell sprudelt ihm Wasser für den Tisch. *Sir. 14, 10*

Man macht mir Kummer, und doch bin ich immer fröhlich. Ich bin arm wie ein Bettler, und mache doch viele Menschen reich. Ich besitze nichts und habe doch alles.
*2. Kor. 6, 10 (GN)*

Der Friede Gottes, der alles menschliche Begreifen weit übersteigt, wird euer Denken und Wollen im Guten bewahren, weil ihr mit Jesus Christus verbunden seid. *Phil. 4, 7 (GN)*

**Zukunft**
Der Böse hat keine Zukunft.
*Spr. 24, 20*

Gedenket nicht mehr der früheren Dinge, und des Vergangenen achtet nicht. Siehe, nun schaffe ich Neues; schon sproßt es, gewahrt ihr es nicht?
*Jes. 43, 18–19*

Sie werden ihre Schwerter zu Pflugscharen schmieden und ihre Spieße zu Rebmessern. Kein Volk wird wider das andre das Schwert erheben, und sie werden den Krieg nicht mehr lernen. Sie werden ein jeder unter seinem Weinstock und unter seinem Feigenbaum sitzen, ohne daß einer sie aufschreckt. *Mi. 4, 3–4*

Das Sprichwort stimmt, daß einer sät und ein anderer erntet.
*Joh. 4, 37 (GN)*

Wir rühmen uns der Hoffnung auf die Herrlichkeit Gottes. *Röm. 5, 2*

Ich halte dafür, daß die Leiden der jetzigen Zeit nichts bedeuten im Vergleich zu der Herrlichkeit, die an uns geoffenbart werden soll. *Röm. 8, 18*

Gott hat uns einen neuen Himmel und eine neue Erde versprochen. Dort wird es kein Unrecht mehr geben, weil Gottes Wille regiert. Auf diese neue Welt warten wir.
*2. Pet. 3, 13 (GN)*

Siehe, ich mache alles neu. *Off. 21, 6*

**Zunge**
Die Zunge der Weisen träufelt Erkenntnis; der Mund der Narren läßt Torheit sprudeln. *Spr. 15, 2*

Gelassene Zunge ist ein Baum des Lebens; falsche Zunge bringt Herzeleid. *Spr. 15, 4*

Ein tödlicher Pfeil ist ihre Zunge, Trug die Rede ihres Mundes.
*Jer. 9, 8*

Sei nicht keck mit deiner Zunge.
*Sir. 4, 29*

Die Zunge ist oft des Menschen Verderben. *Sir. 5, 13*

Besser ein Fehltritt auf dem Fußboden als einer mit der Zunge.
*Sir. 20, 18*

Viele sind durch des Schwertes Schärfe gefallen, doch nicht so viele, als durch die Zunge zu Fall kamen. *Sir. 28, 18*

Aus den Wurzeln der Erwägungen des Herzens sprossen vier Zweige hervor: Gutes und Böses, Leben und Tod, aber die Zunge hat volle Gewalt über sie. *Sir. 37, 17–18*

Wenn sich jemand für fromm hält, aber seine Zunge nicht in Zaum halten kann, ist seine Frömmigkeit wertlos, und er betrügt sich selbst. *Jak. 1, 26 (GN)*

Denkt daran, wie klein die Flamme sein kann, die einen großen Wald in Brand setzt! Mit der Zunge ist es wie mit dem Feuer. *Jak. 3, 5–6 (GN)*

Der Mensch hat es fertig gebracht, alle Tiere zu bändigen: wilde Tiere, Vögel, Kriechtiere und Fische. Aber seine Zunge hat noch keiner bändigen können; sie läßt sich nicht unter Kontrolle bringen. Sie ist voll von tödlichem Gift. *Jak. 3, 7–8 (GN)*

**Zungenfertigkeit**

Durch unsre Zunge sind wir gewaltig; unser Mund ist für uns, wer will uns meistern? *Ps. 12, 5*

Zanke nicht mit einem Zungenfertigen, und lege nicht Holz auf sein Feuer. *Sir. 8, 3*

Von geschickten Handwerkern wird ein Meisterstück bewältigt, und der weise Redner ist Herrscher über sein Volk. Doch der Maulheld ist gefürchtet in der Stadt, und die Rede seines Mundes ist verhaßt. *Sir. 9, 17–18*

**Zurückhaltung**

Die Weisen halten mit der Erkenntnis zurück. *Spr. 10, 14*

Wer seine Lippen im Zaum hält, handelt klug. *Spr. 10, 19*

Wer Einsicht hat, hält mit seinen Worten zurück. *Spr. 17, 27*

Tod und Leben steht in der Gewalt der Zunge; wer sie im Zaum hält, genießt ihre Frucht. *Spr. 18, 21*

Wer seinen Mund und seine Zunge behütet, der behütet sein Leben vor mancher Gefahr. *Spr. 21, 23*

Geh nicht in des Bruders Haus, wenn du in Not bist. *Spr. 27, 10*

Weißt du etwas, so gib dem andern Bescheid, wenn aber nicht – die Hand auf deinen Mund. *Sir. 5, 12*

Um ein Ding, das dich nichts angeht, ereifere dich nicht, und mische dich nicht in die Händel der Gottlosen. *Sir. 11, 9*

Entzünde nicht des Sünders Kohle, damit du nicht von seiner Feuerflamme verzehrt werdest. *Sir. 8, 10*

Wohl dem Menschen, dem seine Worte nicht Kummer bereiten.
*Sir. 14, 1*

Der Weise macht sich mit wenig Worten beliebt. *Sir. 20, 13*

Des Toren Fuß tritt schnell ins Haus, der Wohlerzogene bleibt draußen stehen. *Sir. 21, 22–23*

Du hast Glauben; habe ihn für dich selbst vor Gott! *Röm. 14, 22*

**Zusammengehörigkeit**

Mein Geliebter ist mein, und ich bin sein. *H. L. 2, 16*

Wer Gott fürchtet, weist seiner Zuneigung den rechten Weg; denn so wie er selbst wird auch sein Gefährte sein. *Sir. 6, 17*

Einen verständigen Sklaven liebe wie dich selbst, und verweigere ihm die Freilassung nicht. *Sir. 7, 21*

Wer sich an andern versündigt, vergeht sich an der eignen Seele.
*Sir. 19, 4*

Wer euch aufnimmt, der nimmt mich auf; und wer mich aufnimmt, der nimmt den auf, der mich gesandt hat.
*Mat. 10, 40*

Meine Liebe gilt euch allen. Durch Jesus Christus sind wir miteinander verbunden. *1. Kor. 16, 24 (GN)*

Ich bin ganz zuversichtlich, wenn ich an euch denke. Denn ich weiß: wie ihr meine Leiden teilt, so habt ihr auch teil an der Zuversicht, die mir geschenkt wird. *2. Kor. 1, 7 (GN)*

Ihr alle seid Söhne Gottes durch den Glauben an Christus Jesus.
*Gal. 3, 26*

Wir alle gehören zusammen als Glieder am Leib Christi. *Eph. 4, 25 (GN)*

Ich danke meinem Gott, so oft ich euer gedenke. *Phil. 1, 3*

**Zuverlässigkeit**

Wer als Schwätzer umhergeht, plaudert Geheimnisse aus; wer zuverlässigen Sinnes ist, behält die Sache für sich. *Spr. 11, 13*

Ein schurkischer Bote führt ins Unglück, aber ein treuer Gesandter bringt Heilung. *Spr. 13, 17*

Bleibe fest bei deiner Überzeugung, und unwandelbar sei deine Rede.
*Sir. 5, 10*

Halte deine Zusage und verfahre redlich mit deinem Nächsten, so wirst du allezeit erlangen, wessen du bedarfst. *Sir. 29, 3*

Wer etwas zu verwalten hat, soll seine Aufgabe ernst nehmen.
*Röm. 12, 8 (GN)*

Wir sind Menschen, die Christus in

seinen Dienst gestellt hat, um Gottes Geheimnisse zu verwalten. Von einem Verwalter verlangt man, daß er zuverlässig ist. *1. Kor. 4, 1–2 (GN)*

Ich freue mich, daß ich mich in allem auf euch verlassen kann.
*2. Kor. 7, 16*

**Zuversicht**

Seid tapfer und lasset eure Hände nicht schlaff werden! denn euer Tun wird schon seinen Lohn finden.
*2. Chr. 15, 7*

Du bist voll Zuversicht, weil Hoffnung ist. *Hiob 11, 18*

Selbst wenn die Haut an mir zerschlagen ist, mein Fleisch geschunden, werde ich Gott schauen, ja ich, ich werde ihn schauen mir zum Heil.
*Hiob 19, 26–27*

Befiehl dem Herrn deine Wege und hoffe auf ihn, er wird's wohl machen.
*Ps. 37, 5*

Unerschüttert harrte ich des Herrn, und er neigte sich zu mir und hörte mein Schreien. Er zog mich aus der Grube des Verderbens, aus tiefem Schlamm, und stellte meine Füße auf den Fels, machte fest meine Tritte.
*Ps. 40, 2–3*

Du hast gezählt die Tage meines Elends, meine Tränen hebst du bei dir auf; stehen sie doch in deinem Buche. *Ps. 56, 9*

Ich schreie zu dir, o Herr, ich spreche: Du bist meine Zuversicht, mein Teil im Lande der Lebenden.
*Ps. 142, 6*

Der Herr wird deine Zuversicht sein und deinen Fuß vor der Schlinge behüten. *Spr. 3, 26*

Umsonst habe ich mich gemüht, um nichts und nutzlos meine Kraft verzehrt; und doch – mein Recht ist bei dem Herrn und mein Lohn bei meinem Gott. *Jes. 49, 4*

Ich weiß, was für Gedanken ich über euch hege, spricht der Herr, Gedanken zum Heil und nicht zum Unheil, euch eine Zukunft und Hoffnung zu gewähren. *Jer. 29, 11*

Mache dein Herz fest, werde stark, damit du nicht erschreckest zur Zeit der Not. *Sir. 2, 2*

Werdet fest, unerschütterlich, allezeit reich im Werk des Herrn, weil ihr wißt, daß eure Arbeit nicht vergeblich ist im Herrn. *1. Kor. 15, 58*

Gott wird euch Kraft und Stärke geben und euch auf einen festen Grund stellen. Er hat euch ja durch Christus zu seiner ewigen Herrlichkeit berufen. *1. Pet. 5, 10 (GN)*

**Zweifel**

Die Weisheit – wo ist sie zu finden? Wo ist die Stätte der Erkenntnis?
*Hiob 28, 12*

O Herr, du bleibst ja im Recht, wenn ich wider dich hadre, und doch muß ich mit dir rechten: warum geht es den Gottlosen so gut und leben so sicher alle, die treulos handeln?
*Jer. 12, 1*

Wenn du dich anschickst dem Herrn zu dienen, so bereite dich auf Anfechtungen vor. *Sir. 2, 1*

Was ist Wahrheit? *Joh. 18, 38*

Wer zweifelt, gleicht einer Welle im Meer, die vom Wind auf- und niedergetrieben wird. So einer kann nicht erwarten, daß er vom Herrn etwas empfängt; denn er ist unentschlossen und schwankend in allem, was er unternimmt. *Jak. 1, 6–8 (GN)*

# Stichwörterverzeichnis

# die treffende Reihe

Unentbehrlich für Leute, die mit der Sprache wirksam umgehen müssen.

Karl Peltzer / R. von Normann
**Das treffende Wort**
Wörterbuch sinnverwandter Ausdrücke, mit Gegenbegriffen und Fremdwörterverzeichnis. Als praktisches und unentbehrliches Arbeitsinstrument gehört dieses Buch in die Hand eines jeden, der mit der Sprache arbeitet.
Die 17. Auflage wurde von R. von Normann auf den neusten Stand gebracht und ergänzt.
Mehr als 100000 zufriedene Benützer bestätigen den hohen Gebrauchswert.
17. Auflage. Ca. 700 Seiten mit über 30000 alphabetisch geordneten Stichwörtern. Leinen.

Hans Sommer
**Treffend schreiben**
Ein stilistisches ABC
Unter alphabetisch geordneten Kapitelüberschriften (von «Amtsdeutsch» bis «Zweifelsfälle») werden stilistische Probleme angepackt.
132 Seiten. Leinen.

Reinhard von Normann
**Treffend argumentieren**
500 Streitthemen, 10000 Denkanstösse.
Aktuelle Themen (z. B. Atomenergie) sind alphabetisch aufgelistet. Dazu werden Pro- und Kontra-Argumente aufgeführt. Wer die Argumente des Gegners kennt, ist im Vorteil.
192 Seiten. Leinen.

# die treffende Reihe

Unentbehrlich für Leute, die mit der Sprache wirksam umgehen müssen.

Karl Peltzer / R. von Normann

**Das treffende Zitat**

Gedankengut aus drei Jahrtausenden und fünf Kontinenten. 7. Auflage. 740 Seiten mit rund 13 000 Stichwörtern und 38 000 Zitaten. Leinen.

Markus M. Ronner

**Die treffende Pointe**

Humoristisch-satirische Geistesblitze des 20. Jahrhunderts, nach Stichwörtern alphabetisch geordnet.
2. Auflage. 336 Seiten mit über 10 000 Zitaten von 1300 Autoren, nach 4000 Stichwörtern geordnet. Leinen.

Markus M. Ronner

**Neue treffende Pointen**

Der Fortsetzungsband des Bestsellers «Die treffende Pointe». 10 000 weitere satirische Geistesblitze des 20. Jahrhunderts. Aphorismen, Humoresken, Sentenzen und Bonmots zeitgenössischer Autoren.
324 Seiten. Leinen.

Karl Peltzer

**Der treffende Reim**

Ein Wörterbuch der Endreime mit einem Anhang der deutschen Metrik.
3. Auflage. 148 Seiten. Brosch.

Robert Matzek

**Zitate «Mensch und Arbeit»**

Der handliche Zitatenband zum Thema «Der Mensch in seiner Arbeitswelt».
136 Seiten. Brosch.

Prof. Dr. med. G. Uhlenbruck / Hans-Horst Skupy

**Zitate «Der Mensch und sein Arzt»**

3000 Aphorismen, Zitate, Meinungen, Aussprachen, Fragen und Antworten, alphabetisch nach Stichwörtern geordnet.
286 Seiten, 19 Cartoons, gebunden.

Hans-Theo Heijen

**Das treffende WERBE-Wort**

Worte, die verkaufen helfen. Dieses Werk richtet sich an alle Werbenden, die nach treffenden Worten suchen.
272 Seiten, mit 5000 wirksamen Wörtern und 3000 sinnvollen Sätzen. Leinen.